谨以此丛书献给25年来所有参与本课题研究的老师们！

脑科学·思维·教育丛书

# 小学语文

# 两种思维结合学习论

桑海燕
王俊英
◎主编

教育科学出版社
·北京·

# 一项有战略意义的研究

全面实施素质教育是为了适应现代社会对人的素质的需要，也是为了适应现代社会中人的自身发展的需要。提出提高人的全面素质，当然是针对原有教育模式中存在的不全面的地方，这些不全面的地方主要是指对培养人的创新精神和实践能力重视不够。因此，改革人才培养模式，加强对人的创新精神和实践能力的培养就成为实现全面素质教育的重要课题。

培养创新精神的关键是培养人的创新思维，而这一过程实际是开发人的潜能，特别是开发人的大脑潜能的过程。现代脑科学的研究已越来越被各国政府和科学家所重视，因为从某种意义上说，一个国家的综合国力取决于经济实力，经济实力取决于科技实力，科技实力取决于创新实力，创新实力取决于人才实力，而人才实力则取决于人脑功能的开发水平。因此，加强脑科学的研究以服务于人脑潜能的全面开发就成为综合国力竞争的有战略意义的重点。

我国著名教育家温寒江同志，多年以来，以其深厚的教育理论素养和丰富的教育实践经验，根据脑科学研究成果指导了形象思维的研究与教育改革实验，并取得了重大进展。近几年，又将脑科学应用于基础教育中培养创新精神的理论与实践的研究，取得了可喜成果，这套丛书就是这一成果的展示。本丛书凝聚着许多优秀教育工作者进行的理论与实践探索的心血与智慧，无论对全面教育改革，还是学科教学论的发展，都会产生重要的影响。

我衷心希望，培养创新精神的研究会有助于教育的创新，会有助于从更深的层面上理解和实践全面素质教育的深刻内涵。

陶西平
2010 年 3 月

# 一、教育的困惑

新中国成立 60 多年来，我国教育事业有了很大的发展，取得了巨大的成绩。但是，我们也看到，当前中小学课堂教学相当普遍地存在枯燥乏味、抽象难懂、死记硬背、高分低能的现象。教育还不能适应经济社会发展的形势，还不能适应国家对人才培养的要求。问题的症结在哪里？教育理论是否存在缺失？教学改革路在何方？对此，我们常常感到困惑。

# 二、脑科学的启示

20 世纪 70 年代末至 80 年代，是思想解放的年代。在对教育问题的思索中，有几件事情对我们的影响是深刻的。首先，《毛主席给陈毅同志谈诗的一封信》发表后，在毛主席肯定形象思维的鼓舞下，文艺界展开了新中国成立以来第三次关于形象思维的大讨论，对形象思维在文艺中的作用，文艺界取得了比较一致的认识。其次，我国著名科学家钱学森，大力提倡形象思维，把形象思维作为人类思维的基本方式之一，并建议把形象思维作为思维科学研究的突破口。最后，美国心理学家斯佩里（R. Sperry）对裂脑人的实验研究，揭示了大脑两半球功能的不对称性和右半球的许多高级功能，获得了1981年诺贝尔生理学或医学奖。

裂脑人的实验成果表明，人们可以用语言（概念）来思维，也可以用非语言的表象来思维，从而打破了行为主义心理学研究行为而不研究意识（思维）的禁区，也打破了"只有唯心主义者……才能谈到没有语言的思维"（斯大林语）的神话，大大解放了人们的思想。

斯佩里的裂脑人实验和钱学森的倡导，使我们对教学改革的思索，聚焦到脑科学、思维、教育这三者的结合上来，以脑科学的新成果为依据，探索一条教学改革的新路。

脑科学和教育科学是两个不同领域的学科，脑科学成果在教育中的应用，要找到结合点或切入点。我们选择的切入点是"思维"。因为思维既是脑科学的重点研究内容，又是学习科学的核心。思维是这两个学科最大的共同点。这样，我们的课题就直接把脑科学关于思维、表象、记忆、语言学习等重要研究成果，同中小学的各科教学、同人的全面发展联系起来了。

我们的课题是北京市哲学社会科学"八五"、"九五"、"十五"、"十一五"规划重点课题。"八五"课题名称为"开发右脑，发展形象思维的教学实验与研究"，"九五"、"十五"为"发展形象思维的理论研究与教学实验"，"十一五"为"学习中思维的全面、协调和可持续发展研究"，总称为"学习与思维"。1998年春，我们有幸向李岚清副总理汇报课题研究的进展和阶段成果，李岚清副总理对课题研究的充分肯定和重视，使课题组全体成员受到莫大的鼓舞。

# 三、时代·问题·目标

（一）问题

马克思说：问题就是公开的、无畏的、左右一切个人的时代声音。

我们正处在建设富强民主、文明和谐的社会主义现代化国家，实现中华民族伟大复兴的时代。我们又处在人的思维方式、社会媒体深刻变革的时代。

处在这样一个伟大的时代，我们怎样把握教育的问题？当前教育存在的问题是什么？在课题开始时，我们并不十分清楚。其原因正如古诗所说，"不识庐山真面目，只缘身在此山中"。随着研究的深入，特别是"十一五"期间，在科学发展观的指导下，我们开展学习过程中思维全面、协调、可持续发展的研究，对当前教育存在的主要问题清晰了。概括起来，可以从教学实践和学习理论两个方面来说。

在实践上，课堂教学相当普遍地存在四种现象：枯燥乏味，抽象难懂，死记硬背，高分低能。

在理论上，可以从以下四个方面进行阐述：

（1）从学习与发展的内涵来说，人的全面发展（德、智、体、美）内在联系的机制是什么？为什么说科学与艺术是相通的？

（2）从学习与发展的顺序来说，学习从已知到未

知，新旧知识(技能)内在联系的机制是什么？（目前国外有多种学习迁移理论，但没有统一的学习迁移理论）

（3）从学习与发展的层次来说，技能、能力、创新能力内在联系的机制是什么？能否培养中小学生的创新能力？

（4）从学习与媒体的关系来说，当代信息技术迅速发展，信息技术(网络、多媒体)如何同学科教学整合？

这四个问题是教育理论的基础性问题。这几个问题解决了，学习的其他一些重要问题，如认识活动与身心发展、知识的理解、学习的效率、学习可持续发展等问题，也就比较容易解决了。

我们的研究表明，上述当前教育存在的问题，其根源在于忽视思维或思维的片面性。

（二）目标

课题研究有以下三个目标：

（1）全面发展思维；

（2）教会每一个学生，使学习可持续发展；

（3）培养能力、创新能力，让青少年智力得到最佳发展。

# 四、教学必须深入改革

20多年来，课题研究以马克思主义认识论和科学发展观为指导，以脑科学的新成果为依据，全面发展思维，深入教学改革，探索一条教学改革的新路——教学改革的回归与创新。

所谓"回归"，我们认为，当前教学的改革，应从各种忽视思维、脱离思维的学习理论及其影响中，回到学习的基本命题即学习与思维上来。正如温家宝同志所指出的：“教学改革还要回到学、思、知、行这四个方面的结合，就是学思要联系，知行要统一。”所谓“创新”，就是学习落实科学发展观，以思维的全面、协调、可持续发展为核心，走学习可持续发展、最佳发展的创新之路。

# 五、改革的思路、方法与成果

我们研究的思路是：在学习过程中，开发大脑潜能(开发右脑)—发展形象思维—思维的全面发展—思维的全面协调可持续发展—学习的可持续发展。通过发展思维，把教育与脑科学有机地结合起来。

我们研究的基本方法是：理论结合实践，我们采取边研究边总结的方法，把理论研究和教改实验结合起来。理论研究的成果为教学实验提供依据，学校改革实践又检验与丰富了理论研究的成果。

20 多年的研究与实验取得了丰硕的成果。

（1）我们在理论结合实践下，用中国的学术话语，解决并回答了当前教育存在的上述问题，完成了课题研究的目标。

（2）编辑出版了 40 多本理论研究与教学实验的成果，其中有总课题出版的专著、论文集 31 本，实验学校出版的专著、校本教材 12 种。

《脑科学·思维·教育丛书》是从上述课题成果中精选出来的研究成果。

课题的研究工作得到了中央和北京市教育部门的领导，得到了北京市社科联、北京市哲学社会科学规划办公室、北京教育学院、北京市教育学会的关心和大力支持。清华大学美术学院教授、博士生导师史习平先生听闻"学习与思维"课题25年研究成果选集出版在即，特为此治印祝贺。在此，谨对为本课题的研究、实验、出版给予关心、支持和帮助的领导、专家、学者和有关工作人员致以衷心的谢意！

本丛书由北京市社会科学理论著作出版基金资助出版。

温寒江

2014 年 12 月

　　语言文字是人类的创造，它是人际间思想沟通交流和历史文化传承的重要工具。 多年来，不少专家、学者和广大中小学教师一直关注语文教学的质量，语文教学改革始终是教育改革的一个热点。 许多教师对此进行了多方面的改革，取得了一定的成效。 但是，总的来说，效果仍然不能令人满意。 问题在哪里？改革的路在何方？

　　"八五"、"九五"期间，原北京市宣武区北京育才学校小学部等四所小学，在宣武区小学语文学科教研员赵玉琦老师的组织下，参加了北京市哲学社会科学"八五"、"九五"重点教育科研课题"学习与思维"的实验。 在课题组的帮助下，以马克思主义认识论为指导，以脑科学的新成果为依据，四所学校的语文教师边学习有关理论边进行教学改革实验，以发展形象思维为突破口，探索出一条语文教学改革的新路。

　　十年中，我们主要研究了以下问题：形象化的识字教学、两种思维结合的语文教学新模式、观察·说话·写话——作文起步教学、课外阅读以及想象力培养等。

研究成果最后形成了《小学语文教学新路》一书。

"十五"、"十一五"和"十二五"期间，"学习与思维"课题组对学习的迁移、审美教育、想象力的培养与训练和学科教学数字化等问题的研究进一步深入。因此，我们对《小学语文教学新路》进行了修订，重新编写了语文学习的迁移、审美的情感教育、想象力的训练、语文教学数字化等章节。同时，根据丛书编目的要求，将书名改为《小学语文两种思维结合学习论》。

北京小学走读部的全体语文教师和北京育才学校小学部以及北京小学红山分校的语文教师，共同参与了本书的修订工作。陈崴、丁纳、桑海燕参与了本书统稿工作。

本书各章的作者分别是：第一章：温寒江、王俊英、陈崴；第二章：桑海燕；第三章：张浩君、赵玉琦、赵旭；第四章：桑海燕；第五章：刘蕾、王焱、张乐；第六章：王晓微、金鹏、李静；第七章：于宪敏；第八章：王亚姗、王辛；第九章：程军、徐威。各章课例的作者，详见该课例的标注。

参与本课题实践研究、为本书的修订提供大量研究素材和研究数据的北京小学走读部"学习与思维"课题组教师有毕颖男、邸蕾娜、刘文美、李严敬、刘晓翀、郑杰。在此，一并表示感谢。

桑海燕

2015 年 10 月

# 目录

# 第一章

# 小学语文教学从传统到现代的探索

## ——语文教学改革 20 年的回顾与反思

从"八五"开始，我们在北京育才学校小学部等原宣武区的几所小学，以马克思主义认识论、科学发展观为指导，以当代脑科学的新成果为依据，以思维的全面发展为核心，对小学语文教学进行了深入的改革；随着信息技术的发展，进行了多媒体教学和语文教学数字化的改革。我们一边进行理论研究，一边开展改革实践，摸着石头过河。20 多年来，我们在传统语文教学经验基础上，从发展思维、培养想象力、进行审美教育到教学数字化，探索出一条语文教学从传统到现代之路。

## 第一节　两种语文教学观

语文老师在备课或反思总结自己的教学经验时，都会联系到语文教学的两个基本问题，即"教什么"和"怎样教"。这两个基本问题，就是每个教师都在实践着的语文教学观。

语文教学观体现在语文教学过程中。目前小学语文教学的一般过程是：教师首先引导学生整体感知教材内容，初读课文，学习生字词，接着创设情境，通过教师启发、讲解和学生的质疑、讨论，帮助学生体会和理解文章的内容、特点和有关写作方法，感受文章的思想情感；最后通过练习及作业，加深体会和巩固所学内容。

这种教学过程，重视对文章字、词、句、段、篇的理解，注重体会、理解教材的内容，强调多读、朗读和背诵，这些都是继承语文教学的好传统，无疑是很重要的。大多数教师都认可这种观点和方法，从教材和《教材说明》看来，教材的编者也是持这个观点的。

语文教学过程的另一种观点是：在教学过程中，既重视对语文知识的理解，更重视语文知识的运用，把知识的理解和运用结合起来，强调学习作者是如何遣词造句、布局谋篇的，其教学方法是"精讲多练"。

有不少教师是持后一种观点的。我国著名教育家叶圣陶、吕叔湘对加强语文训练都有许多精辟的论述。叶圣陶说："常言道'举一反三'，选本的阅读是'举一'，推到其他东西的阅读是'反三'，一贯的目的在于养成阅读的好习惯，加强阅读能力，一辈子受用；这一点，希望同学们仔细体会，并且认真实践。"[1]这里"举一反三"、"认真实践"，就是强调语文学习要多练习，反复实践，在练习与实践中形成技能，培养能力。吕叔湘在《关于语文教学》一文中说："使用语文是一种技能……语文课的主要任务是培养学生使用语文的技能，所以一般称之为工具课。"[2]我们知道，技能是人的认识活动的方式方法，技能要通过练习才能形成。能力是技能高水平的综合，也要通过思维训练。总之，技能的形成，能力的培养，都离不开训练。

马克思主义认识论告诉我们，人的认识过程分为两个阶段，第一个阶段是从感性认识上升到理性认识，第二个阶段是从理性认识回到实践，这是一个完整的认识过程。学生的学习是一种特殊的认

〔1〕 叶圣陶. 叶圣陶教育文集：2[M].北京：人民教育出版社,1994：539.
〔2〕 吕叔湘. 吕叔湘论语文教育[M].济南：山东教育出版社,1987：59.

脑科学·思维·教育 丛书

识过程，是在教师指导下，获取、理解和运用知识的过程。因此，学习的过程可以分为从感知（教材）到理解（教材），再从理解到运用知识两个阶段。

前面第一种语文教学观，偏重对课文内容的体会和理解，从学习的认识过程来说，只是完成了从感性认识到理性认识阶段。并且，从理性认识到实践是更加重要的另一半。因此，学习的认识过程这另一半，就是从知识理解到运用，就是反复训练、实践，形成技能、能力的阶段，这是一个更加重要的阶段。

由此可见，第二种语文教学观，在学习过程中把知识的获取、理解和知识的运用结合起来，是一个完整的认识过程。把语文学习技能的形成和能力的培养作为重要任务，既重视继承语文教学的好传统，又对语文教学有重要的创新，所以是一种比较完善的语文教学观。

## 第二节　语文教学的序

### 一、全面、整体地安排语文学习的顺序

宇宙间一切事物都有发生、发展和终结的过程，都有一定的序。学习要循序渐进，语文学习这个序是什么，通常我们关注的是学习一篇课文的顺序。根据认识过程和语文的特点，学习一篇文章的过程，是从感知（课文）到理解（课文），再到运用，是一个完整的认识过程。

然而，学生学习语文是一个长期的连续的过程，小学学习历时六年。在这六年中，年复一年地学习，教学模式是否都一个样？如果不一样，教学内容和方法有哪些不同的特点和要求，前后有什么联系，这是语文学习发展和提高的问题，迄今还没有引起人们应有的重视。

事物的发展包含着量和质的两种状态，事物的量和质是相互联

系、相互转化的。量的积累，促进质的变化，产生新的质，实现了事物由低级到高级的转变和发展，这就是量变和质变的关系。语文学习的连续过程中，不是单纯量的增加，而是通过量的积累，促进质的提升和飞跃。具体来看，学习语文连续过程中，通过一定量的识字、造句的练习，促进识字技能、造句技能的形成，使学生能独立地识字和造句；通过一定量篇章结构的分析和归纳的训练，促进阅读技能的形成，学生就能自主地阅读文章了；再通过各种类型文章的读写技能的综合与灵活训练，也就是新的质（技能）的积累，上升到更高层次的质，形成读写的能力。这就是语文学习过程的辩证法。这就是对遣词造句、布局谋篇的练习顺序安排的理论依据。

因此，我们根据质量互变规律和迁移规律，语文学习连续过程的序是：从学习内容来说，是由已知到未知、由浅入深的过程；从学习的目标任务来说，是由字、词、句、段、篇的理解到识字技能、造句技能和布局谋篇技能的形成，再到听、说、读、写能力形成的过程。

由此可见，语文学习的序，既要考虑一篇课文学习的顺序，又要从一个阶段、一个学期（年）以至小学六年全面、整体地安排语文学习的顺序。这种对语文学习的总序的把握，是关乎语文教学质量十分重要的问题。

## 二、安排语文教学的序是一个教学难点

语文教材是作家文章的选编，学生所读的课文（文学作品）是作家在深入体验社会生活的基础上，经过反复酝酿和提炼，然后写成的文章。文章中作者没有告诉我们他是怎样构思、怎样遣词造句以及怎样体验生活的。这就好像我们品尝名厨师为我们烹调的佳肴，只尝到它的美味，却不知道厨师是如何烹调的。

我们不妨拿语文教材同数学教材做个比较。数学教材中教学的顺序是比较清楚的，这是因为数学知识比较系统，而教材又是根据学生认识发展的水平来编写的。数学知识、概念的学习，都配有一

定量的练习。学习时学生通过动手操作或有关例子，初步理解所学的概念，再通过练习，加深理解。相比之下，语文教材缺乏这种由浅入深的系统，也缺少实践性的练习。因而，大大增加了学生学习语文的困难。

可见，安排好语文教学的序，既是教学的重点，又是教学的难点。

### 三、怎样破解语文教学顺序的难点

我们认为安排好语文教学的顺序，使教学循序渐进，是改革语文教学的一个重要问题。

首先，要更新观念，语文教学不是仅学习语文知识，而是既学习知识又培养技能和能力，并且把后者放在更加重要的位置。

其次，明确知识、技能、能力的内涵和特点，全面落实语文教学的目的任务。根据迁移的规律，统筹安排知识、技能、能力教学的顺序，不能知识、技能、能力不分，眉毛胡子一把抓。要把知识的教学与技能的训练结合起来，把技能的训练和能力的培养结合起来，由浅入深、分阶段地安排到各年级的教学任务中去。

最后，坚持精讲多练的原则。备课除了了解学生、研究教材外，还要有计划地编写练习，实行精讲多练，讲练结合。

## 第三节　语文教学的基本过程

语文学习的基本过程，就是学习一篇课文的过程，是从获取知识到运用知识的一个完整的认识过程。这个基本过程可分为三步：充分感知、学思结合和知识运用。

### 一、充分感知

对教材的感知是学习的感性阶段。一方面，通过预习，重温与新课有关的旧知识，接着学习生字词；另一方面，根据课文内容，观察、设置教学情境，通过观察实景、实物，观看图片、录像、影视资料，丰富学生表象的积累，补充、充实课文中那些学生感到陌生的、未曾经历的生活经验。

感知要激发学生学习课文的兴趣，激励他们带着热情、好奇心和求知欲，主动地、积极地进入课文，使课文充满生机和生命的活力。

如学习《雷雨》一课，文章讲的自然现象虽然发生在学生身边，但由于孩子年龄小，观察不仔细，表象是模糊的。这就需要使学生尽可能地获得与课文内容有关的经验，丰富他们头脑中的表象。于是，老师利用雷雨天气，组织学生多层次地观察。首先，观察雨前天空乌云密布、黑沉沉的样子，观察树的样子、刮风时的变化及电闪雷鸣的情景。接着同学们仔细观察雨中景象，雨是怎样下起来的，什么是"越下越大"。然后观察雨又是怎样渐渐小的，雨后天空与雨前有什么不同。老师让同学打开窗户，谈谈感受。再上课时，同学们阅读课文，思维很活跃，因为观察获得的表象积累帮助学生理解了课文中的语言文字，他们说，课文中写的我们全看到了。

再如《鸟的天堂》一课，老师把与课文相关的录像放给大家看。特别是播放到大榕树的一根根长枝入土生根，密密麻麻，像一片小森林时，教师把这个镜头用电脑演示，展现出榕树枝上生根，根上长枝，形成了庞大的"密林"的过程。这样清晰的演示，使学生明白了这有着无数棵树的"密林"，原来竟是这一棵大树的"子子孙孙"。学生不但学到了知识，丰富了表象，而且深深感受到了大榕树的无限生命力。

## 二、学思结合

感知怎样内化为思维，感性认识如何上升到理性认识，是通过学思结合、思维的内化活动实现的。

我们知道，学生所读的课文是作家的见闻和思想感情经过提炼后写成的。文章中描写人物、场景、情节的种种艺术形象，都饱含着作者的思想感情。

学生阅读课文，从感知到理解，既是通过思维活动形象再造的过程，又是情感与作者产生共鸣的过程。学生在充分感知的基础上，通过回忆再现过去的感觉、印象和经验，同时，对文章中具体的、生动的、可感的艺术形象，通过联想和想象，再造出自己未曾经历过的事物的新形象，从而在自己头脑中呈现出文章所描绘的一幅幅生动、形象的画面。通过这一幅幅画面，把自己经历过的情绪记忆与文章中蕴含的情感融合，产生同作者情感的共鸣。这就如叶圣陶先生所说的："文章是无形的东西，只是白纸上的黑字，我们读了这白纸上的黑字，所以会感到悲欢，觉得人物如画者，全是想象的结果。作者把经验或想象所得的具体事物翻译成白纸上的黑字，我们读者都要倒翻过去，把白纸上的黑字依旧翻译为具体事物。这工作完全要靠想象来帮助。比如说吧，'山高月小，水落石出'是好句子，但这八个字所以好，并非白纸上写着的这八个字特有好处，乃是它所表托的景色好的缘故。我们读这几个字时，如果不同时在头脑里指出它所表托的景色，就根本不会感到它的好处了。"[1]

比如，读了老舍的《草原》第一段，"空气是那么清鲜，天空是那么明朗"、"草地是绿的，小丘也是绿的"，羊群"给无边的绿毯绣上了白色的大花"……学生会联想过去曾见过的绿地、草坪、绿洲或草原，把对过去的回忆，同对课文的想象融合在一起，一幅无边无际的大草原的图景，开始浮现在眼前，渐渐地清晰起来，体会到一种"舒服"和"惊叹"，与作者产生情感的共鸣。

到此，是对文章的体会和领悟。阅读还要对文章内容的意义做进一步的分析，引导学生从句到段到篇，进行分析与归纳，理解全文的意义。例如，《美丽的小兴安岭》一文，开头说："小兴安岭的树海，一年四季都是美丽的，诱人的。"接着按春、夏、秋、冬四季，分别描写了小兴安岭怎样美丽，如何诱人；最后总说："小兴安岭是一座巨大的宝库，也是一座美丽的大花园。"老师利用课文的思想脉络，引导学生

---

〔1〕 夏丏尊. 文心 [ M ].北京:中国青年出版社,1983:37.

对课文进行分析归纳，先初读全文，了解文章全貌，然后分段细读，分析文章具体情节，最后回到整体，归纳文章中心意思，统领全文。

## 三、知识运用

知识运用是学习过程的第二个阶段，即从理解到语文实践的阶段。学习语文的目的在于运用。知识的运用，主要就是学习作者是怎样遣词造句和布局谋篇两个方面，说明如下：

字不离句。字词的运用，要和造句结合起来。句子是表情达意组成文章的基本单位。句子的训练，既要练习课文中运用生字的句子，又要练习课文中的佳句和新的句型。

例如，人教版二年级下册课文《日月潭》，文中有 10 个生字"附、环、绕、茂、隐、筑、晰、朦、胧、境"。文中运用这些生字的句子有："它在台中附近的高山上。""那里群山环绕，树木茂盛。""天边的晨星和山上的点点灯光，隐隐约约地倒映在湖水中。""整个日月潭的美景和周围的建筑，都清晰地展现在眼前。""周围的景物一片朦胧，就像童话中的仙境。"其中，"天边……"一句和最后一句"周围的景物一片朦胧……"又是文中的佳句。句子的练习，就可模仿这些句子，既巩固生字，又练习造句。

句子的训练要灵活多样，既有口头练习，又有书面造句，体现一词多义和灵活运用。例如，用"动"字组词，要求组成的词是用"动"字结尾的动词，再用所组的词说一句话。生写出了如下句子。

❖❖❖

转动。车轮在飞快地转动。

跳动。我的心在激烈地跳动。

晃动。一阵风吹来，树枝在晃动。

走动。课间，我们应到室外走动走动。

滚动。皮球在地上滚动。

飘动。风筝在空中飘动。

……

篇章结构的练习是多种多样的，首先是多读，默读、朗读；其次是口说，复述课文，讲文章要点；最后是书面练习，写提纲、要点，写全文大意、中心思想等。

## 第四节　语文教学的连续过程

语文教学是个长期的过程，是知识积累的过程，是技能与能力形成的过程，同时也是思想情感丰富发展的过程。如果根据语文教学的不同目的和任务，技能、能力、情感发展的特点，精心地、有序地安排教学的进程，做到每一课既有新知又有旧知，温故知新，就能教出特色来，教出味道来。学习每每有所得，学生也就爱学了。

知识与技能有联系又有区别。学习是一种认识过程，技能是认识的"过程"，知识是认识的"结果"。过程可以反复地进行，而知识则不断地增加、积累，有了技能，我们就能不断地获得知识。换句话说，技能是有限的，而知识是无限的。

技能和能力既相同又有不同。技能、能力属于同类活动，在性质上二者是相同的；技能是能力的基础，能力是技能的综合，能力高于技能，技能与能力在水平上又不相同。

### 一、语文知识

#### （一）字词的积累

字词是构成文章的语言材料，文章的遣词造句，文章思想内容的表达，都离不开丰富的字词做支撑。因此语文教学要从小就培养学生对新鲜词汇的敏感，养成积累、运用的习惯。

小学生首先要积累常用字。常用字有很强的迁移能力。根据2013 年发布的《通用规范汉字表》，其中一级字 3500 个，二级字3000 个。一级字表为常用字集，主要满足基础教育和文化普及的基本用字需要。小学生如果认识 3500 个常用字，就能阅读书刊了。还要重视通过课外阅读和生活中获得新鲜有用的词汇，以建立并丰富头脑中的词库。

（二）句式的积累

如果说字词的量是大的，那么句子的类型是相对有限的。句型主要有两大类：一类是单句，主谓结构是它的基本形式，还有比较复杂的单句，如"连动结构和递系结构的句子"[1]。"再一类是复句，分为联合复句（并列、选择、连贯、递进、解说句）和主从复句（因果、条件、假设、让步、转折、目的、相承句）。"[2]多读和造句的练习是积累句式的主要方式。

（三）文体的知识、古文的知识

文体包括记叙文、说明文、议论文和应用文。文学作品的体裁有散文、诗歌、小说、戏剧等。

## 二、语文技能、能力的形成

（一）技能的训练（见表1-1）

表1-1　技能训练的主要内容

| 类　别 | 要　求 | 练习的方式方法 |
|---|---|---|
| 识字的技能 | 正音，书写，形、音、义结合 | 从最常用字（书写）到常用字，边练边积累，分散与适当集中相结合 |
| 造句的技能 | 阅读、语调，掌握单句、复式基本句式 | 模仿与创新，口头与书面结合，分散与集中结合 |
| 篇章结构的技能 | 会联想、想象 | 模仿文中比喻、夸张、想象的句子，进行想象技能的基本训练 |
| | 会分析、归纳 | 口头与书面练习结合，提纲、要点、大意、中心思想 |

[1] 北京大学中文系．语法修辞[M].北京:商务印书馆,1973:23.
[2] 北京大学中文系．语法修辞[M].北京:商务印书馆,1973:30.

### (二) 能力的培养

能力是顺利地或高质量地获取知识和运用知识的一种个性心理特征，是技能高水平的综合。培养能力是为了提高教学质量，这是能力概念中的应有之义。

语文能力包括听的能力、说的能力、读的能力和写的能力，这四种能力彼此联系，相互作用。语文阅读教学重点培养学生的阅读能力。

语文阅读能力是遣词造句、布局谋篇各项技能的综合，体现在三个方面：积极思维，既有丰富的想象力，随着文章的默读，脑中浮现一幅幅生动的画面，又能通过分析概括，理解文章各段的意思和全文的中心思想；灵活运用，阅读能产生广泛的迁移，温故知新，举一反三；随着阅读的进行，心中喜、怒、哀、乐之情油然而生，与作者思想感情产生共鸣。

能力需要通过综合、灵活的反复训练才能形成。综合能力是指，既要善于把字词句段篇的技能综合为一个整体，一气呵成，又能阅读不同类型文体、体裁的文章。这种综合阅读能力需要通过多读多思、反复练习才能获得。只读课本上的文章是不够的，还要通过广泛的课外阅读达成能力训练，促进能力形成。

孔子说："学而时习之，不亦说乎？"意思是说：学习了，还要经常练习，把所学的知识转化为技能，内心感到乐趣和满足，不是也很愉悦吗？ 阅读就是在这种喜悦、兴趣的推动下，多读书、爱读书、养成读书的习惯。

## 三、情感的丰富与发展

人的情绪、情感从哪里来？ 情感源于生活实践的体验与感受。常言说，登山则情满于山，临海则意溢于海。小学生童年的生活中，父母的呵护、老师的教诲、同伴的玩耍，给他留下最初的情感记忆。公园里的花草、小鸟、亭榭，乡间的小桥、流水、农舍，也给他留下有趣的感觉经验。这些形象的记忆和情感的记忆是融合在一起的。

作家在创作构思时，他的思维活动过程始终伴随着感情的激动。巴金谈他写《家》时说，"书中的人物是我所爱过和所恨过的"，"我陪着那些可爱的年轻生命欢笑，也随着他们哀哭"。毛泽东在《七律二首·送瘟神》序文中说到，创作这两首诗时，他"浮想联翩"，思维中艺术形象纷至沓来，伴随着情感的激动，以至于"夜不能寐"。欧阳修在《醉翁亭记》中写到"醉翁之意不在酒，在乎山水之间也"，他的感情完全沉醉于秀丽的山水之中。

作者蕴含在诗文中的情感怎样感染学生？ 前面说过，这里全靠形象思维的作用。学生在感知课文的基础上，通过思维活动，再创造出课文所描绘的新形象和画面。这时自己的情绪记忆就融入创新形象中，使学生与作者产生情感的共鸣。

与知识的积累不同，情感是一点一滴积淀的。随着阅读中情感被一次次熏陶感染，随着个人生活阅历的增加，人的情感不断地积淀被和丰富起来，成为人们学习和工作的动力。

# 第五节　思维是语文教学过程的核心

## 一、学思结合——学习的两个层次

前面我们阐述语文学习过程时，讲到识字的形、音、义结合，对篇章内容的体会、领悟和理解；讲到认识过程从感性认识到理性认识再回到实践的两个"飞跃"，温故知新等。这些学习活动的内涵是如何实现的，人们在学习时，怎样才能做到领悟、理解，产生认识上的飞跃？ 对这个问题最早做出回答的是孔子，他说，"学而不思则罔，思而不学则殆"。

恩格斯明确提出学习可以分为感官活动（行为）和脑髓活动（思维）两个层次。他说："首先是劳动，然后是语文和劳动一起，成了两个最重要的推动力，在它们的影响下，猿的脑髓就逐渐地变成人的脑髓……在脑髓的进一步发展的同时，它的最密切的工具，即感觉器官，也进一步发展起来了……脑髓的发展也完全是和所有器官的完善化同时进行的。""迅速前进的文明完全被归功于头脑，归功于脑髓的发展和活动；人们已经习惯以他们的思维而不是以他们的需要来解释他们的行为。"[1]

当代脑科学的成果，为学习层次理论提供了充足的证据。例如：听、说、读、写是语言学习的基本活动，人们是怎样通过听、说、读、写获得对语言（知识）的理解呢？ 1861年法国神经学家布罗卡（P. Broca）发现有一类病人，能理解语言，但不能说话。1874年，德国神经病学家韦尼克（C. Wernicke）又发现一类新的病例，病人能说不能理解，他们的发音和语法都是正常的，但谁也不明白他们在说什么，甚至他们自己也不明白。后来经过研究认为，语言包含分离的感知程序和运动程序，这些程序分别由不同的脑区中的神经来控制。就是说，"看词、听词、说词和想词都有各自特异的活动脑区，从这些脑区似乎有各自独立的通道达到更高级的脑区来理解词的意义和表达"[2]。

## 二、什么是语文的思维特点

思维是人脑对客观事物在脑中的表征，即语言（概念）和表象进行加工的一个认识过程，它既能反映、揭示事物的本质特征和事物间规律性的联系，又能预测、计划事物的未来。

人脑是怎样认识客观事物的？ 首先，外界的事物要在人脑中得到表征（反映），表征物就是它的表象或语言符号，如一张桌子在大脑中有它的形象（表象），也有它的符号，称为"桌子"；然后，大脑对事物的表征（思维材料）进行种种操作（加工），通过操作认识或表达一种意思。如把这张桌子的特征，大小、形状、颜色和功

〔1〕恩格斯.马克思恩格斯选集:第三卷[M].中共中央马克思恩格斯列宁斯大林著作编译局,译.北京:人民出版社,1972:512.
〔2〕杨雄里.脑科学的现代进展[M].上海:上海科技教育出版社,1998:14.

能，通过联想、句法（思维方法）联系起来，组成句子："这是一张大的深褐色的书桌。"表达一个完整的意思。又如诗句："飞流直下三千尺，疑是银河落九天。"通过联想、类比、想象（夸张），诗人描绘了一个美丽的、动态的、既壮阔又深远的意境。

思维有抽象思维和形象思维，思维有两种属性，即思维材料和思维方法，进行思维活动时，既要有思维材料，又要有思维方法，二者相互依存、协调发展，缺一不可。

语文学习中，作者在文章中描写的事物是形象的、变化的、动态的，是一个个生动的人物、场景，这里要用形象思维；而思考文章的结构，内容的主次，事物发展的层次，又要用抽象思维。因此，语文学习的思维特点，是两种思维（形象思维、抽象思维）相结合，并以形象思维为主。

## 三、思维是语文教学过程的核心

### （一）观察与思维

儿童的思想是从哪里来的？是生来具有的吗？不是，是从生活实践观察中来的，观察是儿童阅读和习作的源泉。什么是观察，有人认为观察是一种感知觉，是"思考着的知觉"，究竟是知觉还是思维，在抽象思维的范畴中是难以讲清楚的。

观察是人脑通过人体的各个感觉器官（眼、耳、鼻、舌、身）对客观事物的一种认识过程，是人的一种基本认识活动，贯穿于人的社会生活科学实验和日常生活之中。同一般认识活动一样，观察也有感性认识和理性认识之分。

一般情况下，人们初次的观察或表面的观察，只看到事物的现象，获得对事物的表面的、非本质的认识，这时它只是一种感知觉，属于感性认识。日常生活中大量的观察多属于知觉范畴，如古老的"天圆地方"说，就是感性认识。

当观察继续深入，即有计划、有目的地深入观察，抓住了事物本质的特征和规律性的联系，这时观察已不是感性认识而属于理性认识了，这就是一种思维活动。科学的观察属于这一种。通常说的观察力，就是这种思维能力。[1]

语文学习时，对教材的感知，有的通过观察实际景物，有的观看图画和影视资料。这些源于观察的直接和间接的经验，是新旧知识的纽带，是体会、理解文章的基础。

观察是学生习作思想内容的第一来源。于宪敏老师有计划、有步骤地指导一、二年级小学生观察周边生活，把观察的结果说出来，进行口头交流，然后写下来，即"观察·说话·写话"训练，这是儿童习作的必由之路。

(二)篇章学习

1. 识字

识字过程中思维的活动是丰富多样的。字词中有具体词汇，有抽象概念，既有形象思维，又有抽象思维。象形文字，是联想、想象的产物。识字时，把字的形（字形）、音（读音）、义（意义）三者结合起来，就是在大脑中通过联想活动形成的。无论是学习象形字、形声字、会意字，或通过偏旁部首识字，都是联想发挥作用。如"家"字，表示屋里养着猪（豕），就是家。

2. 句子

句子由字词组成，是文章的基本单位。学习句子，先用联想或分析的方法，懂得每个字词的意思，再用语法把字词组成句子，然后用想象或概括的方法，理解句子的意思。其中联想与想象，分析与概括以及句法，都是思维方法，都是大脑中的思维活动。

3. 段

文章由段组成，段又由句子组成。理解一个段的意思，要用分析或联想、想象的方法，理解每句的意思，再用概括或联想、想象的方法理解整个段的意义。

4. 篇

由段到篇，可以用上述的思维方法理解全文。

---

[1] 温寒江,连瑞庆. 开发右脑:发展形象思维的理论和实践[M].杭州:浙江教育出版社,1997:71.

可见，语文学习包含着相互联系的两个层次，既有听、说、读、写，又有字、词、句、段、篇的感官活动，即行为层次；语法、分析、概括归纳、联想想象活动，即思维层次。学习的理解取决于思维层次。

(三)技能、能力与思维

技能是人们在认识活动中，将外界信息通过感官活动内化为思维，或将思维活动及其结果通过感官活动表达出来的活动方式、方法。技能分内化技能和外化技能。

技能是感官的活动（感知）、表象和思维的结合。只有感官活动和表象，没有思维的形成及其加工制作，则不能认识客观事物的本质特征及其内部联系；只有思维活动而无感官的活动，则思维无以表达。因此，技能一般由人体外部动作（感官、肌肉）和思维两部分构成。

因此，技能是学习（听、说、读、写）和思维活动联系的渠道。我们讲学、思要结合，就是通过技能来实现的。技能把外界事物的信息转化为思维，通过思维的加工形成思想，就是客观转化为主观，然后头脑中的思想又通过技能表达出来，转化为外在的物质化知识，如书本、光盘等，这时主观又转化为客观，技能成为连接主客观的桥梁。

技能要通过训练才能形成。每一次练习都是在人脑中进行模仿、比较、反馈等一系列的思维活动。通过练习，去掉那些多余的、不完全的、不连贯的动作，形成正确的、完整的、连贯的动作。如练字写字，开始难免丢笔画写错字，写得歪歪扭扭，在反复练习中才能写得正确、规范、整洁、美观。

(四)审美与思维

什么是美感？ 茅盾说，"我们都有过这样的经验：看到某些自然物或人造的艺术品，我们往往要发生一种情绪上的激动，也许是愉快兴奋，也许是悲哀激昂，不管是前者，还是后者，总之我们是被感动了。这样的感情上的激动（对艺术品或自然物）叫作欣赏，也就是，我们对所看到的事物起了美感"[1]。就是说，美感指的是欣赏文学艺术作品时，作品的人物、事件、场景等对读者的感情所产生的特殊作用。

我们的远古祖先为了生存，就要寻觅、采集、捕猎食物。开始他们只会用双手，慢慢地学会用身边的材料做工具，如石块、棍棒等，然后才会制造工具。在这些原始的生产劳动中，一些感觉器官，如视觉、听觉、触觉等，得到了发展，最初的形象思维就这样发生了。

美感起源于生产劳动，通过生产劳动，人们一方面满足了日益提高的物质上的需要，与此同时，在生产实践过程中，也就是马克思所说的"自然的人化"中，也满足了精神上的需要。即人类在生产中获得成果的喜悦，从中看到自己力量的喜悦。原始的舞蹈大都在收获或战斗胜利后，用耕种、狩猎或战斗中的动作来表达喜悦之情。原始的绘画（如岩画）所画的内容大半是打猎情景及猎物，也是情感的表达。

这种带有功利性的原始审美感，在漫长的历史进程中，运用最初发展起来的形象思维，从旧石器晚期到新石器时期，"从再现到表现，从写实到象征，从形到线的历史过程中，人们不自觉地创造了、培育了比较纯粹（线比色要纯粹）的美的形式和审美的形式感"[2]。把在劳动、生活和自然对象中反复发生的种种美感的"元素"，如节奏、韵律、对称、均衡、连续、间隔、重叠、交叉等抽象为美的形式流传下来，超越原先实用的目的，成为一般审美的对象。

所以，审美是一种反映美的形式规律和特点的形象思维。人们对不同的审美对象，对美的规律和特点的掌握，存在一个由不知或知之不多到知的过程，都有一个由量变到质变的过程。审美活动的形象思维，不同于抽象思维的概括性，它是把能表现本质的具体

---

〔1〕 十四院校《文学理论基础》编写组. 文学理论基础[M].上海:上海文艺出版社,1981:103.

〔2〕 李泽厚. 美的历程[M].天津:天津社会科学院出版社,2001:39.

的、生动的、可感的东西集中起来，使之更鲜明、突出和典型化，而没有概念的形成。审美活动在理性阶段的思维，是用大量的形象、典型表象材料，在大脑中不断涌现形象，整个思维过程是形象的。我们阅读文艺作品，作品中的人物、事件、场面就在读者的头脑中呈现一幅幅生动、形象的画面。所以我们阅读文章的领会、体会，就是对文章的审美体验。

# 第六节　语文教学的现代化

## 一、认识论的指引

学习是什么？ 学习怎样连续地进行？ 我们根据马克思主义认识论，认为学习是一种认识活动。青少年学习的过程是一种特殊的认识过程，是在教师指导下，通过获取知识和运用知识，促进身心和谐发展的过程。《实践论》中说："认识从实践始，经过实践得到了理论的认识，还需回到实践中去。认识的能动作用，不但表现于从感性认识到更改认识之能动的飞跃，更重要的必须表现于从理性的认识到革命的实践这一个飞跃。"这就是阅读教学过程从观察感知到知识的理解，再到知识的运用的理论根据。而不是有的理论所说的"学习是有机体获得新的个体行为经验的过程"。

语文学习的发展过程，不是一篇篇课文知识的简单重复与积累，而是一个由量变到质变的过程，它既有知识的积累，又有阅读技能的形成，阅读能力的提升和情感的丰富和发展，正如《实践论》所指出的："实践、认识、再实践、再认识，这种形式，循环往复以至无穷，而实践和认识之每一循环的内容，都比较接近到了高一级的程度。"

总之，认识论指导我们历史地、辩证地研究语文学习的问题。

## 二、脑科学成果的应用

20 世纪 60 年代，斯佩里裂脑人实验的成果表明，人们可以用语言（概念）来思维，也可以用非语言的表象来思维。这一发现开启了思维的发展从单一片面的思维（抽象思维）走向思维的全面发展。全面发展思维，是语文教学深入改革和提高质量的关键。

从语文教学过程的模式来说，从旧知到新知，知识（经验）的迁移，是由于存在共同的思维要素（思维材料、思维方法），通过思维加工实现的。知识的领悟、理解，既有形象思维（联想、想象）又有抽象思维（概念、分析），是两种思维的有机结合。

从语文学习的发展来说，从听、说、语、写的训练，到技能、能力的形成，训练是语言水平的操作，实质是思维层次两种思维深入的加工，由量变到质变的发展过程。

思维的全面发展，使思维真正成为教学过程的核心。

### 三、语文教学的信息化

语文教学的信息化主要在以下几个方面提高了教学效果。

**（一）以电子文本的形式丰富了学习资源**

数字化的现代媒体可以为学生的语文学习提供新的学习平台和阅读介质——电子文本。语文教材主要为文学作品，文章描述的是一个动态的、形象的社会生活及自然的画面，数字化媒介使语文学习的文本材料以更加有趣的形式出现，使枯燥的文字变得生动活泼、有声有色，激发了学生学习的兴趣，也使学习内容变得容易理解，因此电子文本成为学科教材的一个重要部分。

**（二）以形象化的手段优化了学习过程**

在物质生产部门，信息技术作为硬件，是机器的芯；而在精神生产领域中，信息技术是作为软件（媒体）融入人的认识活动之中，成为人们从思维、思想到表达的核心内容。

信息技术与学科教学的整合，就是通过媒体，根据学科教学自身的特点和两种思维结合的特点，深入地融进学科教学中（科学实验、体育课等实践学科除外）。信息化手段在语文教学中为学生提供了更加丰富的观察体验，促进学生的理解内化，为学生的语言运用创设情境，帮助学生发现规律，提炼方法，将语文知识结构化，两种思维互促的学习方式优化了学生的语文学习过程，也有助于提高学生语文学习的效益。

### (三)以多向互动的方式发挥了主体作用

语文学习中的现代信息化手段，为学生提供了更加广阔的交互空间，使学生的语文学习可以实现课内外的融合。学生作为学习主体，可以自主选择拓展阅读资料，可以与学习伙伴、教师、家长互动，可以引入多元主体参与学习评价，可以分享和共享学习成果，进而在参与、互动中提升听说读写能力。

总之，信息技术在语文教学中的最大优势就在于突破了传统教学体制的局限。首先，语文教材是一篇篇的文章，其内容是孤立的。而数字化教材（电子文本）利用丰富的资源，课前学生可以阅读与课文有关的背景材料，课后可以阅读相关的文章，进行多种练习，使课文内容变得比较完整和系统。其次，随着课文内容的充实，学习活动既有课前的预习，也有课后的阅读与练习，打破了"课堂"的界限。最后，计算机人机互动的特点，学生自主学习的空间扩大了，学生学习主体的地位得到了充分的体现。

由此可见，语文教学的数字化和信息化，显著地提升了语文教学的质量。

# 第二章

## 小学语文教学与思维发展改革实验的报告

1992年，原北京市宣武区四所小学（北京育才学校小学部、北线阁小学、南菜园小学、老墙根一小）由原宣武区小学语文学科教研员赵玉琦老师牵头，参加了北京市哲学社会科学"八五"重点课题"开发右脑，发展形象思维的实验与研究"。这四所学校以改革小学语文阅读教学为主，开展了实验工作，并且定期学习、研究、听课、观摩。

"九五"期间我们以"以形象思维为突破口，两种思维相结合，深化小学语文教学改革"为题，参加了北京市哲学社会科学规划"九五"重点课题的实验，并且确定了子课题"发展形象思维的理论研究与教学实验"。下面介绍该实验的内容及成果。参加实验的教师有31人，后期参与实验的教师有67人。实验前后历时9年有余。

# 第一节　实验的设想与目标

语文教学不尽如人意,费时多,效果差,是多年来大家想解决而未能解决的大问题,是众多专家和广大教师十分关注的问题,也是当前素质教育中语文教学改革遇到的基本问题之一。不解决这个问题,既不能解决语文教学本身的问题,也影响其他学科的深入改革,还会影响学生基本素质的培养。

我们认为,语文教学存在的主要问题是语文教学思想、教学方法、教学过程不完全符合学生的认知规律,忽视了思维训练,比较关键的问题是普遍忽视了形象思维的发展。

我们根据脑科学(认知神经科学)和当代文艺理论,认为语文教学的关键在于语文教学中的思维问题。为此,我们提出"以发展形象思维为突破口,把两种思维结合起来,深化小学语文教学改革"的设想。

以发展形象思维、把两种思维结合起来为主线,从三方面进行探索:

第一,探索发展形象思维、两种思维结合的语文教学过程一般模式和具体方法。

第二,构建发展形象思维、两种思维相结合的语文训练体系。

第三,以开发儿童大脑潜能为目的的学习语文的有效新路。

根据这个设想,课题组提出如下实验目标。

（一）实验的基本目标

以形象思维为突破口,把两种思维训练与语文能力培养结合起来,探索一条全面提高语文教学质量的新途径。

（二）课题的研究目标

（1）两种思维协调发展的阅读教学的一般过程、方法和教学模式。

（2）以教材为中心的语文教法和学法的改革。

（3）以观察、课外阅读和写作为重点的听说读写训练体系的实验研究。

（三）具体实验目标

（1）学生的听说读写能力、学习能力和思维能力得到比较明显的发展。

（2）二年级末学生的思维能力与听说读写能力接近或达到三年级末学生的水平。

（3）五年级末学生的思维能力与听说读写能力接近或达到六年级末学生的水平。

（4）培养一批具有一定科研能力的骨干教师。

（5）总结若干有关语文教学的理论与经验。

# 第二节　实验的原则与方法

根据实验的设想和具体教学实际，课题组制定了实验的原则和方法。

## 一、实验原则

语文改革的问题错综复杂，提出一个思路（设想）后，要科学地实施，还要有指导实验工作的原则和科学的方法。

（一）边学习、边研究、边实验，坚持理论与实践相结合的原则

语文教学中进行发展形象思维的实验，是一项新的开创性的工作，必须坚持在理论学习和理论研究的前提下开展实验，才能保持正确的研究方向。我们在总课题组的帮助下，一边学习有关辩证唯物主义认识论、脑科学、思维科学、文艺心理学等基础理论，一边进行理论研究，同时在教学实践中进行探索、创新，把在实验中产生的感性认识上升为理性认识，概括为理性思考。

（二）继承、借鉴和创新结合，坚持继承与改革相结合的原则

许多一线优秀教师的经验，已蕴含发展形象思维的因素，如李

吉林老师的情境教学法、吕敬先老师的"说话、写话"课等。传统语文教学也有许多合理的教学方法。我们的改革，就是在继承、借鉴这些成功经验的基础上，以形象思维为突破口，把两种思维结合为指导思想，开展教学实验，深化小学语文教学改革。

(三)全面改革与分步实施相结合的原则

以思维为核心进行语文教学改革，涉及语文教学的方方面面，是一种全面性、综合性的改革。实验步骤应该分步实施，不可能一步到位。课题组围绕思维这个中心，先对语文识字教学、阅读教学和作文教学分别进行改革实验，然后再对小学语文训练体系进行研究与实验；随着研究的深入，进一步研究语言学习关键期、读写技能形成的阶段性问题。

## 二、实验方法

(一)自然实验法

课题实验学校成立实验小组。先在部分语文教师中进行实验，实验在日常教学工作的常态条件下进行。实验分低年级组、高年级组进行，两个实验组同时实验。中年级组进行了部分班级的实验。

(二)调查法

(1) 对参加实验班学生进行问卷调查，调查语文学习兴趣等。

(2) 为了研究语文教材和分析小学生学习的效果，对中学生的阅读能力进行了调查统计，对中学生的写作能力进行了归因问卷调查，对小学第三册语文教材生字出现率进行调查、统计。

(3) 为了研究儿童学习语言的关键期，对幼儿园大班儿童的口头语言表达能力（口述能力、词汇量、基本句式）进行调查研究。

(三)统计法

对各个实验项目，如识字能力、阅读能力、写作能力进行测试、统计。对学生课内外识字量、课外阅读量进行统计分析。

课题开展研究的九年来，课题组始终坚持每周一次的学习制度。参加人员有实验学校的干部、实验教师、课题负责人及总课题组负责人。定期学习、研讨、听课、观摩，有力保证了实验工作有计划地深入开展。

## 第三节　实验的内容与措施

### 一、改革阅读教学，构建教学新模式

课题组认为，语文教学改革的关键在于能否抓住思维，能否抓住形象思维，能否抓住形象思维与抽象思维的结合。课题组试图以发展形象思维为突破口，把形象思维和抽象思维结合起来，探索语文教学的改革途径。

在语文阅读教学中，学生是通过思维活动来理解和掌握教材的。学生学习语文的思维活动（包括思维方式、思维过程）是阅读教学中一个十分重要的问题。长期以来，阅读教学的过程是感知（讲解字词、初读课文）—理解（分析文章、遣词造句、写作方法、归纳段意和中心思想）—练习和巩固。很明显，理解过程中的思维活动主要是分析与归纳，这些都是抽象思维（逻辑思维）的方法，如图 2-1 所示。

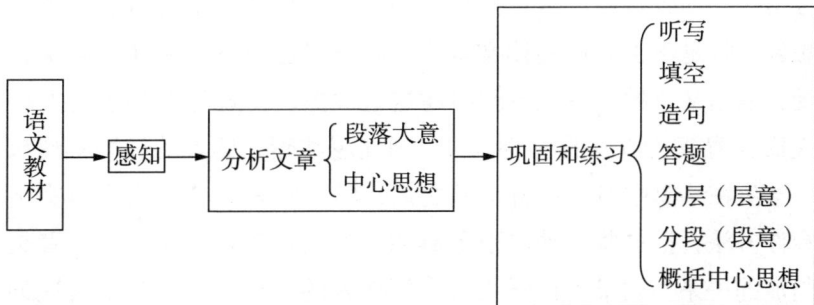

阅读教学中抽象思维的方法
图 2-1

然而，小学语文的教学内容主要为学习记叙性文章。记叙文的

写作和阅读主要是形象思维与抽象思维相结合的过程。小学语文记叙文的教学过程应该是在感知的基础上，先根据文章的叙述内容进行再造想象，接着结合形象，对文章进行分析与归纳，而后进行练习与巩固。因此，阅读教学的理解过程包括再造想象和分析归纳两部分思维活动，二者是有机结合的。也就是说，理解过程是形象思维（主要是再造想象）和抽象思维（主要是分析归纳）相结合的过程。这个过程是形象性的、具体的、绘声绘色的，是有情有景、情景交融的。这是阅读教学中最具有特色的部分。

但是，在已有的教学经验中，由于比较重视抽象思维忽视形象思维，这个形象思维（主要是再造想象）的过程也就被忽略掉了，从而使原本有情有景、情景交融、生动引人的语文课，变成了抽象、枯燥、机械的分析课。

为什么说形象思维（主要是再造想象）是语文阅读教学中，最能体现语文教学特色的活动呢？

作者（作家）写作，一般先有主题思想（抽象思维），接着进行构思（主要为形象思维），通过创造一定人物、情节、环境来表现主题，然后通过遣词造句、篇章结构把构思的结果表达出来。因此，学生阅读文章，一要理解作者的思维，二要学习作者怎样表达他的思维结果。前者是通过再造想象去理解、掌握作者的思维。所谓再造想象，就是学生通过阅读文章，唤起自己已有的经验（表象）和感受，根据文章的描写，重新组建这些表象，再现作者构思时的种种人物、情节、情景的画面。这个画面越清晰，读者的领悟就越深入。学生在头脑中有了种种形象之后，学习作者怎样运用语言文字和写作方法，把这些生动的形象鲜明、准确地表达出来。这二者是源与流的关系。如果不让学生去理解作者的构思，而一味地讲遣词造句、写作方法，岂不成了无本之木、无源之水了吗？

教师在指导学生掌握课文时，要注意以下几个特点。

第一，人们的认识活动（思维活动）都是以已有经验、知识为基础的。没有这种基础，就没有思维活动。当学生感知文章的文字以后，要进行联想、想象的思维活动。他的思维基础是什么？是他头脑中的经验、表象的积累。而经验、表象的积累，主要来源于生活中的观察。可见，观察是学习语文的重要基础。

第二，文艺理论指出：（艺术）形象思维是一种被感情激发和加强了的认识，一种把情感通过形象体现出来的思维活动。领会文章的内容必然伴随着情感活动。

第三，先对文章内容有所感受和领会，然后对其结构、语言进行分析，而不是相反。对其结构、语言、主题思想的分析又会加深对文章内容的感受和领会。

基于这个认识，我们语文教学改革实验的设想是：以形象思维为突破口，把两种思维（形象思维和抽象思维）结合起来，全面提高语文教学质量。因为再造想象是一个被忽视的环节，"八五"期间，我们把重点放在阅读教学过程中再造想象的培养上，并且把阅读分析与再造想象结合起来，使语文阅读教学过程形成一个完整的具有学科特色的教学过程。

怎样培养再造想象能力呢？ 课题组的经验是：

在备课时，对每篇课文的内容，先要弄清学生的知识、经验基础，了解文章所写的内容，学生是否有过类似的经验。这其中，有几种情况：第一种是学生有过类似的经验，并且比较熟悉；第二种是学生虽然有过类似的经验，但观察不仔细，表象是模糊的；第三种是学生未曾有过类似的经验，文章内容是陌生的。不同的情况，教学中培养再造想象的方法也不同。

第一种情况，课文内容学生比较熟悉，一般采用教师带感情的示范朗读，再配以适合课文内容的音乐。这种富有感情的朗读，不仅能唤起学生有关的经验回忆，也唤醒一定的情感体验。学生随着教师的朗读，头脑中展开再造想象，再结合形象进行分析、讲解，文章变得更容易理解了。

第二、第三种情况，对于课文的内容，学生头脑中的表象是模糊的或是陌生的，这就需要使学生尽可能地获得与课文内容有关的经验，丰富他们头脑中的表象。阅读时，才能根据文章的描写，以这些表象为材料，展开生动的再造想象。我们的做法如下。

（一）课前组织学生有目的地观察

例如，学习《风筝》一课。放风筝这个活动，有的学生参与过，有的学生看别人做过。多数学生还是缺乏放风筝的亲身感受。教师在课前，带着几位同学在学校操场放风筝，教给他们正确的姿势和放线的方法。这几位同学真正体会到了放风筝的乐趣，体会到把风筝放上天时的喜悦和激动。教师又请了电教老师把当时的情景拍摄下来。在上课时，先放录像，让同学们边看录像，边仔细观察，再让放风筝的同学谈一谈自己的感受。这样就引发了学生学习课文的兴趣，而且丰富了学生头脑中的表象，使学生的思维处于活跃状态。这时，再结合课文展开再造想象，学生就感到容易了。课后，组织全班学生进行一次放风筝的活动，更加深了学生的印象。

又如《黄河象》一课，课文开头描述了"在自然博物馆里，陈列着一具古代黄河象的骨骼化石"。课前，教师带领同学们到自然博物馆里参观，亲眼看一看古代黄河象的骨骼化石。学生听讲解员讲了有关这具骨骼化石的知识和故事，有的同学还买了有关的知识画册。这就从另一个渠道丰富了学生的表象积累。这时课文中的黄河象骨骼化石"高大、完整"，在同学们的头脑中不再是空泛的，而是实实在在的情景和表象了。这时课文中的形象在同学们的头脑中是具体的。结合这个形象，语言文字就不难理解了。

（二）设置教学情境，加强直观形象化

调动学生多种感官，亲身获取体验，使学生感受、理解课文内容。例如《荷花》一课，教师一上课，首先出示一幅色彩淡雅、姿态各异的荷花图。图上粉白的荷花，有半开的，有全开的，有未开的，在碧绿、硕大的荷叶的衬托下，清新可爱，有如美丽的白衣仙女亭亭玉立。这种感受太美了！ 这一切都通过视觉进入了学生的大脑，充实学生头脑中的表象。紧接着，一曲轻缓、柔和的乐曲响起。这是作为课文朗读的配乐。同学们在不知不觉中已融入课堂的

脑科学·思维·教育丛书

气氛。然后，教师悄悄地点燃几支花香型薰香。薰香的气味由淡到浓，沁人心脾。在这种氛围下，教师进行课文的范读。当教师读到课文的最后一个自然段时，一名同学头戴荷花的头饰，身穿雪白的衣裙，在讲台前翩翩起舞。课堂上，美丽的荷花图，优美的乐曲，诱人的芳香，婀娜的舞姿交织在一起。学生随着教师的朗读，在多种感官的体验中展开美妙的想象，好像自己也变成了一朵荷花……

又如低年级课文《彩虹》描述了大海，许多孩子见过大海，但是头脑中有关大海的感觉是模糊的。在课上，教师展示一张图：碧蓝的大海一望无际，一道美丽的彩虹架在天空。教师带着同学一起数一数彩虹有几种颜色——赤、橙、黄、绿、青、蓝、紫。讲到"海滩松软"，教师在讲台前铺上松软的沙子，让孩子们光着小脚丫在沙子上走一走。"松软"的感受留在了孩子们的脚上，留在了孩子们的心里……

再如中年级课文《我爱故乡的杨梅》。杨梅长在江南，为了能让孩子增加感性认识，教师在课上每人发了三颗杨梅，要求每位学生仔细用眼看一看，用手摸一摸，用嘴尝一尝，再对照着书上的描述，认真体会。杨梅那可爱的形状、颜色、味道就永远留在了孩子们的记忆里……

（三）运用多媒体手段组织教学

例如教学《趵突泉》一课时，大部分学生没有见过趵突泉，教师利用投影把趵突泉的大致情况向同学们做了简单介绍。接着，结合课文重点播放录像。同学们从电视上欣赏到冬天趵突泉水的奔涌不息，清晰、流动的画面，仿佛把孩子们带到了趵突泉边。

（四）启发、指导学生演示、表演

让学生自己表演既可以加强直观形象性，又可以使学生获得情感体验。如《挑山工》一课，挑山工上山的"折尺形路线"，每一次的"转身、换肩"，对于学生都是陌生的。看过有关的文字介绍和录像后，让学生亲自试一试，感受一下挑山工的动作和路线，加深学生的印象。

## (五)采用分角色朗读的方法

对话较多的课文，可采用分角色朗读的方法。学生很喜爱这种方法。这种方法可以让学生有发挥的余地。学生可以对某个角色进行创造性发挥。这种方法往往能够收到意想不到的效果。

概括以上所述，两种思维相结合的语文阅读教学新模式，如图2-2所示。

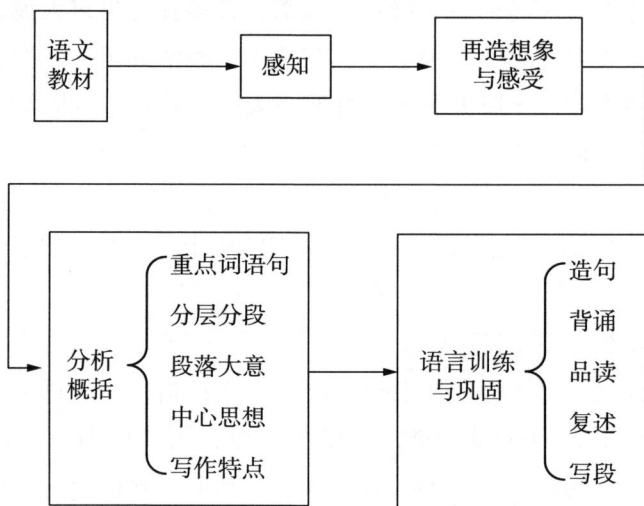

两种思维结合的语文阅读教学新模式
图2-2

## 二、构建语文训练体系，实行精讲多练

课题组初步改革语文阅读教学后，又继续思考：进行了语文阅读教学改革，是不是就能学好语文？事实表明，不是。原因又是什么呢？

现行的语文教材，基本是精选名家名篇。编者采用综合汇编的方式，把这些名家名篇汇聚在一起，形成了文选式课本。这种范例式教材虽然不失为语文教材的一种好形式，但是对于培养学生语言文字能力的训练，存在许多不足，如文章篇目、词汇量有限，难以使学生形成理解、运用语言文字的能力与自学能力。语文教材中练习量少，而且不全面，对学生技能（能力）的形成也缺少一种"序"，等等。

通过实践，课题组认识到，语文教学的形式不应该仅仅是讲读课文，讲读课也不应该"只讲不练"或"多讲少练"。目前"重讲轻练"的做法，对培养学生听说读写能力的形成与提高，是很不利的。

课题组认为语文课应该精讲多练、讲练结合，讲要落实到练，才能形成语言文字的理解和运用能力。因此，为了提高语文教学的效率，提高学生听说读写的能力，需要更新观念，建立语文教学体系。

语文教学体系应包括两个方面：一是学习教材，二是进行系统的语言文字训练。这种训练体系应该是两种思维（形象思维与抽象思维）结合的、综合的、循序渐进的训练，以提高学生听说读写能力为目的。

所谓综合，是指听、说、读、写、观察五种技能的有机联系，互相促进，相辅相成。人们通过观察、阅读和听获得外界信息，经过大脑的加工，内化为思维，达到对事物的认识（文章的理解），又把思维的结果，通过说写表达出来。可见五种技能都同思维（形象思维与抽象思维）紧密相连，而思维起着核心的作用。这就是五种技能的内在联系，也就是它的结构。

根据系统论思想，进行听、说、读、写、观察的训练，不能孤立地进行，而要根据其内在联系进行综合的、有序的训练，才能取得良好的效果。如写作要与观察、说话、写话结合起来，阅读要与观察、说写结合起来。

下面是课题组构建语文训练体系的做法。

（一）一、二年级设"观察·说话·写话"课

把原有的"说话课"改为"观察·说话·写话"课，每周1节。教会学生由简单到复杂，由室内到室外，由静到动，有目的地进行观察活动，把观察的结果说出来。要求说得完整、连贯、用词基本

准确，重点在于内容的具体、条理。不要在语法上做过多的要求。到了一年级末，学生平均可写 150 字到 200 字，二年级末学生平均可写 300 字到 400 字。训练学生把所见、所闻、所想说出来，写下来，是作文教学的必由之路。

(二)一、二年级每周设一节阅读指导课

课题实验组于宪敏老师从一年级设阅读指导课，已有多年的历史，她教学生五步读书法，开读书汇报会，讲故事会，班内设图书角。课题组学习推广她的经验，在其他年级也普遍开展了课外阅读。

(三)以观察为基础，与阅读相结合，初步确定写作训练基本序列

一、二年级：从观察、说话、写话入手，学生能写 200 字到 300 字的片段。

三、四年级：把观察、感受、阅读初步结合起来，学生能写 400 字到 500 字的片段或短文。

五、六年级：把观察、阅读同自己的思想认识结合起来，把两种思维结合起来。学生能写 700 字到 800 字的文章，写作记叙文章的能力基本形成。

(四)明确语文阅读技能训练基本序列

学生进行阅读活动，要先逐步学会形象思维，后逐步学会抽象思维（分析、归纳）。阅读技能形成的序列如下。

一、二年级：结合生活实际进行观察活动和字词句段的默读（边读边思考），重点培养再造想象。

三、四年级：学会分段，归纳段意、概括文章的主要内容和中心思想。通过把两种思维结合起来理解课文，学生的阅读技能初步形成。

五、六年级：只对篇幅较长或内容结构独特的文章进行分析和归纳。

(五)阅读课实行精讲多练

由于课题组加强了观察，采用情境教学、多媒体教学，课文变

得好理解了；由于开展课外阅读，学生的自学能力提高了；又由于阅读技能的培养有了"序"，阅读课可以精讲，节省了课时，这些节省下来的时间可以用来增加观察、说话、写话的课时，增加阅读的指导课，也可以用来增加课内练习。

对字词、句型的练习，采用发散思维训练，培养学生字词句的多样性和灵活性，目的是培养学生理解和运用语言文字的能力。

### 三、抓住语言发展关键期，开发儿童学习语言的巨大潜能

如何抓住儿童学习语言的关键期，加强语文教学，我们的初步做法是：

（一）营造丰富多彩的语言环境

主要有以下措施：加强观察，采用情境教学，通过观察培养，发展儿童的思维和语言；注重教师朗读、说话的示范作用，为学生提供更多的语言模仿学习；加强课内听说的语言训练。

（二）写作训练、课外阅读早起步

从一年级开始，尽量使儿童对语言学得多些、快些。学习汉语拼音后，利用汉语拼音读物，一边巩固汉语拼音，一边进行阅读训练的启蒙。学习一部分汉字以后，立即着手组织课外阅读，从图文结合的读物开始，进而过渡到文字读物。不要等到中高年级再鼓励课外阅读。

掌握一部分汉字以后，就开始进行说话和写话练习。从自己说写一句话开始，写自己看到的、想到的，也可以边写边画，有文字有插图。重点在于内容和兴趣。

（三）学校重视低年级教学

把有经验的、优秀的教师安排在低年级。加强对低年级教学的研究和管理。

## 第四节　实验的成果

实验的成果是可喜的，达到了预定的目标，按计划完成了课题

论证报告中的设想。

（一）效果测查统计

1. 学习兴趣水平

学生学习语文的兴趣情况如表 2-1、表 2-2 所示。

表 2-1　二年级学生学习语文兴趣统计表

| 排　序 | 全班总人数（40 人） | 百分比（%） |
|---|---|---|
| 第一位 | 35 | 87.5 |
| 第二位 | 1 | 2.5 |
| 第三位 | 1 | 2.5 |
| 第四位 | 3 | 7.5 |

表 2-2　实验两年后,学生学习语文兴趣统计表

| 实验班 | 全班人数 | 很有兴趣 | 有兴趣 | 一　般 | 没有兴趣 |
|---|---|---|---|---|---|
| 四年级初 | 59 | 0 | 6 | 35 | 18 |
| | | 0 | 10% | 59% | 31% |
| 五年级末 | 59 | 21 | 38 | 0 | 0 |
| | | 36% | 64% | 0% | 0% |
| $X^2$ | $X^2 = 94.259, df = 3, X^2.01 = 11.3, \because X^2 > X^2.01, \therefore$ 四年级初与五年级末对比有极其显著差异。 | | | | |

2. 识字教学

①实验班二年级识字量统计。一学期实验班学生识字总量为20037 字次；平均每人识字 843 字；比全年教材识字量 701 字多 142字。识字 2000 以上的为 3 人，识字 500 左右的为 30 人。

②形象化识字教学效果。通过儿童脑电波"事件相关电位"（Evert-related potentials,简称 ERP）的测查，最终验证实验班运用形象教学法取得了良好效果。测试结果表明：认形象字比认非形象字操作成绩明显效果好。形象教学法明显比非形象教学法效果好。实验组与对照组相比，实验组的成绩明显比对照组好。实验组在认形

象字时，大脑认知加工活跃，尤其是右脑加工明显活跃。

测试的最后结论是：形象刺激或进行特殊的形象加工时，右脑认知加工活跃，可能表明右脑在形象加工时起到重要作用。

③实验班二年级末与同年级对比班识字的巩固率测试统计（期末听写课文中 300 字一段话后，考查对所学生字和熟字的巩固率，见表 2-3）。

表 2-3　实验班与对比班识字巩固率统计表

| | 人　　数 | 全对<br>（正确率<br>100%） | 较好<br>（正确率<br>90%） | 一般<br>（正确率<br>70%） | 较差<br>（正确率<br>60%） | 差<br>（正确率<br>50%以下） |
|---|---|---|---|---|---|---|
| 实验班 | 54 | 35<br>（64.8%） | 15<br>（27.8%） | 3<br>（5.5%） | 1<br>（1.9%） | 0 |
| 对比班 | 50 | 5<br>（10%） | 10<br>（2%） | 22<br>（44%） | 8<br>（16%） | 5<br>（10%） |
| $X^2$ | $X^2 = 40.82, df = 4, X^2.05 = 9.49, X^2.01 = 13.3, \because X^2 > X^2.01, \therefore$ 实验班与对比班有显著差异。 | | | | | |

3. 阅读能力

①课内阅读能力测试。实验班五年级末与六年级末 4 个对比班相比。用同一份试卷，测试结果如表 2-4 所示。

表 2-4　五年级实验班与六年级对比班阅读错误率统计表

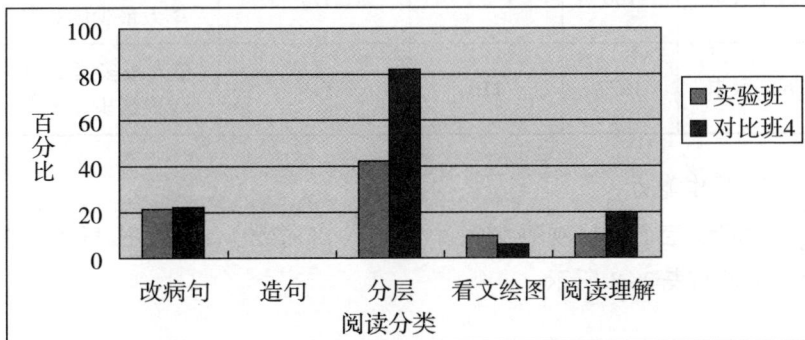

②课外阅读统计（见表2-5至表2-7）。

表2-5　实验班二年级末与同年级对比班课外阅读量统计表

| | 人　数 | 册　数 | 备　注 |
|---|---|---|---|
| 实验班 | 40 | 3290 | 单人最多读100本<br>单人最少读13本 |
| 对比班 | 56 | 2413 | 以普通班中阅读册数<br>最多的数据为准 |

表2-6　实验班二年级末与对比班三年级末阅读后回答问题

正确率统计表

| | 总人数 | 第一题 | 第二题 | 第三题 | 第四题 | 第五题 | 第六题 |
|---|---|---|---|---|---|---|---|
| 实验班<br>（二年级） | 56 | 51 | 55 | 55 | 50 | 41 | 48 |
| | | 91% | 98.2% | 98.2% | 89.3% | 73.2% | 85.7% |
| 对比班<br>（三年级） | 54 | 41 | 52 | 53 | 33 | 36 | 40 |
| | | 75.9% | 96.3% | 98.1% | 61.1% | 66.7% | 74% |

$X^2 = 19.425, \mathrm{d}f = 5, X^2.05 = 11.1, X^2.01 = 15.1, X^2 > X^2.05, X^2 > X^2.01$，经卡方统计检验，有极其显著差异。

表2-7　五年级实验班学生阅读量前测与后测统计表

| | 总册数 | 人均册数 | 人均册数百分比<br>（%） | 备　注 |
|---|---|---|---|---|
| 四年级末 | 180 | 3 | 1.7 | 单人最多读10本<br>单人最少读0本 |
| 五年级末 | 1877 | 110 | 5.9 | 单人最多读25本<br>单人最少读5本 |

4. 写作能力

我们设定了题目观察绒毛小动物（自命题），让学生写出一段话。结果如表2-8所示。

表 2-8　实验班二年级末学生与对比班三年级学生写作能力统计表

|  | 人　数 | 一类文 | 二类文 | 三类文 | 四类文 | 300 字左右 |
|---|---|---|---|---|---|---|
| 二年级 | 55 | 14 篇 | 25 篇 | 9 篇 | 2 篇 | 5 篇 |
| 三年级 | 45 | 8 篇 | 16 篇 | 12 篇 | 4 篇 | 5 篇 |
| $X^2$ | $X^2 = 23.457$, $df = 4$, $X^2.01 = 13.3$, $\because X^2 > X^2.01$, $\therefore$ 差异极其显著。 | | | | | |

表 2-9　五年级实验班学生写作能力前测与后测统计表

|  | 人　数 | 一类文 | 二类文 | 三类文 | 人均字数 | 字数最多 | 字数最少 |
|---|---|---|---|---|---|---|---|
| 四年级末 | 59 | 13 篇 | 31 篇 | 15 篇 | 400 字 | 760 字 | 100 字 |
| 五年级末 | 59 | 42 篇 | 14 篇 | 3 篇 | 900 字 | 1600 字 | 500 字 |
| $X^2$ | $X^2 = 84.96$, $df = 2$, $X^2.01 = 9.21$, $\because X^2 > X^2.01$, $\therefore$ 差异极其显著。 | | | | | | |

（二）效果综合分析

从上面的学习兴趣、识字教学、阅读教学、写作能力四个方面测查统计数字不难看出，本课题实验取得了比较显著的效果，实现了原设计目标。

（1）低年级学生学习语文的潜力得到很好的开发，实验普遍提高了学生学习语文的兴趣。

（2）学生读写能力有了较大的提高，读写教学目标提前了一年完成。即实验班二年级末读写能力基本达到对比班三年级末水平。实验班五年级末读写能力接近对比班六年级水平。

# 第三章

如何在识字教学中发展两种思维

## 第一节　识字教学的重要意义

### 一、识字教学与学生智力发展

人类在劳动中创造了语言，到了距今六千年前后，又创造了文字。文字突破了口头语言在空间和时间上的局限。汉字是世界上最古老的三种文字之一，是世界上唯一没有中断的文字。埃及的圣书字、巴比伦的楔形文字都早已消失，唯独汉字几千年沿袭不衰。

汉字有两宝，一是"书同文"，传承了中华优秀文化，二是发展了人的智力。从秦汉时代的隶书到今天使用的汉字，形体上没有太大的变化，所以汉字能超越时间和空间的限制。先秦两汉以来的古书，今天的人通过学习还能读懂。可以设想，如果古书是用拼音文字写成，现在的人就读不懂了。我国疆域辽阔，方言很多，甚至一个村子能讲两种方言，方言的发音相差很大，操不同方言的人彼此交谈就很困难。但是如果写成汉字，词汇、语法是相同的，彼此就能沟通了。因此，书同文，使我国五千年的悠久文化代代相传，汉字成为中华民族凝聚力的一个重要特征。

汉字又是启迪思维、开发智力的有力武器。1973 年 5 月，美国费城举行第六次世界人类能力开发会议，日本学者石井勋先生写的一篇关于日本儿童学习汉字提高智力的论文获得金奖，被授予"对世界人类作出贡献"奖。从此，汉字对智力的发展的研究，引起人们广泛的注意。

汉字对发展青少年智力的贡献，在于汉字的形象性，形、音、义结合的特征。据报载，英国韦尔科姆基金会研究机构的科学家发现，讲英语的人只用一边的大脑来理解语言，而讲汉语的人则用两边的大脑来理解语言。讲英语的人理解别人讲话时，只有大脑的左颞叶是活跃的，而讲汉语的人理解别人讲话时，使用左右两个颞叶。

1996 年 7 月 10 日—13 日，北京育才学校在中国人民解放军 306 医院副主任医师赵旭和北京教育学院宣武分院教研员赵玉琦老师的帮助下，运用"事件相关电位"的现代脑科学测试方法，以小学一年级的试验班与对照班（普通小学一年级）各 20 名学生做比较，以事件相关电位、反应时、辨识成绩等指标，观察不同教学方法对学生学习效果的影响：测试形象字与非形象字对小学生学习效果的影响；探索采用形象教学方法后，在小学生识字教学过程中，右脑思维活动是否有所加强。测试结果表明：认形象字比认非形象字操作成绩明显效果好，形象教学法明显比非形象教学法效果好；试验组认形象字时，大脑认知加工活跃，尤其是右脑加工明显活跃。这是形象教学法对于多媒体教学十分有意义的脑科学测试。测试表明，学习汉字对大脑智力的开发有重要的价值。可见，学习汉字，左右脑并用，是汉字比拼音文字更有利于开发智力的脑科学根据。

识字教学中，如何促进智力发育，我们的体会是：一要用形象化方法来识字，形象化的方法既切合汉字的特点，又符合儿童年龄的特点，它能使文字既好懂又好记，促进儿童多识字。因此，可以利用多媒体技术的优势来进行识字教学。二要在形象化识字过程中发展形象思维，培养儿童的观察、联想、想象能力。

## 二、识字是阅读和作文的基础

在小学阶段，要使学生学会常用汉字 2500 个左右，要能读准字音，认清字形，了解字义，并能正确地书写和运用。识字教学要在语言环境中进行，把字的形、音、义结合起来，让孩子懂得字词的意思，注意积累字词，并能在口头和书面表达中加以运用。没有一定的字词的积累，就谈不上阅读和作文了。教育部发布的《2005 年中国语言生活状况报告》中说："报告对包括本报（《北京日报》）在内的平面媒体、有声媒体、网络媒体的语料调查分析研究后发现，在过去的一年中，汉字出现了 7 亿多次，媒体用了汉字 8225 个。平面媒体、有声媒体和网络媒体公用的汉字是 5607 个。""其中 581 个汉字就可以覆盖语料的 80%，（读懂这 581 个汉字）就可以读懂媒体文字的 80%，当覆盖率达到 90% 的时候，只需 934 个字。当覆盖率达到 99% 的时候，需要 2315 个字。"这个统计很好地表明，学生掌握了 2500 个左右常用的汉字，才能比较好地读书看报。因此，小学阶段掌握 2500 个字，是学生阅读和写作的基础。

## 第二节 遵循汉字规律，改革字词教学

汉字属表义文字，这是与拼音文字的主要区别所在，由此造成了汉字数量多，也容易混淆的特点。传统的教学法，让学生机械地记忆，反复抄写，注重音、形，忽视字义，致使错别字大量出现。为了解决这一问题，我们必须遵循汉字规律，改革字词教学，把音、形、义紧密地结合起来，以义为核心，以理解和运用为目的。由于遵循了汉字规律，把一个个符号具体化、形象化，既发展学生的形象思维，又易于理解、巩固。

汉字教学中形象思维的训练要紧紧围绕汉字的特点，遵循汉字规律，并且通过多种方法使烦琐的、枯燥无味的字词形象化。把字的符

号形象具体化，使学生的观察、联想、想象、表达、概括、归纳、创新等各项能力都得到协调发展，达到理解和运用的目的，从根本上改革了字词教学，变"少、慢、差、费"为"多、快、好、省"。

## 一、运用汉字规律，掌握识字基本方法

（一）训练学生熟练地掌握偏旁部首知识

让学生不但知道偏旁部首的名称和查阅方法，而且要与物体形象相结合，了解它们表示的意思。例如"欠"（欠字旁），用"欠"组成的字和人张口有关，如歌、吹、欢。

"页"（页字旁），用"页"组成的字和人的头有关，如颜、项、顶。

"又"（又字旁），用"又"组成的字和手有关，如对、双。

"攵"（四笔反文旁），用"攵"组成的字和人手拿东西有关，如做、放、牧。

（二）训练学生查阅工具书的能力

不但迅速地查到某个字，而且会分析字义与偏旁部首的联系，并结合语言环境和形象思维，理解字义。如"鬼鬼祟祟"中，祟查"示"字底，《现代汉语词典》解释："原指鬼怪或鬼怪害人（迷信），借指不正当的行动。"还应该知道用"示"组成的字都和鬼神有关，祟：表示鬼神出来了，偷偷摸摸地害人，搞不正当活动，所以写成"出""示"，它在课文中形容敌人在黑暗中出现的样子。

（三）训练学生熟练地判断字的类别

学生在自学中，要判断本课生字属于哪一类（象形字、形声字、会意字）。为了便于学生自学，教师首先告诉学生什么样的字叫独体字，什么叫合体字，并把同音、形近、形声、会意、象形、指事这些名词概念讲给学生，告诉他们见到一个字先分清是独体字还是合体字。如果是独体字，象形字的可能性大；是合体字，能找出借音部分是形声字，找不出借音的是会意字。让学生分析后，用符号来表示，形声字"√"、会意字"△"、象形字"○"，检查学生们

的自学情况。用这种画符号的方法很方便，同时也确定了自学的方法。形声字说出表音表义的部分，象形字说出字与事物的相似点，会意字用一句话讲下来，大大提高了自学能力。

## 二、训练学生掌握按规律分析字的方法

汉字量多、难认，但掌握了规律，发挥形象思维的作用，可以化难为易。

### （一）象形字教学

汉字百分之九十五以上是合体字，而组成合体字的偏旁部首基本结构又是独体字。教好独体字对提高识字教学的质量意义非常重大。在小学语文第一册"日月水火"里第一次出现的象形字，在教学中汉字的音、形和图紧密结合。从图入手，观察图画，对照图下面的甲骨文，找出图画和象形字相似的地方，图字对照，分析比较。如讲"日"，让学生看音节读准字音后，教师指图问"日"指的是什么？ 学生说"日"指太阳。教师接着说明，这幅图上边画的是太阳，下面是很早以前人们写的"日"字。现在"日"外边由圆变方，方口表示太阳的轮廓，中间的"横"表示太阳的光。学习"月"，幻灯出示弯弯的月牙，教师启发："晚上，弯弯的月儿挂在天空，你们知道月亮上有什么吗？"学生展开想象的翅膀，眼前仿佛出现了美丽的嫦娥和玉兔，教师用彩笔在月字的两横上重重描上了红色，告诉学生月亮上有嫦娥、有玉兔，这是美丽的传说，宇宙中有许许多多的奥秘等着我们去发现，渗透了现在学好本领，长大为科学发展做贡献的思想教育。

在具体教学时为了便于儿童记忆，引导儿童自己想象进行说文解字（我们叫分析字形），同样取得良好的效果。如"木禾米竹"这一组字，都是和植物有关。"木"是基本字，需首先教好。"木"："一"像土地，"丨"像树干，"八"像树根。"禾"："丿"像禾苗的叶子。"米"："㐅"像小米粒。"竹"的字形像竹叶和竹竿。如此形象地演示，往往是在儿童识字的开始而采取的手段。

（二）形声字教学

在汉字中按形声字的规律构字的占多数。"形""声"二字重在"形"，用汉字的形象想象物体、事物的"形"。如"绿"左边"纟"表示丝线的意思，因为丝线有红有绿，花花绿绿。"爬"左下"爪"表示动物的"手"，小猫、小狗用爪子来爬。"歌"右边"欠"表示张嘴出气的意思，唱歌要张口换气。这样记忆生字又快又准，提高了学生的识字能力。

教师启发学生，为什么"晴"是"日"字旁？ 学生甲回答：因为晴天有太阳。乙：因为晴天没有云或云很少。丙：没有云或云很少，太阳露出来，天气晴朗。丁：不是的！ 晚上没有太阳，天也是晴朗的。这个问题引起激烈的讨论，大家你一言我一语，讨论的结果是：因为晴天，月亮挂在空中，月亮光是太阳的光反射出来的。仅仅一个字的讨论，锻炼了学生的分析、比较、综合、概括等能力，引起了学生对天文学的兴趣，发展了形象思维。

（三）会意字教学

会意字比形声字表义性更强，它把借音部分也换成表意部分。如"苗"上边"艹"表示植物，下边"田"表示田地，小苗是长在田地里的植物。"秋"左边"禾"表示庄稼的意思，右边"火"表示火的意思，秋天庄稼丰收了，枫叶像火一样红。这样学生头脑中出现了一幅秋天的图画，金色的阳光普照大地，庄稼一片金黄，漫山遍野枫叶通红，多么美丽呀。

在讲解"拾"字时，教师请一个学生把掉在地上的铅笔拾起来，启发学生注意观察。分析字形时，学生说：拾是会意字，左边"扌"表示手的意思，右边"合"表示合起来、合拢的意思，五个手指合拢才能把东西拾起来。

（四）形近字比较法

在新课结束后，要把和本课有关的形近字拿出来，从一个字引出一串字，通过比较加强形象记忆。如"墓、暮、幕、慕"，它们相同的地方是都有"莫"借音，不同的是：

"墓"是把尸体埋在土里,坟用土堆成,所以"土"是形旁。

"暮"指傍晚太阳西下。

"幕"用布(巾)做成。

比较"漫、慢、幔、熳、蔓"这一组形近字时,启发学生看偏旁想意思。

"漫"表示水没过,四处漫。

"慢"指心里不喜欢,态度怠慢。

"幔"指张挂的幔子,与布、毛巾有关。

"熳"表示火焰发出光亮,光彩四射。

"蔓"指植物细长的茎。

## 三、利用多媒体和教具,优化识字

(一)利用多媒体技术进行教学设计

多媒体是现代科学技术和教育技术发展到一定阶段的产物,是现代教育的重要内容之一。因此在课堂教学过程中运用课堂多媒体技术,体现了当今时代的教育特征,培养了学生能力,发展了形象思维。

人教版小学一年级语文第一册第九课《脚印》这篇课文,通过雪后小狗和小鸡在雪地上跑,雪地上留下了他们的脚印及两只小动物的对话,生动活泼地讲解了"小狗的脚印像梅花,小鸡的脚印像竹叶"这个常识。我们确定教学目标:通过教学使学生知道小狗的脚印像梅花,小鸡的脚印像竹叶。

这一课共有"跑、画、梅、竹、你"五个生字。

在讲解"竹"这个字时,教师从校园里采摘了一束竹叶,经过修剪,形成"竹"。投影中把实物竹叶与"竹"复合,学生感性理解,竹叶的形状演变成"竹"字,再和小鸡的脚印重合,使学生理解了"小鸡的脚印像竹叶"这句话。讲"梅"时,学生说:"小狗的脚印像梅花，梅花开在树上，所以是木字旁。"教师抱来一只可爱的小狗，把它的脚印印在白纸上，通过实物投影显示出来，再从梅花树上摘下一朵梅花（复合片）复在脚印上，啊！小狗的脚印像梅花。

通过多媒体发展形象思维，理解了课的内容。

**(二) 利用教学用具，强化形象思维训练**

在讲授《美丽的公鸡》一课时，开始是这样设计教具的。教师问："公鸡什么样?"学生答："公鸡红冠子，花羽毛，脖子和脚是黄色的。"教具是一只公鸡的图片。通过研究，教师认为，直接出现教具和边讲公鸡的形象边画，讲哪部分画哪部分相比，后者有利于突出公鸡的形象。

边讲边画固然好，但是画的时候粉笔的颜色不够鲜艳，效果不佳。而把画好的公鸡摆上去又太突然，怎么办? 经过研究决定，学生说哪部分就画哪部分，画完了就贴哪部分。过去识字时，我们把卡片或横或竖排列很整齐。本课我们采取了把字词填在公鸡相应的部位这个做法，加深了学生对字义的理解。

◆◆◆

公鸡公鸡真美丽，

大红冠子花外衣。（贴在公鸡的头上）

油亮脖子金黄脚，（这两个词贴在脖子旁边）

要比漂亮我第一。（贴在公鸡的最上头）

当贴"第一"时展开了讨论。有的同学说："贴在冠子那儿，因为公鸡冠子红红的特好看。"有的说："贴在脖子那儿，油亮的脖子表示脖子上的羽毛漂亮。"还有的说："贴在嘴那儿，公鸡每天喔喔啼，催人们早起。"最后一致通过贴在公鸡的头顶上，因为整个公鸡都美丽，可以称第一。这样的识字教学，训练了学生的思维。

通过几年的实验，教师尝到了甜头，学生掌握了规律，学得既快又轻松，教学可达到预期的效果，提高了效率。过去的识字方法，一节课学六七个字，现在的教学效率成倍增长。过去学过就忘，现在学了不忘。尤其在实践运用中，学生理解了意思，错误率降低了。21 世纪的高素质人才，必将是左右脑协调发展、更加聪明、更富有创造力的一代新人。因此，语文教学既要发展学生的抽象思维，又要发展学生的形象思维。

## 第三节 "事件相关电位"对形象化识字教学的测试与评价[1]

### 一、文献研究

以美国斯佩里教授为代表的神经生理学理论认为，人的大脑左右两半球各有不同的分工，又相互协调与合作。大量实验结果表明，左脑的主要功能是掌管语言与逻辑思维，而右脑掌控非语言的表象思维，是视觉形象化的、空间性的、整体性的。

"事件相关电位"即长潜伏期诱发电位（由于外界刺激而引发的脑生理电波），是国际上近些年发展起来的，用于研究人脑认知功能的一项新技术，是解决人的认识和大脑之间的有关问题的唯一有效方法。它是从电生理角度，探讨大脑思维行进的轨迹。目前研究 ERP 最集中的成分叫作 P3（又称 P300 或晚的正成分。晚指潜伏的时间长；正成分指标准轴上的成分），P3 或 P300 指的是认知或辨识刺激信号过程中，将实时记录的电脑波进行多次累加平均后获得诱发电位波形。其潜伏期大约 300 毫秒出现明显正相偏移（指标准轴之上的有效偏移），波幅较大。在简单的测试中，P3 的潜伏期大约 200 毫秒，而在复杂思维测试中，P3 出现大约 500 毫秒。儿童或老人更长。P3 对低概率的靶刺激幅度较大；在整个头皮的分布上，中线的顶部最大。

本项研究的目的是探讨用 P3 作为评价大脑思维活动的客观指标的可能性；试通过脑左右半球 P3 潜伏期及幅度的比较，观察不同测试对象（实验组和对照组）在完成认形象字与非形象字时 P3 的变化规律，以评价形象教学开发学生右脑思维的效果。

---

[1] 该文作者为中国人民解放军 306 医院副主任医师赵旭、原北京教育学院宣武分院二部教研员赵玉琦。

## 二、测试目的与假设

(一)测试目的

第一,测试形象化教学与非形象化教学两组小学生的事件相关电位、反应时、辨识成绩等指标,观察不同教学方法对学生学习效果的影响;

第二,检测小学生学习形象字与非形象字对效果的影响;

第三,探索采用形象教学方法后,在小学生识字和教学过程中,右脑的思维活动是否有所加强,以评价形象教学方法对右脑开发的实际意义。

(二)测试设计

1. 指导思想

从脑生理角度,通过对脑电波的测试,利用事件相关电位和根据信号检测理论,对实验组与对照组测试结果进行综合分析,以全面评价被测对象认字时的思维活动。

2. 具体方案

(1)日期:1996 年 7 月 10 日—13 日。

(2)测试对象。

测试对象 40 人,其中:实验组 20 人(男生 10 人,女人 10人);参加实验教学一年的普通班一年级小学生对照组 20 人(男生 10 人,女生 10 人)。年龄在 6.5—7.5 岁。平均年龄 7.0±0.32 岁,均为视力正常,惯用右手。

选取两组学生好中差兼顾,随机取样。

(3)测试内容。

①测试时,由主持人(赵玉琦)运用一般教学法(即非形象教学法——点、横、竖、撇、捺等笔画分析左右结构、上下结构、独体结构等结构分析法),教对照组 12 个字,教学和巩固时间为 10 分钟。这 12 个字是:

❖ ❖ ❖

勺、禾、瓜、鸟、犬、画(形象字)

惯、佩、讶、拔、枚、忽（非形象字）

②主持人（赵玉琦）运用形象教学法，教实验班同样 12 个字，学习巩固时间仍为 10 分钟。如：

教师引导学生分析"勺"字像一个小勺，里面有一个小豆——🥄；

教师引导学生分析"禾"字像一棵庄稼上长着果实的穗——🌾；

教师引导学生分析"瓜"字像中间长着一个瓜，两边长着叶子，上面是瓜茎——🎋；

教师引导学生分析"鸟"字像一只鸟，上面是鸟头、鸟冠、鸟的眼睛，中间是鸟的身体，下面是鸟的爪子——🦅；

教师引导学生分析"犬"字像一条狗——🐕；

教师引导学生分析"画"字的字形像风景画——🖼 "冖"和"凵"像画框，中间的"田"字表示"田"的风景。

其他"惯""佩""讶""拔""枚""忽"6 个字仍用数笔画和间架结构教学。

## 三、测试操作与测试

(一)测前准备

1. 安放电极

由主持人（副主任医师赵旭）在受试学生的头部安放 8 个脑电感受器。脑左 2 个，脑右 2 个，脑中间 3 个。分别是：眼动、Fz、Cz、Pz、C3、C4、P3、P4 导联。其中 Fz、Cz、Pz 分别为大脑中线上的额区部分、中央区、顶区；C3、P3 分别为脑左侧中央区、顶区；C4、P4 分别为脑右侧中央区、顶区。

2. 熟悉方法

受试的一年级学生还没有使用过电脑。为了排除其他因素，因此，要先教给他们怎样看屏面，怎样按鼠标器的左键。

### 3．练习操作

教完操作方法以后，还要让受试学生操作练习，使他们会看、会认、会熟练操作。于是，赵旭设计了一套有趣而又有效的训练方法——视觉随机刺激，即在屏面上每间隔 2 秒呈现一个彩色画面，每个画面闪现 400 毫秒。图形画面共有 200 多个，其中动物有大象、熊猫、狐狸、斑马……果蔬有香蕉、荔枝、萝卜、白薯、葡萄、樱桃、茄子、白菜、韭菜……衣服有裤子、上衣、连衣裙……花朵有荷花、月季、菊花、梅花……这些画面混杂在一起，让学生在画面闪现 400 毫秒内判断，只要属于动物类的画面，就按一下鼠标左键。用这种练习，使学生操作熟练，以此排除实验的其他干扰因素（见图 3-1）。

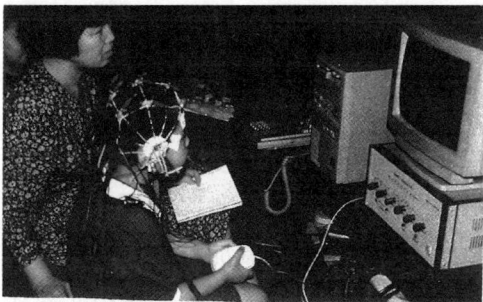

学生在实验前练习按鼠标左键
图 3-1

### （二）测试过程

### 1．测试 1——认形象字

把刚才教过的 6 个形象字、6 个非形象字混在一起，每个字闪现 400 毫秒，让学生辨认。凡是刚才学习过的字就按一下鼠标的左键，其他字不按鼠标。这 6 个字在字群中随机出现 50 次，以便测查正确反应率、正确否定率、漏报、虚报、觉察力和反应时间的快慢等几项指标。

对实验组和对照组每个人均采取这种方法，以达到刺激因素和测试方法的一致性。

### 2．测试 2——认非形象字

把刚才教过的 6 个形象字、6 个非形象字混在一起，每个字闪现 400 毫秒，让学生辨认。凡是刚才学习过的字就按一下鼠标的左键，其他字不按鼠标。这 6 个字在字群中随机出现 50 次，以便测查正确反应率、正确否定率、漏报、虚报、觉察力和反应时间的快慢等几项指标。

对实验组和对照组每个人均采取这种方法，以达到刺激因素和测试方法的一致性。

3. 统计处理

受试学生在测试操作过程的操作成绩（工效）、反应时、脑电图等信号均记录在电脑中。然后经过事件相关脑电软件的综合处理（此软件是赵旭的科研成果），即得出测试结果。

## 四、测试时间与测试结果

测试时间选在 1996 年 7 月 10 日（星期三）—13 日（星期六），共四天。

测试结果表明，认形象字比认非形象字操作成绩明显效果好，形象教学法明显比非形象教学法效果好。

实验组与对照组相比，实验组的成绩明显比对照组好。实验组在认形象字时，大脑认知加工活跃，尤其是右脑加工明显活跃。其中，实验组的女生组比对照组的女生组好，实验组的男生组比对照组的男生组好，实验组全体比对照组全体好，尤其是实验组的男生比对照组的男生效果更为明显。

测试最后得出结论：形象刺激或进行特殊的形象加工时，右脑认知加工活跃，可能表明右脑在形象加工时起到重要作用。

## 五、讨论

（一）实验组与对照组成绩对比

实验组和对照组认形象字比认非形象字的正确反应率高，反应时短；而实验组认形象字比对照组高，反应时短。由于实验给出的刺激和被试者各条件均是相同的，因此该结果反映认形象字的效率较高，采用形象教学法的学生认形象字效率更高。

（二）P3 两半球对称性

研究证明，P3 是在被试者完成了分类或评价之后才出现，P3 代表反应定式，即感知信息加工的后读阶段。P3 波幅与记忆表征的更新相关，反映了心理负荷量。P3 潜伏期取决被试主动注意过程，代表了反应的速度或注意分配的结果，即反映认知活动的生理时值。

由视觉 OB 作业靶刺激诱发的 P3，于正常被试者两半球不对称，顶区左半球比右半球大，这一发现与听觉 OB 作业靶刺激诱发的 P3 研究相似。实验采用典型的 OB 作业，顶区变化最明显。在认非形象字时，对照组与实验组均表现出左半球 P3 幅值比右半球大（分别大 7.1 微伏，1.2 微伏），这些结果与上述指导相似。目前对影响 P3 幅值两半球不对称的因素尚未确定，但两半球基本结构、脑电 $\alpha$ 节律的幅值以及认知作用均可能是其影响因素。如颅骨厚度的不规则，右利手的左半球 $\alpha$ 幅值比右半球偏低等，这一因素似乎与 P3 幅值有一定关系。顶区 P3 幅值较大，反映在一般注意集中需要连续进行认知加工时，可能顶区左半球在加工中起重要的作用。在认形象字时，对照组左半球比右半球大 1.4 微伏，而实验组右半球比左半球大 4.8 微伏。反映实验组认形象字时，右脑起重要作用。

P3 潜伏期，在认非形象字时，对照组两半球 P3 潜伏期相等，实验组左半球 P3 潜伏期比右半球短 3 毫秒。表明在认非形象字时两半球参与认知加工的速度基本相等或左半球略占优势。在认形象字时，对照组右半球 P3 潜伏期比左半球缩短 3 毫秒，实验组右半球 P3 潜伏期比左半球短 7 毫秒，表明在认形象字时左半球占优势。实验组与对照组相比，实验组左半球 P3 潜伏期比对照组缩短显著（$P<0.05$）；右半球 P3 潜伏期比对照组缩短非常显著（$P<0.01$）。实验组男同学左、右半球的 P3 潜伏期均比对照组男同学缩短非常显著（$P<0.01$）。两组女同学左、右半球的 P3 潜伏期均无明显差别。这一结果似乎反映在认形象字时右脑活跃，实验组比对照组右脑明显活跃，尤其是实验组男同学比对照组男同学右脑明显活跃。

P3 潜伏期与物理因素、生理因素及心理效应有关。参加本测试实验的实验组和对照组在年龄、性别、右利手、文化程度及刺激信号完全相同，即两组被试者的物理因素与生理因素相同，而本结果 P3 潜伏期的差别可能是与完成任务的心理效应或大脑认知活动相关。

综上所述，本研究结果在认形象字时操作成绩或效率高，右半球 P3 潜伏期缩短明显，反映大脑形象加工时右脑明显活跃。提示 P3 可能是进一步反映大脑两半球活动客观而敏感的指标。实验组比对照组认形象字时操作成绩或效率高；P3 潜伏期右半球缩短明显，通过形象训练即形象教学训练后，有可能使其右脑在认知加工时起到重要作用，该观点尚需进一步验证。

# 第四节　课例《女娲补天》《口耳目》

课例一　人教版小学语文三年级下册《女娲补天》

| 教师姓名 | 刘箭颖 | 任教学科 | 语　文 | 年　级 | 三年级 |
|---|---|---|---|---|---|
| 课　题 | | 女娲补天 | | 课　型 | 识字课 |
| 指导思想与理论依据 | | | | | |

培养学生主动识字的愿望和独立识字的能力是《义务教育语文课程标准(2011 年版)》在识字与写字部分着力强调的基本理念。第二学段提出"对学习汉字有浓厚的兴趣,养成主动识字的习惯",并逐步提升为"有初步的独立识字能力"。因此,在识字教学中,根据本课生字、词语和学生学习需求的特点,教师在培养学生主动识字的愿望和独立识字的能力过程中,把握生字的特点,运用自主汇报的形式,结合预习作业激活学生的识字愿望,运用字理识字教学质疑解疑,激活学生思维,帮助学生在生字的音、形、义和词语积累方面有所收获。通过多种形式的朗读,语言的积累和动笔实践活动,使学生掌握本课生字的字音、字形,区分容易混淆的形近字。

一、激发识字兴趣,引发探究欲望

"成功的教学所需要的不是强制,而是激发学生的兴趣",识字教学尤其如此。如何在一堂课上使学生变被动学习为主动学习,变"灌输"为"乐学",兴趣的激发很关键。古人云:"感人心者莫先于情。"在教学设计时,教师努力开发文本资源,激发学生的识字兴趣,创设恰当的教学情境激发学生的识字潜能,为学生提供良好的相互启迪、相互碰撞的思维空间,使学生自然而然地走进生字。

二、开放识字课堂,拓展探究空间

学生对学习有了浓厚的兴趣,必然会主动探究识字的方法。所以,我们在进行识字教学时,应把识字的主动权交给学生,让他们在自由的空间里学习,培

脑科学·思维·教育丛书

续表

养学生的独立识字能力和探究能力。教学中教师力求培养学生自主学习的意识和习惯,引导学生以积极的态度参与到探究中来,最大限度地发掘他们探究的能力。在这个过程中,随着知识的积累与体验,总结出来的规律增多,独立识字的能力也就会自然形成和发展。

三、运用字理识字,培养探究精神

汉字字理本身就是文化的组成部分,它还透露出其他丰富的汉民族文化信息,如思维特点、宗教信仰、哲学思想、伦理道德以及风俗习惯等,所以分析字理,在传承民族文化的同时对学生的探究精神起到了激发和引领的作用。这种教学经验的基本原理是通过对象形、指事、会意、形声、转注、假借等造字方法的分析,运用直观联想的手段进行识记字形,以达到识字的目的。本节课的识字教学建构了学生主动获取、认知内化的教学机制,即在教学中让学生提高识字兴趣,养成主动识字的习惯,提高学生的识字能力,发展形象思维。教学中教师尊重学生的独特体验,珍视学生独特的感受和理解,鼓励学生对生字的自我认识、自我解读,使学习过程真正成为个性化的过程,从而体现出学生的探究精神。

一、教学内容分析

《女娲补天》是人教版第六册第五组的一篇讲读课文。本课共有生字13个,其中有3个多音字:"露、挣、喷"。"隆、喷、缺、炼"4个字中都出现了学生极易出错误的笔画,这四个字的易错笔画可以利用字理识字教学法,帮助学生准确掌握字形,激发识字兴趣,让学生逐步感受到汉字在中华民族的文化中的价值和意义。还有容易混淆的形近字可以利用偏旁表意的方法帮助学生加以区分。本课生字是落实重点训练项目,培养学生养成主动识字的习惯、有初步的独立识字能力、发展学生形象思维的好材料。课文第一自然段中的三至六句话中出现了几个有规律的词语:窟窿、燃烧、挣扎、围困,教师巧妙地进行文本开发,引导学生发现这些词语偏旁相同,两个字的意思相近的规律,激发学生学习汉字的兴趣,帮助学生总结掌握规律,积累优美词语。

本课生字教学,紧紧抓住生字的特点,依据学生的识字需求开展教学活动,让学生结合自己的预习作业和以往的识字写字经验进行自主交流。在平等、合作、探究的基础上培养主动识字的兴趣。在老师的点拨和字理教学指导下,更多地关注在识字过程中学生的体会和认识以及识字方法的尝试和探索,逐步提高学生的独立识字能力。这样既突破了难点,又巧妙开发了文本资源和学生资源,优化了课堂教学结构。

二、学生情况分析

三年级第二学期的学生已经有了一定的识字基础,对生字的学习并不陌

教学背景分析

生。由于从低段开始对学生进行系统的预习和识字方法的指导,学生能结合以往的学习经验对生字提出一些易错字音和易错笔画的生字问题。学生能在老师的引导下利用查字典等方法解决一些识字中遇到的问题,总结规律。但生字字形是怎样演变而来的,为什么那些容易错的笔画要这样写,以及汉字内容所涉及的社会背景,学生不一定了解。

另外,由于三年级识字量的增加,形近字越来越多,学生出现错别字、混淆字的现象也随之增加。因此,以上两个方面是教学中应十分关注的问题。

三、教学方法与教学手段的说明

自主交流:让学生参与探究和识字实践,使学生结合自己的预习情况在交流中思考,珍视学生独特的感受、理解和体验,从中受到汉字文化的熏陶。

质疑思考:根据重点生字提出问题,在解决问题中深入了解生字的特点,掌握识字规律,培养独立识字能力和形象思维。

积累应用:教师设计了针对重点字词的选择填空练习、重点词语的扩充积累、形近字的比较、易错字的重点笔画当堂写一写等环节,使学生能够在课堂上积累下好词,丰富语言。

四、技术准备

1. 查找生字字理的相关资料。

2. 根据教学设计制作多媒体演示文稿。

## 教 学 目 标

1. 认识13个汉字,规范书写。正确书写易错字"炼、隆、缺、喷"。

2. 利用预习作业针对易错的音、形与同学交流,培养主动识字的愿望和良好的识字习惯。

3. 通过对本课词语的资源开发,引导学生总结归类字词特点,进一步了解偏旁表义的记字方法,逐步培养学生独立识字的能力。

4. 运用字理教学的方法使学生了解字形的意义,帮助学生区分形近字、同音字,把字形掌握牢固。利用猜图、对比等方法培养学生对汉字的探究精神,培养学生的形象思维并从中感受汉字文化的魅力,提高学生对汉字的浓厚兴趣,激发学生对汉字文化的热爱。

5. 培养学生查字典的意识,让学生学会运用查字典的方法理解词语的意思,养成良好的识字习惯。

| | 教　学　过　程 | | |
|---|---|---|---|
| 教学阶段 | 教师与学生活动 | 设计意图 | 效果分析 |
| 一、神话传说导入,激发学习兴趣 | 师(出示图片):看看他们是谁。<br>学生边看图边自由回答。<br>师(根据图片总结):他们是大闹天宫的齐天大圣孙悟空;开辟了天地,并用身躯化作万物的盘古;射掉了九个太阳,拯救了人类的后羿。<br>师(出示女娲图):这节课开始,我们就来学习《女娲补天》这个神话故事。齐读课题。<br>生:31 女娲补天。<br>师(板书课题)同时提醒注意"娲"字的读音为wā。课文中是谁在补天?<br>生:女娲。<br>师:我们先要掌握好本节课的生字和词语,才能更好地学习课文。<br>师:请同学们自己出声朗读课文,把字音读准确,读不好的地方多读几遍。<br>生自由读课文。<br>师:同学们读得特别认真,我来考一考大家。(出示词语)<br>轰隆隆、窟窿、塌下、露出、燃烧、熊熊大火、挣扎、围困、熄灭、缺少、纯青石、冶炼、大盆。<br>师:先自己小声读一读。<br>生自己出声练读。<br>请一组同学开火车读,请其他同学发现问题马上举手示意。 | 出示图片,激发学生的学习兴趣。揭示课题,导入新课。<br>"提示学生关注这个字的读音。<br><br>初读课文,熟悉生字词语,为后续学习做好铺垫。<br><br>检查反馈读书效果。 | 图片出现了学生熟悉的神话故事中的人物形象,回忆激发了学生学习的兴趣,使学生兴趣盎然地融入新课的学习。 |

| 教学阶段 | 教师与学生活动 | 设计意图 | 效果分析 |
|---|---|---|---|
| 一、神话传说导入，激发学习兴趣 | 生开火车读，读到"窟窿"一词时有学生出了问题，其他同学举手示意并提醒在这个词语中"窿"字应读为轻声。<br>师：这些词语中有几个词语的字形很有特点，观察观察你发现什么了？出示词语：窟窿、燃烧、挣扎、围困。<br>生：这些词语两个字的偏旁都相同。 | 培养学生认真听其他同学发言的好习惯。 | 抓住学生生成的问题，提醒学生注意轻声的读法。学生在认真倾听的过程中发现了同学的问题并指出问题。 |
| 二、初读课文，发现词语规律 | 师：我们先来看看"窟窿"一词，这两个字都是形声字。我们在学习汉字造字规律的时候知道了偏旁表义，那"穴字头"表示什么意思呢？<br>生：表示洞穴。<br>师：那我们来查查字典，验证一下"窟"字和"窿"字是不是都和洞穴有关。一、三、五组同学查"窟"字，二、四、六组同学查"窿"字。<br>生分组查字典。请一组同桌学生交流。<br>窟：洞穴。窿：煤矿坑道，同窟。<br>师：在查字典的时候你发现什么了？<br>生：我发现这两个字的意思差不多，都有洞穴的意思。<br>师（总结）：看来这个词语中的两个字不仅偏旁相同而且字义也相近，都和洞穴有关。其他三个词语是不是也和这一词一样有着相同的规律呢？<br>师："燃烧"这两个字也是形声字，预习作业中查了"燃烧"一词的同学说说这个词是什么意思？<br>生：剧烈氧化；消耗燃料并发出光、热和气体，起火。<br>师：我们再按照刚才的分组分别来查查这两个字的意思。<br>生分组查字典。请一组同桌学生交流。 | 创设开放式的问题情境，激发学生的探究精神，培养学生认真观察思考的习惯。提醒学生关注字形，引导发现词语规律。学生动手查字典，培养动手合作能力。 | 学生抓住有规律的词语，在老师的启发下进行思考，发现了词语的规律，培养了探究能力。<br>学生在小组合作探究的过程中发现词语中两个字的意思相近这一特点。学生在动手查字典的过程中探究、思考，逐步发现了规律，进行偏旁表义的理解词语方法的迁移，培养主动独立的学习意识和方法。 |

| 教学阶段 | 教师与学生活动 | 设计意图 | 效果分析 |
|---|---|---|---|
| 二、初读课文,发现词语规律 | 燃:烧起火焰。烧:使东西着火。<br>师:这次你又发现了什么呢?<br>生:我发现这两个字意思相近,都跟火有关系,所以都是火字旁。<br>师:那"挣扎"一词呢?<br>生:这个词中的两个字都是提手旁,因为脱离困境都要用到手。<br>师:这些词语不但偏旁相同,而且两个字的意思还相近,我们再一起来读一读。<br>师:这些词语真有意思,老师从本册书的词语表中找到了许多有这样规律的词语,咱们来读读。出示词语:仿佛、叮嘱、淹没、议论、迅速、钢铁、蔬菜、模样、灌溉、挨挤。<br>生齐读词语。<br>师:能不能也试着说几个这样的词语?<br>生:遥远、江河、灿烂、饥饿、想念、懒惰、抵抗、抚摸……<br>师:同桌间互相说一说。<br>师:找找这几个词藏在文中的哪几句话里? 读一读。<br>生:远远的天空塌下了一大块,露出一个黑黑的大窟窿。地被震裂了,出现了一道道深沟。山冈上燃烧着熊熊大火,田野里到处是洪水,许多人被围困在山顶上。<br>师:句子中藏着许多本课的生字,单独出现你还认识吗? 看生字表,自己读一读,再观察观察,结合自己预习本上的预习内容准备与大家进行交流。 | 再次查字典,给学生发现问题的机会,引导总结词语规律。进行语言实践,加强语言的积累,让学生从中学习语言。<br><br>将词语带回到句子中,巩固生词。 | |

| 教学阶段 | 教师与学生活动 | 设计意图 | 效果分析 |
|---|---|---|---|
| 三、结合预习作业,自主汇报交流 | 针对本课的生字你想和大家交流什么?<br>生:我想提醒大家"露出"一词中的"露"字应读 lù。在一些口语中读 lòu,比如露脸、露怯。<br>师:一起读一读这个词。<br>生齐读"露出"。<br>生:我想提醒大家,生字"挣"是个多音字,读 zhēng 和 zhèng。<br>师:这两个音分别有两个意思,zhēng 尽力支撑或摆脱。zhèng 出力取得。你能分别用两个音组个词吗?<br>生:zhēng 挣扎、zhèng 挣钱。<br>生:我想交流"喷"字,它也是个多音字,有两个音 pēn 和 pèn。"喷出"一词中的"喷"应读 pēn。<br>师:(出示课件)这两个音分别有两个意思:受压力而射出;香气浓厚。"喷出"一词应选择哪个解释呢?<br>生:选择第一种解释——受压力而射出。<br>师:同桌再读一读这两个词。<br>同桌练读。<br>在生字的字形上,你想和大家交流哪个字?<br>生:我想和大家交流"炼"字,这个字右半部分的第三笔是横折钩,而且要穿过第二笔。这一笔特别容易写成竖钩。 | 引导学生认识本课的多音字。根据学生需求,从学生的需要出发,指导字形,掌握易错笔画。随时引导学生动笔写字,帮助学生牢固掌握字形。 | 进一步感知生字内容,激发了学生的识字兴趣,培养主动识字的愿望,逐步提高独立识字的能力。学生抓住了本课生字中的三个多音字进行区分,老师安排了不同形式的语言实践活动,使学生在训练中巩固生字的读音,不但会读还会应用。 |

续表

| 教学阶段 | 教师与学生活动 | 设计意图 | 效果分析 |
|---|---|---|---|
| 三、结合预习作业,自主汇报交流 | 师:大家赶快动笔描一下这一笔,再在本上写一个"炼"字。<br>生:我想提醒大家"隆"字,这个字的右半部分中间的一小横容易丢掉,写这个字的时候要注意。<br>师:(出示课件)快速抢答,隆,共_____画?<br>生:共十一画。<br>师:大家赶快动笔描一下这一笔,再在本上写一个"隆"字。<br>生:我想提醒大家"缺"字,这个字的右半部分容易写成"央"。<br>师:(出示课件)"缺"是一个形声字,从缶(fǒu)意,夬(guài)声。缶是一种瓦器。夬也有表义作用。<br><br>大家看图,右边留有缺口。水缺为"决",玉缺为"玦",器缺为"缺",都有破损之意。本义:器具破损,引申为缺漏而不完整。试着组一组词语。<br>生:缺点、缺少、缺口、缺乏、缺漏。缺失、缺损、缺勤、缺斤少两。<br>师:这些词都和不完整有关系,相信大家不会再写错了。<br>生:我想和大家交流"喷"字,这个字的右半部分的第二笔容易写长,穿过下面的草字头。提醒大家注意。 | 解决易错字"缺"的字形,使学生了解字形的来历。利用"缺"字的引申义组词,进一步理解字义,巩固字形。 | 给学生搭设一个平台,通过语言实践活动使学生对"隆"字的易错笔有了进一步的强化。帮助学生掌握字形。<br>运用字理教学法,展现引导学生发现"缺"字右半部分"夬"的字形,利用直观形象的方法让学生体会生字的意思,帮助学生掌握字形的同时想象,发展形象思维。 |

| 教学阶段 | 教师与学生活动 | 设计意图 | 效果分析 |
|---|---|---|---|
| 三、结合预习作业，自主汇报交流 | 师：(出示课件)喷字是形声字，左边口字旁表义，右边"贲"字谁认识？音：bēn。它也是一个形声字，是由卉和贝组成。大家看图，猜猜图上画的是什么？<br><br>生：是小草。<br>师：这就是上面的"卉"字的甲骨文，表示草木初生，和植物有关系。演变成现在的楷体字由一个小十字和草字头组成，相信大家不会写错了。<br>师：把这些容易错的字再动笔写一写。<br>生练习书写易错字炼、隆、缺、喷。<br>师：这节课的生字中有没有和它们特别容易混淆的字？谁来和大家交流一下？<br>生：生字中的"冶"字容易与三点水的"治"字相混，提醒大家注意。<br>师：(出示图片)大家看图，"冶"字是两点水旁，和冰有关系，借用冰遇高温熔化的过程来形容把金属加热熔炼的过程，所以用两点水。<br>"治"字是三点水，这个字最早出现在《水经注》"大禹治水"的典故中，和水有关系，为"管理、处理"的意思。在这两个字中，偏旁起了关键作用。相信大家一定能区别这两个字了。 | 帮助学生掌握"喷"的字形。给学生动笔书写的时间，让学生在动笔的过程中掌握字形。<br><br>帮助区分"冶"和"治"两个形近字。借助典故帮助学生认识字形。 | 猜图的方法激发了学生的求知欲，既加深了学生对汉字的感性认识，又使学生掌握了字形、字义，发展了形象思维能力。<br>利用直观的图片引导学生区分两个字的偏旁。偏旁不同，字义也就不一样，强化偏旁表义的记字方法，区分形近字。 |

| 教学阶段 | 教师与学生活动 | 设计意图 | 效果分析 |
|---|---|---|---|
| 三、结合预习作业,自主汇报交流 | 生:"炼"字的偏旁特别容易写错,提醒大家注意。<br>师:"炼"是形声字,火字旁,右边是挑选,指从事物中分别出好坏的意思。这个字是指用火烧制或用加热等方法使物质纯净。<br>(出示课件)"练"字,观察一下这两个字有什么不同?<br>生:"练"字是绞丝旁。<br>师:为什么都读 liàn,这个字却用绞丝旁?"练"字是指把生丝煮熟,使丝麻制品更加洁白柔软,所以用绞丝旁。而"炼"字是指用火烧制,所以用火字旁。还有"拣"字,是挑选的意思。这就是偏旁表意,小小偏旁可以帮助我们区别形近字,掌握了这个好方法,可以帮助我们消灭很多错别字。大家再来读一读这些生字。<br>生自己练读生字。 | 教师适时的点拨引导学生进行观察思考。利用字理教学帮助学生认识一串字,归纳总结偏旁表义的记字方法。提高识字能力。 | 借助典故和故事中的人物、情节引发学生展开丰富的联想,帮助他们从直观中获得对字义的正确理解,并且在头脑中留下深刻的印象。这样教学,加深了学生对汉字的感性认识。 |
| 四、再读课文,了解文章内容 | 师:掌握了生字词语是为了更好地学习课文,课文讲了一个美丽又动人的神话故事,请你先默读课文,按照事情的起因、经过、结果说说课文讲了一件什么事?用简洁的语言写在书的空白处。 | 朗读课文,了解课文的主要内容,整体把握全文脉络。 | 培养学生对语言文字的感悟能力,使学生养成良好的读书习惯。 |

| 教学阶段 | 教师与学生活动 | 设计意图 | 效果分析 |
|---|---|---|---|
| 四、再读课文,了解文章内容 | 生默读课文,边读边思考。<br>师:交流一下课文讲了一个怎样的故事?<br>生:课文讲了自从女娲创造了人类,人们就幸福快乐地生活着。突然有一天,天破了一个大窟窿,人们遇到了危险。女娲造船救人,还冒着生命危险采五彩石冶炼补天,最后天终于补好了。<br>师总结全文:灾难可怕,补天更是不容易。这是一个神奇而又美丽的故事,它为什么流传至今,我们又将认识一个怎样的女娲?我们下节课将继续学习。 | 教师的总结铺垫了下节课的学习内容。 | 鼓励学生在默读过程中动笔,有利于培养学生勤于思考、主动解决问题的能力。 |

**板 书 设 计**

女娲补天

窟窿　　炼(练)(拣)

燃烧　　缺

挣扎　　喷

围困　　隆

**教 学 反 思**

　　汉字是表义文字,依据汉字本身的规律和学生的认知规律进行识字教学,是最合理的教学。学生学习汉字的认知规律(心理)最主要的是形象感知和意义识记,而形象感知和意义识记汉字最主要的就是讲析字理。依据字理教学,也就自然地符合学生的认知心理。

　　儿童对客观世界的认识是从具体形象开始的,而文字是抽象的概念符号,从对具体事物的认识到对抽象符号的掌握,中间有一个过程。教学时就可以借助一些教学手段和方法,上溯到造字时代的象形特点和造字意义,使识字和认识事物结合起来,使字形与字义的关系联系起来,通过各种直观的图像形象的

| 教 学 反 思 |
| --- |

语言,把汉字的构形理据一一展现在孩子的面前,引导他们去观察、思考,发展学生的形象思维,培养识字能力。

汉字百分之八十以上是形声字,掌握了常用的、组字率较高的象形字以及用它做形旁时用于表义的特点,就能形成识字的能力,进而"无师自通"地创造性地学习大量的形声字以及会意字,提高识字效率。在运用联想、比较法识字的过程中,学生的联想、分析、比较等思维能力都得到发展,识字能力进一步提高。借助直观手段,学生对字表示的事物,眼观其形,耳闻其声,对字义就会有透彻的理解并在头脑里留下难以磨灭的印记。

汉字,无论是哪种造字方法构成的字,字形和字义表示的事物总是有这样那样的联系。在识字教学中,充分利用图和字的关系,尽可能地采用实物、幻灯投影、动用演标等直观手段,让学生观察,或者引导他们联系自己的生活经历,从直观中思考、概括获得对字义的正确理解,并且在头脑中留下深刻的印象。这样教学,既加深了学生对汉字的感性认识,使之掌握了字形、字义,同时又发展了学生的形象思维能力。

## 课例二 人教版小学语文三年级上册《口耳目》

| 教师姓名 | 高 霞 | 任教学科 | 语 文 | 年 级 | 一年级 |
|---|---|---|---|---|---|
| 课 题 | | 口耳目 | | 课 型 | 识字课 |

### 指导思想与理论依据

识字是学生再学习的基础，是最基本的工具。从汉字本身看，它是平面型方块文字，笔画或平行或纵横交错，在二维平面里多向展开。笔画种类多，组合样式丰富，字的构造复杂，数量繁多。如果只是枯燥地学，必然会扼杀学生的学习兴趣。要让学生喜欢汉字，有主动识字的愿望，就要求教师根据学生生理、心理以及语言能力的发展，根据不同教学内容，采用合适的教学策略，将儿童熟识的语言因素作为主要材料，同时充分利用儿童的生活经验，注重教给识字方法，力求识用结合，要运用多种形象直观的教学手段，创设丰富多彩的教学情境，让学生在乐中学，玩中学。

《义务教育语文课程标准（2011年版）》强调要根据汉语言文字的特点和规律进行识字教学。全国字理教学研究中心副理事长黄亢美指出："要培养学生的识字能力就必须依据汉字的构字规律和学生的认知规律，学生学习的认知规律最主要的是形象感知和意义识记，当汉字像诗像画一般出现在学生眼前时，他们才会印象深刻，不易遗忘。"

象形字从在图形中表义到符号表义，再到音、形、义一体的表义文字的历史演变过程中，蕴含着许多美的因素。正如著名语言学家安子介所说："汉字是微妙的，就像一个爱丽丝仙境的领域，每一个拐弯抹角就有一段故事。"课堂中，有些教师只注重了对学生识字能力的培养，却忽略了让学生欣赏汉字的优美造型，领略象形字结构之美的审美过程。象形字出现在第一册的教材中，以后将在很长一段时间内不再出现，如果我们教学的这一课能让学生充分感受象形字的演变过程，在汉字演变过程中充分感受一笔一画的转变所带来的美感，也许，我们的汉字对于学生而言就像一幅幅色彩明艳的美术画了。正如鲁迅先生所说的"形美以感目，意美以感心，音美以感耳"，汉字的美会在学生面前显示得淋漓尽致。

### 教学背景分析

一、教材说明

《口耳目》是人教版义务教育课程标准实验教材一年级语文上册识字一的第2课，属于象形字归类识字。所要学习的12个字按人体器官、动物、天体和物象、植物分成四类。课文中的12个字都是象形字，并且配有形象的图片。每个字用图文结合的方法展示汉字演变的大致过程，以便让学生理解字义，认清字形，初步了解汉字的造字规律。课后练习"我会连"又举了四个字例，让学生进一步感受汉字义形结合的特点。

续表

| 教学背景分析 |
| --- |

　　从作者的角度来看,作者的目的在于用图文结合的方法展示 12 个象形汉字演变的大致过程。

　　从编者的思路来看,本课所在的单元主题是识字。编者的意图是通过 12 个象形汉字演变的大致过程,引导学生理解字义,认清字形,初步了解汉字的造字规律。

　　二、学情分析

　　刚学完拼音,开始认字。小学一年级学生好动,有意注意的时间较短,学生好奇心强、善于模仿。部分学生有表达的自信心,能积极参与讨论,发表自己稚嫩的见解。个别学生则缺乏自信,较为胆怯,学习的主动意识不够,表达的意愿较为模糊。

　　对于一年级的孩子,汉字在他们眼中既陌生又熟悉,加上本课生字均是象形字,且都是高频字,学生在生活中可能都已经接触过,因此障碍不大,所以教师指导学习了 3 个象形字以后,让学生自己去学习剩余的 3 个字,读读、记记、想想,在前面 3 个字基础上,调动他们的形象思维,让他们用自己的观察与想象巧妙地将汉字与事物联系起来。这样既能培养学生自主探究的能力,又能锻炼学生独立思考、想象的能力。

　　三、教学方式与教学手段

　　在这个环节中,教师努力遵循新课程理念中所提倡的"自主、合作、探究"的学习方式,依据汉字的构字规律和学生的认知规律,让学生观察简化字和古代象形字、实物的相似之处,从而自主探寻字理、发现规律、认识字形、明白字义,培养自主识字的能力。图文结合识字时,教师让学生自己将生字与生活中所指的事物相互对比、联系,活跃了课堂气氛。这样教学不仅让学生理解了象形字的含义,也突破了本课学习的难点。

　　具体运用了以下方法:

　　1. 故事激趣法。

　　2. 图字结合识记法。

　　3. 正确书写生字。

　　四、技术准备:PPT 课件

| 教学目标(内容框架) |
| --- |

　　1. 认识口、耳、目、日、月、火 6 个生字和基本笔画"竖"。

　　2. 会写"十"字。

　　3. 初步了解象形字造字的规律,能根据字形理解字义。初步了解识记象形字的识字方法。

　　4. 感悟汉字的形象性,感受学习汉字的乐趣。

| 教学过程(表格描述) | | | |
|---|---|---|---|
| 教学阶段 | 教师与学生活动 | 设计意图 | 效果分析 |
| 一、复习拼音和生字 | 看,我们熟悉的汉语拼音朋友来了,老师请一组同学开火车说,如果他答对了你就跟着读一遍。<br>(课件展示)ěr ǒu yuè rì huǒ<br>(生领读拼音)<br>瞧,汉字朋友也来了,谁能和他们打个招呼?<br>(课件展示)<br>鱼 雨 风 土 云 马 牛 山<br>水 田<br>(学生开火车读词语) | 复习巩固学过的拼音和生字,为本节课的学习做好铺垫。 | 学生非常喜欢用"开火车"的方式复习巩固拼音和生字,积极性很高。 |
| 二、故事导入,激情激趣 | (一)讲故事创设情境<br>"有一位考古学家发现了一块龟甲,上面刻着许多奇怪的图案,(出示一个大大的龟甲)考古学家说这里有一个美丽的故事。你们猜猜,他是怎么知道的?<br>学生:考古学家是看乌龟背上的花纹知道的。<br>学生:考古学家是看图案知道的。<br>教师再伴着轻柔的音乐开始讲故事:很久很久以前,在一片大森林里,住着一群可爱的人。有勇敢的爸爸,勤劳的妈妈,还有可爱的孩子们。一天清晨,红红的太阳从地平线升起(出示"红 | 通过创设情境,让学生初步感知汉字的演变过程,揭示本课内容,激发学习兴趣。 | 故事是学生最感兴趣的,在讲这个由12个象形字所编成的故事时,相机出示象形字。学生通过观察,知道象形字是我们的祖先在四 |

| 教学阶段 | 教师与学生活动 | 设计意图 | 效果分析 |
|---|---|---|---|
| 二、故事导入，激情激趣 | 日"图)，新的一天又开始了。爸爸们出去打猎。这一天，收获可真大。他们捉到了一只兔子和一头羊(出示"兔"和"羊")。他们高高兴兴地回家了。妈妈们在田地里辛勤地培育禾苗(出示结着穗儿的"禾苗"图)。活泼可爱的孩子们在竹林里游戏(出示"竹子"图)。林子里的鸟儿一边喳喳地欢唱(出示"鸟"图)，一边跳舞。小鸟们可喜欢这群孩子了！因为孩子们不但有乖巧的嘴巴(出示"嘴巴"图)，还有机灵的耳朵和水汪汪的大眼睛(出示"耳朵"和"眼睛"图)。于是他们成了好朋友。日子过得可真快！夜晚悄悄地来临了。你看！弯弯的月儿挂在夜空(出示"月儿"图)，今晚的月色可真好。人们用木头燃起了火把(出示"木头"和"火把"图)。孩子们为劳动了一天的爸爸妈妈们唱起了动听的歌，跳起优美的舞蹈，为父母拂去一天的疲劳。他们唱啊，跳啊，度过了一个美妙的夜晚。<br>(二)学习汉字<br>师(小结)：很久很久以前，古人为了记住事物，就根据物体的形状画图来表示。这些图形就是最早的文字，我们叫它"象形字"。(贴"象形字")今天我们一起来学习这样一些有趣的汉字。 | | 千多年前所使用的，学习的积极性被调动起来。 |

| 教学阶段 | 教师与学生活动 | 设计意图 | 效果分析 |
|---|---|---|---|
| 三、学习生字 | （一）认读口耳目<br><br>1. 出示图片。<br>师：老师出示三幅图，谁能看图读读这三个字。你是怎么认识的？<br>学生：在前面的课文中读过。<br>学生：在电视上、书报上见到过。<br>学生：在广告上、路牌上见到过。<br>师（小结）：你们既懂得观察，又会自己识字，真了不起！这节课，让我们一起把这些字记得更牢，有信心吗？<br>2. 图、字对照，认记"口"字。<br>（1）看图识字：<br>出示生字卡片和实物图片，请学生看图说说：图上画着什么？<br><br>借助拼音认读"口"，并知道"口"就是"嘴"。<br>学生试读，教师范读、带读。<br>（2）比形认字：<br>比一比：图画右下角的象形字和图右边的现代字"口"有什么相像的地方？<br>学生：象形字的"口"很像图画中"口"的样子。<br>师（引导）：图中的嘴什么样？<br>学生：画中的嘴是张着的，象形字的"口"很像张着的嘴。 | 训练学生把话说完整。<br><br>读准字音。<br><br><br><br><br><br>图字对照，识记生字。引导学生把图画与汉字联系起来，记忆字形。同时训练学生把话说清楚，说完整。 | 学生通过"看图读字—比形认字—识记生字"的过程，明确了学习象形字的学习方法。 |

| 教学阶段 | 教师与学生活动 | 设计意图 | 效果分析 |
|---|---|---|---|
| 三、学习生字 | 师:我们现在的"口"字变成了方框,就像一张大大的嘴。<br>谁能模仿老师的话说一说?(自己说—指名说—同桌说)<br>除了说"一张口"之外,还可以说"一张什么"<br>学生:一张画。<br>学生:一张纸。<br>…… | 学习数量词"一张"的运用。 | 学生通过比较图与字,能够在老师的帮助下把图、象形字和简化字的联系说清楚。 |
| | (3)"口"组词:<br>学生:开口。<br>学生:口琴。<br>…… | 通过组词,理解字义。 | |
| | (4)还可以用什么方法记住这个字?<br>学生回答:我编个顺口溜记住"口""四四方方一张口"。 | 运用已有的识字方法自主识字。 | |
| | 3. 图、字对照,认记"耳"字。<br>(1)看图识字:<br>出示生字卡片和实物图片,请学生看图说说:图上画着什么?<br><br>耳<br><br>借助拼音认读"耳"。<br>学生试读,教师范读、带读。 | 读准字音。 | |
| | (2)比形认字。<br>比一比:图画、图画右下角的象形字和图下的简化字"耳"有什么相像的地方?(同桌说一说—指名说)<br>学生回答:象形字的"耳"很像图画中"耳朵"的样子。 | 再次强调图字对照,识记生字的方法。 | |

| 教学阶段 | 教师与学生活动 | 设计意图 | 效果分析 |
|---|---|---|---|
| 三、学习生字 | 师:像人耳朵的形状。里边的两横像耳朵中的纹路,外边的一长竖像耳垂。除了说一只耳朵之外,还可以说"一只什么"?<br>学生:一只鸭子。<br>学生:一只小鸟。<br>……<br>(3)"耳"组词。<br>学生:耳朵。<br>学生:耳环。<br>……<br>(4)还可以用什么方法记住这个字?<br>学生:我用数笔画的方法记住"耳",一笔横,二笔竖,三笔竖,四笔横,五笔横,六笔横。六笔写成"耳朵"的"耳"。<br>4. 图、字对照,认记"目"字。<br>(1)看图识字:<br>出示生字卡片和实物图片,请学生看图说说:图上画着什么?<br><br>目<br>借助拼音认读"目",并知道"目"即"眼睛"。<br>学生试读,教师范读、带读。<br>(2)比形认字:<br>比一比:图画、图画右下角的古象形字和图下的简化字"目"有什么相像的地方?(自己说—指名说) | 学习数量词"一只"的运用。<br><br>通过组词,理解字义。<br><br>运用已有的识字方法自主识字。<br><br>读准字音。<br><br>强化图字对照,识记生字的方法。 | 学生通过比较图与字,能够把图、象形字和简化字的联系说清楚。 |

| 教学阶段 | 教师与学生活动 | 设计意图 | 效果分析 |
|---|---|---|---|
| 三、学习生字 | 学生:"目"字外面的框像眼眶,两个横像眼球。<br>师:目像人的眼睛,外框指的是眼眶,里面的两个小横是眼珠。<br>除了说"一双眼睛"之外,还可以说"一双什么"?<br>学生:一双鞋。<br>学生:一双手。<br>……<br>(3)"目"组词。<br>学生:眼目。<br>学生:目光。<br>……<br>(4)还可以用什么方法记住这个字?<br>学生:我用加一加的方法记住"目",日加一笔横,就是"目"。<br>5. 请同学回忆一下,我们刚才是怎样学习"口耳目"这三个字的?<br>学生:看图学习的。<br>教师小结学习方法:<br>第一步要看图读字音;第二步是观察图中的字和生字有什么相像的地方,比较字形认字;第三步是识记生字。<br>(二)看图认识"日、月、火"<br><br>　　日　　　月　　　火 | 学习数量词"一双"的运用。通过组词,理解字义。<br><br>运用已有的识字方法自主识字。<br><br>帮助学生梳理识字方法,为后面的自主学习做好准备。 | 学生积极参与小组学习,争着当小老师给大家讲解生字。 |

| 教学阶段 | 教师与学生活动 | 设计意图 | 效果分析 |
|---|---|---|---|
| 四、巩固生字 | 1. 刚才同学们学得真好,我们的书上还有三幅图,你能运用刚才的识字方法和小伙伴一起认认吗?<br>2. 组织学生汇报。学生看图说话时,引导他们学习用"一个、一轮、一团"等数量词。<br>(1)汇报交流。<br>(2)各组选择一个字,再派出一名小老师上台教全班小朋友学习这个字。<br>(3)台上台下之间、师生之间互相补充交流。 | 教给学生小组学习的方法,使小组学习更有实效性。 | |
| 五、指导书写"十" | (一)复习6个生字<br>1. 带拼音开火车读。<br>2. 去掉拼音指名读、齐读。<br>3. 打乱顺序读。<br>(二)猜字谜<br>1. 有时像个圆盘,有时像把镰刀。——月<br>2. 东边升,西边落。看时圆,写时方。——日<br>(三)加一加、变一变<br>"口"加一笔变成什么字?<br>加两笔呢?<br>(四)认识新笔画"竖"。<br>出示"竖"的笔画,介绍其笔画名称。<br>教师范写,并介绍两种写法。<br>悬针竖(像吊着的一根针):起笔稍重,向下行笔要直,逐渐轻下去,露出针尖。"十"的竖笔用悬针竖。 | 通过不同形式的游戏练习,不断复现所学生字。<br><br>"十"字的竖是悬针竖,使学生能够正确书写。 | 课堂的气氛逐渐高涨,学生对所学的内容更加感兴趣。 |

| 教学阶段 | 教师与学生活动 | 设计意图 | 效果分析 |
|---|---|---|---|
| 五、指 导书写"十" | 垂露竖(尾部像吊着一滴小露珠):起笔稍重,向下行笔要直,收笔时稍顿,向上收笔。学生书空。(五)书写"十"<br><br>十<br><br>1. 分析笔画:"十"有几个笔画?学生观察课本上的范字。<br>2. 介绍笔顺规则:先横后竖。<br>3. 教师范写,并提醒学生:注意两笔的交接处,横笔左右两边较均等,竖笔的上半部短、下半部长。<br>4. 学生描一个写一个。<br>5. 展示同学所写的生字,进行评价。 | 特别注意笔画在田字格中的位置,起笔、收笔及笔顺规则。<br><br>充分发挥学生的自主性,让学生懂得了欣赏别人。 | 学生积极参与评价,学生兴趣被激发。 |

### 教学反思

《义务教育语文课程标准(2011年版)》指出:识字教学要"注重教给识字方法,力求识用结合。运用多种形象直观的教学手段,创设丰富多彩的教学情境"。本课所要学习的生字是典型的构字率非常高的象形字,因此我尝试运用字理教学法引导学生学习(字理教学就是依据汉字的构字规律和理据进行识字和析词的一种语文教学方法),让学生形成初步的字理识字能力,为以后继续进行字理识字、自主识字打下基础。

一、字理识字,促进学生自主探求规律

字理识字法抓住了汉字的本质规律。汉字是表义文字,其形、音、义有着密切的联系。字理识字教学尽可能地发挥汉字的表义功能和形声字声旁的表音功能,抓住了字形这个识字教学的重点,以汉字形、义、音之间的关系作为切入点,让学生站在理性的高度来学习汉字,使他们不仅知道汉字怎么写,而且懂得为什么这么写,以掌握汉字的组构规律,促进教学质量的提高。

| 教 学 反 思 |
| --- |

　　在学习"口、耳、目"这三个字时,我引导学生把每个生字和图进行联系、对比,深入浅出地剖析了象形字的造字规律,使学生初步认识到一些汉字是由图画演变来的,初步掌握了象形字的识字方法。在学习"日、月、火"这三个字时,我放手让学生运用看图读字—比形看字—识记生字的方法,进行自主、合作、探究,发现规律、认识字形、明白字义,培养自主识字的能力。

　　二、字理识字,使汉字形象化

　　识字教学最初阶段的主要任务是帮助学生攻下字形关,培养他们辨析字形的能力,掌握书写汉字的基本技能。字理识字可以将呆板的方块字演变成一幅幅生动的画面,把学生必须牢记的知识变成了有趣的形象,提高了识字的效率。

　　一年级,开始学习的大部分汉字是象形字。因此,在教学"口、耳、目"这三个生字时,教师充分借助课本中的插图,指导学生比较图与生字之间的联系,让学生理解字义,认清字形,初步了解象形字的造字规律,使一个个方块字变成一个个故事和一幅幅生动形象的画面。这种直观形象的教学,不仅激发了学生的好奇心和强烈的求知欲,使识字内化为自身需求,更重要的是,在学习的过程中让学生学会了观察与思考,受到文化的熏陶,了解了汉字的深厚文化内涵。同时使自己的形象思维得到发展,学会了独自解析字理、研究规律、触类旁通,发展了创新的能力。

　　总之,识字不是一朝一夕的事情,而是一个循序渐进的过程。在这个过程中,教师需要对学生进行反复的指导和练习,为学生创造出适合自己的学习方法,将枯燥乏味的汉字学活,使学生学会在生活中运用字理识字,从而提高学生的识字能力和语言的发展,让古老的汉字彰显活力!

# 第四章

两种思维结合发展想象力

## 第一节 阅读与想象力

### 一、想象的重要性

阅读是一种认识活动，确切地说，是一种再认识。前面说过，学生阅读文艺作品，通过感受、想象、体验和理解等活动，把作品中的艺术形象再创造为自己头脑中的艺术形象。阅读时，通过想象唤醒自己有关的形象记忆和情绪记忆，体验到自己没有经历过的，而反映在作品中的人和事，就是运用再造想象在头脑中浮现作品所描写的形象、画面，并且使这些画面清晰、鲜活起来，与作者产生情感的共鸣，进而理解作者的思想感情。可见，在感受、想象、体验、理解等思维活动中，想象起着核心的作用。正如叶圣陶所说："文章是无形的东西，只是白纸上的黑字，我们读了这白纸上的黑字，所以会感到悲欢，觉得人物如画者，全是想象的结果。作者把经验或想象所得的具体事物翻译成白纸上的黑字，我们读者都要倒翻过去，把白纸上的黑字依旧翻译为具体事务。这工作完全要靠想象来帮助。比如'山高月小，水落石出'是好句子，但这八个字之所以好，并非白纸上写着的这八个字特有好处，乃是它所表托的景色好的缘故。我们读这几个字时，如果不同时在头脑里指出它所表托的景色，就根本不会感到它的好处了。"[1]

刘白羽在谈自己的创作经验时也说："对一个创作者来说，是生活中种种具体的动人形象，打动你，给你带来思想、认识，你通过复杂的生活形象，才提炼出你的一点理解、一种思想、一分诗意，这是作品的灵魂。"[2]这个灵魂就是被情感所激发和加强了的想象。这就是想象的重要性。

在小学语文教材中，作家用想象为我们描绘了一个绚丽、生动和感人的世界。如作家老舍在《草原》中写道："在天底下，一碧千里，而并不茫茫。四周都有小丘，平地是绿的，小丘也是绿的。羊群一会儿上了小丘，一会儿又下来，走到哪里都像给无边的绿毯绣上了白色的大花。那些小丘的线条是那么柔美，就像只用绿色渲染，不用墨线勾勒的中国画那样，到处翠色欲流，轻轻流入云际。"叶圣陶在《荷花》中描写他自己的想象："我忽然觉得自己仿佛就是一朵荷花，穿着雪白的衣裳，站在阳光里。一阵微风吹过来，我就翩翩起舞，雪白的衣裳随风飘动。不光是我一朵，一池的荷花都在舞蹈。风过了，我停止了舞蹈，静静地站在那儿。蜻蜓飞过来，告诉我清早飞行的快乐。小鱼在脚下游过，告诉我昨夜做的好梦……"

我们就要引导学生用想象去领略、感受这个绚丽、生动和感人的世界。

## 二、想象和想象力

什么是想象？ 想象是头脑中对表象进行操作、加工的一个过

〔1〕 夏丏尊. 文心[M].北京:中国青年出版社,1983:37.
〔2〕 十四院校《文学理论基础》编写组. 文学理论基础[M].上海:上海文艺出版社,1981:234.

程。想象分再造想象和创造想象。

再造想象，是人们阅读文艺作品时，根据作品中言语的描述或图像在头脑中产生的表象活动，浮现一个个生动的情境和画面；在阅读历史书时，书中那些生动的文字叙述，会使人感到一幅幅画卷就展现在眼前。

创造想象不是依现成的语言描述或图像展示而独立地创造出表象及其活动的思维过程。作家构思一个典型人物时，就是从众多同一类人物中，找出他们共同的特征，再把这些特征综合在一个人的身上，这就是创造想象。

什么是想象力？ 把头脑中想象活动及其结果表达出来的活动方式，就是想象力。它是一种技能（能力）。可见，想象力是人们认识活动的过程，作品（知识）是想象力产生的结果。想象力与作品的关系，是过程与结果的关系。

### 三、学生的想象

在小学语文教学的改革实验中，我们重视再造想象的培养，前面第二章《实验研究报告》比较系统地总结了培养再造想象的经验，这些经验是重要的，也是可行的。但是，这些经验偏重于培养学生在头脑中产生的想象，仍然缺少把头脑中的想象转化为想象力（技能）的训练。如果不把想象（思维）转化为想象力（技能），不把头脑中看不见的想象外化为看得见的想象力，我们如何知道学生会想象呢？

## 第二节 观察与想象力

### 一、深入观察，积累表象，是想象的基础

观察是一种认识活动，是人们写作的活水源头。深入细致的观察，丰富的生活体验，搜集积累大量的生活素材，是想象和写作的

基础。一次，著名作家贾平凹面对众多的读者，谈了他几十年写作的心得和体会。文学创作要积累素材，数十年来，他一直以独立的姿态，游走在广大群众中，每天晚上记录下白天的所见所闻。大量的笔记本记录的满是群众鲜活的语言，细微到对某棵树和草的描写。由于一直和现实生活保持联系，他有写不完的素材。

## 二、观察与想象

深入的观察，常常伴随着丰富的想象。如前面举的例子，当老舍来到无边无际的草原，看到活泼游动的鱼群，他展开了丰富的想象。当叶圣陶走进公园，看到满池的荷花，看看这一朵很美，看看那一朵也很美，便沉醉于荷花之中，浮想联翩，觉得自己也是一朵荷花……展开了美妙的想象。就是写一篇游记，也不能只记录，也要抓住活动过程中有趣味的、感人的东西，开展想象，再写成文章。

关于作画中的观察与想象，齐白石老年画风的改变就是一个典型的例子。齐白石早年画虾，写实到了极致，务求逼肖，却总使人感到精神不够足。他自己也说："余作画数十年，未称己意。"此后十年，齐白石在画案上放置一个水盂，终年养着几只活虾，朝夕观看揣摩。66 岁时，笔下的虾删繁就简，画成的虾也与众不同。虾的头部和胸部，增添了一种坚硬感，腹部的节与节之间，似断似连，只有几笔淡墨，中间紧缩弓起，仿佛眨眼就会蹦出画外似的，其后腿也从原来的十只减少到八只。68 岁时，他笔下的虾腿又少了两只，眼睛也由圆圆的两个墨点平添了一笔浓墨，显示了虾的躯干透明。80 岁后，他画的虾只剩下五条腿，比以前少了一半，头前身只画六条大须，略去了小须，须的变化使空间加大，凸现了虾的动态。

十年执着的细心的观察，大胆而富有创造性的想象，使齐白石登上中国画的顶峰。

### 三、语文教学中观察力的训练

在 20 年的语文教学改革中，我们加强了对学生观察力的培养与训练。其中，在低年级开设"观察·说话·写话"课，进行写"绘画日记"的实验，和识字教学中进行形象化的识字教学实验三个方面，实验取得了明显的成效。关于形象化识字教学的实验，和"观察·说话·写话"课，在第三章和第七章有专题阐述，下面专谈"绘画日记"的实验。

(一)"绘画日记"实验

儿童"绘画日记"就是儿童用语言文字配合图画，记录一天生活中有意义或有趣的事情。我们从二年级到五年级一直坚持着，每个学生每周做一次或两次，平均每个学生记了 80 次。

在美术教学中，线条、颜色、构图等一系列的绘画构思，主要是训练右脑，语言文字主要由左脑控制和支配。"绘画日记"恰恰是图画与语言文字的有机组合，也就是左右脑功能的有机组合。"绘画日记"系列训练，就是促进左右脑协调发展的有效方式。

如王琦同学（一年级）在"绘画日记"中图文并茂地写道："今天，爸爸妈妈带我去了卡拉 OK 厅，那里可好玩了。有许多人唱了歌，我也唱了一首《鲁冰花》。唱完之后，观众给我热烈鼓掌。我真高兴。"

再如高方亮同学除夕从贴"福"字，想到对新的一年的祝福，他写道："今天，我帮奶奶贴福字，福字象征着年年丰收，万事如意，非常吉祥。是一个好兆头。"如图 4-1 所示。

今天，我帮奶奶贴福字，福字象征着年年丰收，万事如意，非常吉祥。是一个好兆头。

贴福字
图 4-1

有的字学生还不会写，就用汉语拼音代替，将来再学习查字典。

这样有图有文、有情有境的"绘画日记"，能培养学生观察生活、观察自然现象的良好习惯，丰富其生活经验和表象积累，用绘画和语言文字来表达自己的所见所闻，能发展儿童的思维，提高儿童的智力水平。

低年级学生对"绘画日记"特别感兴趣，每个人都拥有这样一个画册，记载着彩色的童年。到中年级以后，随着识字量的增加，他们就更喜爱文字日记了。但"绘画日记"所起到的智力开发作用是不可忽视的。

(二)实验效果

1996 年我们对进行了四年的"绘画日记"实验进行了一次对比测试。

测试对象：实验班为北线阁小学五（1）班，学生 42 人，对比班为同校六年级一个非实验班，人数为 43 人。

测试的作文题目为《机器人……》。

测试结果（见表 4-1）。

表 4-1 作文测试成绩统计表

| 作 文 | 一类 | 二类 | 三类 | 四类 |
|---|---|---|---|---|
| 对比班(人) | 9 | 12 | 17 | 5 |
| 实验班(人) | 7 | 23 | 12 | 0 |

测试分析：

①五年级实验班的成绩总体上比六年级的对比班好，尤其是中等生的成绩。

②想象力方面，实验班明显优于对比班：实验班描写出的机器人有 10 类，一般能写出机器人的样子、结构、功能和怎样工作；而对比班想象的机器人只有 5 类，能说出机器人在干什么，写得比较简单。

# 第三节　识字教学中想象力的培养

识字是一个心理认知过程 。在长期的识字教学实践中，通过识字教学发展学生的形象思维能力，特别是想象力，广大语文教师总结出不少成功的教学经验和方法。

## 一、在象形字教学中发展学生想象力

由于汉字中有很大一部分是象形字，而象形字是从对事物外形的描绘演变而来的，所以，教师有意识地把古代汉字和现代汉字做纵向沟通，寻求汉字构成的意义演变规律，并把这些规律融进识字教学中去，就可以使枯燥的识字变得饶有趣味。

如一位老师在教学"伞"字时，对应"伞"字的外形讲笔画，并给学生出了一个谜语："人下十字架，两点十加上。能把阳光遮，下雨也不怕。"学生很快就记住了这个字的写法。教"兔"字时，采用象形的方法，老师告诉学生"夕"是兔子的耳朵，扁日字是兔子的头和眼睛，"儿"是兔子的前腿和后退，"、"是兔子短短的尾巴。教师边画边说，学生把汉字的笔画与兔子的具体形象对照记忆，一定会印象深刻，过目不忘的，更不会与"免"字混淆。再如"鸟"字，繁体字为"鳥"。它的繁体字也是由鸟的形象演变而来的，虽经简化，也仍然保留着鸟的外部轮廓，小学生最易错的就是丢掉那一"、"，如果你告诉他，那一"、"就是鸟的眼睛，那么，学生就会轻而易举地记住它的字形，并清晰地认出它与"乌"字的不同：因为乌鸦浑身都是黑的，眼睛也是黑的，因而分辨不出它的眼睛，所以"乌"字就没有"眼睛"；因为乌鸦浑身都是黑的，所以用它所组成的词，多数与黑有联系……

对于一些无"理"可讲的字，同样可以赋予它们形象，这是一种自由联想。在这方面，也许学生的想象力比老师更高一筹。

这是一个真实的课堂事件。

一位老师正在教《曼谷的小象》,课文中有两个生字"乘"和"乖"。老师把两个生字写在黑板上,对孩子们说:"你们发现了什么？大家展开想象,你怎么想的就怎么说。"得到老师的允许,孩子们七嘴八舌地议论开了。

　　生1:"乘"比"乖"多了两笔。

　　生2:"乘"比"乖"多了个"八"字。

　　生3:老师,我觉得"乘"和"乖"好像一对双胞胎,而且一个是男孩,一个是女孩。

　　师:谁是男孩,谁是女孩呢？

　　生3:"乖"是男孩,"乘"是女孩,因为"乘"穿着裙子。

　　哗——教室里响起了热烈的掌声。

## 二、在会意字教学中发展学生想象力

　　一些会意字的教学,也可以借助于形象,特别是在处理形近字方面具有神奇的功效。比如,学生很容易将"休"和"体"混淆,如果教师在教学"休"字时,出示一幅画,并让学生自己讲出画面意义,那么,他就会永生难忘了。再如,"尘"与"尖",小土为尘;上边小,底下大,就形成了尖。教师稍加点拨,学生就会心领神会,而且绝不会混淆。

## 三、在指事字教学中发展学生想象力

　　在汉字的构成中,有很少一部分是指事字,这部分字尚且留着指事的原义,往往是用一点或一横表示所指的部分。如"本"字下一横,表示树木的根;"末"字的一小横表示树木的稍;"刃"、"下",包括前面谈到的"兔"和"鸟"中的点,都是起这个作用的——做记号。刀上一点,表示了刀刃所在的部分;"下"的一长横表示平面,下面的点表示在平面以下;"兔"字的点表示它的尾巴;

"鸟"的一点表示它的眼睛；"心"字的三个点表示心脏上的一根根血管；"州"字的三个点表示水中的小岛；"雨"的四个点表示下落的水滴；"燕"字的四个点表示它张开的尾巴；"马"字的最后一笔，繁体字也是四个点，表示马的四条腿；等等。当学生头脑中呈现这种事物的表象的时候，就连同汉字本身映入脑海，参与了汉字的识记与理解。

## 四、利用形声字表义偏旁发展学生想象力

字理识字的特点之一是依托汉字本身有序的系统，将汉字归类学习。比如上文提到的象形字、会意字、指事字、形声字，这是按汉字的构型方法分类。如果单就形声字来说，它又有自身较为稳定的以声符表示字音、以形符表示词义的规律。

（一）由表义形旁引发想象

形旁表意是汉字的构字规律之一，千百年来，虽经不断发展和演变，汉字的整体规律并未遭到破坏。大体如下。

◆ ◆ ◆

"两点水"旁的字与寒冷、冰冻相关，包括左偏旁和两点底（早期的汉字是象形的，两点水就像结冰的样子，放在字的左边，就成了两点水）；

"三点水"旁的字与水相关；

"四点底"的字与火相关（从火字底演化而来）；

"火"字旁的字与炎热相关；

"日"字旁的字与太阳相关；

"目"字旁的字与眼睛相关；

"竖心"旁（或心字底）的字与人的心情相关；

"虫"字旁的字与昆虫相关；

"双人"旁的字与道路和行走相关；

"单人"旁的字与人相关；

"米"字旁的字与粮食相关；

"食"字旁的字与食物或饭食相关；

"示"部旁的字与鬼神、祭祀、祸福相关；

"页"字旁的字与头颅相关；

"衣"字旁的字与衣物相关；

"歹"字旁的字与死亡、灾难、不祥相关；

"网"字头的字与罗网、捕获、刑罚相关……

利用汉字的这个规律，学生可以举一反三，自行解决诸如"木"字旁，"禾"木旁、"足"字旁……教师的责任在于指导学生把平常随文识字中零散学习的汉字进行意义归类，帮助学生建立概括程度较高、包容范围较广的认知结构，就能为后继学习打下良好的基础，也有效地解决了部分形近字的区分和记忆问题。

(二)由表义声旁引发想象

象形字是用线条勾勒出物体的外部轮廓或描摹出物体的样子来表达词义，它们大多是独体字，这些独体字在参与构字（形声字）时，或多或少地将自身携带的意义或语音信息带入它们参构的新字中。以前，我们谈得更多的是形旁表义、声旁表音，却忽略了声旁也有表义功能，只关注到表示具体物件的字（象形字）有形象，会意字有形象，却没有注意到有些会意字在与其他表义图像组合后，也具有表意的作用。如"尧"字，原形字为"堯"，从"垚"，从"兀"。"垚"是土高，"兀"（wù）高耸突出，所以"尧"表示高。本义是"一个人往山上跑"，转义为"高"的意思。由"尧"做偏旁，组成了一系列字，如烧、晓、浇、饶、绕、跷……在所组成的新字（形声字）里，"尧"不仅是作为声旁表示字的读音，而且还表示意义，从以上例字的分析可以看出：

❖ ❖ ❖

火越燃越高为"烧"；

太阳越升越高为"晓"；

水从高处往下泼为"浇"；

粮食越堆越高为"饶"；

丝线越缠越高为"绕";

脚后跟离地越高为"跷"……

借助这些表象，在汉字的形义之间建立起紧密的联系，通过引入意义联想，变机械记忆为理解式记忆，学生就很容易理解和区分这一组字，创造了"字族识字"的另一种方法，实现了集中识字的准确、高效。学生掌握了这种方法，就等于拿到了一把打开汉字宝库的钥匙，很多字族的识记与应用就可迎刃而解。

## 五、创设识字情境发展学生想象力

除了字形本身的形象外，教师还可以通过创设情境，加深刺激，帮助学生更快、更牢固地掌握汉字的音、形、义。这些情境，可以是美丽的图画、动人的音乐、优美的舞蹈，也可以是饶有趣味的活动或语境。学生在学习汉字的过程中，不仅辨字形、记字音，同时还有画面、音乐、动作以及活动过程的辅助，这些附加信息将与这些汉字相关的信息（形、音、义）一起被输入和储存在学生的大脑中，也为将来信息的提取提供了更多的线索。在此略举几例。

(一)创设与汉字表达的意义相似的自然情境

一位教师在教人教版小学语文第一册《语文天地》"给词语找家"时，在教室四周的墙壁上挂上描绘郊外美景的图画。上课了，教室里播放着一首轻柔的乐曲，由一个学生扮演导演，随着配乐朗诵，带领学生参观这些美丽的图画。"春天来了，树木披上了绿装，红艳艳的花儿到处盛开着，蓝天下，一群黄牛自由自在地在田野上吃着青草，可爱的白鹅在水中快乐地游来游去……"在音乐的渲染中，在语言的描绘下，孩子们愉快地观赏着图画，沉浸在这些词语描绘的美景之中。这时，老师让学生说说都看到了什么，学生很快说出了"绿树、红花、蓝天、黄牛、白鹅、青草"。学生便在这轻松优美的情境中开始了识字活动。接着，老师拿出事先准备好的词卡，让学生送这些词"回家"。孩子的兴奋之情溢于言表，整个识字活动兴味盎然。他们不仅认识了这些字，辨别出这些颜色，而且孕育了对大自然的热爱之情。[1]

(二)创设温馨有趣的识字情境

同样是认识表达具体事物的汉字，有的就可以运用表演的方法，比如，教学"狮子、老虎、大象、熊猫、斑马、袋鼠"，这位老师就采用了编排童话剧、表演歌舞的方式，让学生戴上写有这些动物名称的头饰，在欢快的乐曲中，在温馨的烛光下，演出《给狮子过生日》的童话剧。孩子们唱着、跳着，相继说出自己扮演的角色名称。在动人的童话世界里，孩子们很快记住了这些动物的名字，对这些动物有了较深刻的认识，并在游戏、歌舞中很快掌握了这几个汉字。

(三)利用演示创造揭示字理的情境

一位教师教学"染"字，他创设了这样的情境：讲台上摆放着一个水彩盒、一小瓶水和一些棉球。教师用水调好各色颜料，用镊子夹起一个棉球，放到红色水彩中浸上片刻，棉球被染成红色。教师又夹起一个棉球，放到绿色水彩中浸上片刻，棉球被染成绿色。接着，教师让几个学生分别将几个棉球染成黄色、紫色、蓝色、古铜色……在愉快的实验中，学生理解了"染"字左上方的"三点水"和右上方的"九"的来历，随后，教师告诉学生，颜料是从植物中提取的，学生马上悟出"染"字"木"字底的理据。于是，"染"字随着这个有趣的实验，深深扎根在学生的脑海中。汉字形义相连的特征，也在类似的多次实验中潜移默化地植入学生的心中。[2]

(四)通过儿歌形式创设语言情境

除了看图、听音乐、表演之外，最简单的要数由教师创造诱人的语言环境了。儿歌和谜语是创设语言环境较为常用的方法。如上

[1] 颜婷婷.寓识字于具体的语文环境和艺术氛围中[J].基础教育研究,2004(5):56.
[2] 薛晓光.优势互补,有容乃大:谈寓字理识字于随文识字之中[J].小学语文教学,2002(3):35.

文提到的"尧"字族，同样可以采用儿歌的形式创造一组情境，辅助学生记忆：

◆◆◆

日欲东升鸡报晓，游云如丝空中绕；

水浇百花满园茂，丰衣足食真富饶。

人存侥幸多烦恼，手挠头皮好心焦；

跷跷板儿两头翘，晚霞似火漫天烧。

短短几句儿歌，在学生眼前呈现出一幅幅动人的画面，有如一幅画轴慢慢展开，从清晨到傍晚，有绚丽的自然景物，有真切的社会活动，有游戏的快乐，也有成长的烦恼，形声兼备，赏心悦目，不仅让学生体会汉字的意象美，且寓生动的德育于其中，让人难以忘怀。这样的教学实例不胜枚举。

## 第四节　古诗词教学中想象力的培养

人们常说，比陆地更广阔的是海洋，比海洋更广阔的是天空，比天空更广阔的，是人的心灵。

的确如此，当我们闭上双眼，我们的思绪便倏忽间纵横万里，穿越古今，像苍穹下徘徊的玄鹤，自由自在，上下蹁跹。

"一花一世界，一叶一菩提。"从花朵中能窥见大千世界的奥妙，从落叶中能感悟生命智慧的真谛。这就是人类的想象力，也正是因为这种想象力，才能让人类区别于其他生命体，让人类的世界更加光怪陆离，五彩缤纷。

想象力是有颜色的，当你听到"晓看红湿处，花重锦官城"时，你是否看到了一夜春雨后，浓重深红、灿然带露的花朵？

想象力是有声音的，当你听到"月出惊山鸟，时鸣春涧中"时，你是否从心灵深处，听到了幽幽的鸟鸣？

想象力是有味道的，当你读到"春潮带雨晚来急"时，你是否能闻到春天的细雨湿润了泥土，那独有的沁人心脾的芬芳？

想象力也是有情节的，"可怜无定河边骨，犹是春闺梦里人"，你是否在心里，为这凄美的爱情编织着各种传奇的故事？

想象力要从小培养，越小越好。而最能培养和训练想象力的，莫过于我们中华传统文化宝库中的诗词了。

诗是想象的果实，没有想象就没有诗歌。别林斯基说："在诗歌中，想象是主要的活动力量，创作过程只有通过想象才能完成。"科林伍德在《艺术原理》中也指出："真正艺术的作品不是看见的，也不是听到的，而是想象中的某种东西。"诗歌教学中，教师的任务之一就是引导学生驰骋想象，透过文字看到图画，透过语言感受生活，置身于作品之中，获得人生的感悟和美的享受。

正因为如此，在小学语文教材中，才会每一册都有古诗词的身影。

那么如何在古诗教学中引导学生步入诗的世界，培养学生的想象力呢？

## 一、送声以传情

在教学中，教师对自己教授的诗词内容、作者、时代背景等都有一定的了解，在了解过程中，已经产生了初次的审美想象，有了自己的理解和情绪。基于此，教师可运用范读的形式，把自己的某种感悟模糊地传递给学生。

对于不同的诗词，在范读时，声调、节奏、语气都是不同的。有需要时，可佐以恰当的配乐朗诵，会更好地烘托效果。

比如杨万里的"一叶渔船两小童，收篙停棹坐船中。怪生无雨都张伞，不是遮头是使风"，这样充满童趣的诗，朗读起来，声音应该是轻快上扬的，语速也较一般诗词略快一些，强调幼儿的率真，可以略带一些夸张的语气，虽然还没有解释诗意，但是学生可以从听觉上感悟出文字的意义，也可以感悟到作者的情绪和诗中两个稚童的情绪。这就是情感上的整体感知，也是初步的想象。

教师范读后，让学生说一说自己感受到的情感，是欣喜，是幽默，还是其他的什么。从哪一句感受到了这种情感？ 这个时候，可以让学生自由表达，教师不要横加干涉。没有哪一种情绪是正确或不正确的，因为诗本身是情致所化，读者更是仁者见仁，智者见智。只要学生产生出一种情思，那便是开始了对文字的审美与想象。

有了情绪的积淀，让学生自读，读出最能体会情感的句子给别人听，在这一次读中，因为有了情绪的渲染，便会在头脑中浮现诗句幻化出的画面。

由此，教师可以启发学生说出哪句诗在他的脑海中出现了画面？ 能描述一下吗?

这时，是学生开始展开想象翅膀的时候。有的在想象两个小童的穿着、年纪，有的在想象他们站在船头高举油伞猛烈摇晃，有的进一步想象出两个孩子的表情，有的想象着诗人看到两个孩子时的会心一笑……

至此，想象的训练并没有结束。古诗词讲究的是炼词炼句，一字千金，借一字而引发无尽的联想，这才是想象的最高境界。

第三步，学生的品读。此时学生经过了对情绪、画面的两次想象，一次比一次更为具体、形象了。那么此刻，再读诗句，就让他们关注一下，句中哪个词是最能让他们产生联想的。

学生纷纷品读，他们发现，"一叶""怪""使"这些形容词和动词，最容易在他们脑中出现画面，"一叶"仿佛让他们看到了渔船的细而窄，轻灵便捷；"怪"仿佛让他们看到了作者恍然的表情；"使"又仿佛让他们看到两个稚气小童天真地挥着伞，希望借风行船的种种情态。

情境景三者交融，让学生以此来写一小段用诗改成的白话文，既领略了古诗词一字点睛的妙笔，也训练了他们牵一发而动全身的想象方法。

## 二、蕴意于丹青

有些文字，一眼望去便觉得它是有色彩的。

比如"翠"、"碧"，比如"白毛绿水"、"红掌清波"。中国诗词就有这样的神韵，几字之间，便让你置身五彩斑斓的境界。

比如这首小诗：

"泉眼无声惜细流，树阴照水爱晴柔。小荷才露尖尖角，早有蜻蜓立上头。"

此诗意境优美，富于禅意。有些字若单独翻译，或用现代的语言来表达，便会破坏诗境。

比如"爱晴柔""尖尖角"到底是冒出了多少？ 蜻蜓是怎么立在上头的？

欣赏时，可以让学生对这些词句提出疑问，然后让他们把理解的句子画一画。

那么，孩子们在读过诗句后，都产生了哪些疑问呢？

有的问："什么叫晴柔呢？" 有的问："小荷是完全紧闭的，还是含苞欲放呢？"还有的问："那个倒立的蜻蜓，在上面做什么啊？它是什么颜色的呢？"

你看，颜料未展，孩子们的思维已经漫游诗境。

作画的过程中，教师再放一些适当的音乐来烘托情绪，加深学生对诗境的理解，更有助于学生想象的驰骋。

在学生一笔一笔渲染时，他们的想象开始活跃，他们依据自己所见、所闻，调动了最大的想象力来创作：在有些学生的画作里，细流里游动着小蝌蚪；有些孩子的画面上，溪边的小树枝叶不怎么浓密，有稀疏的阳光透下来；有的画面上，大片的荷花池，荷叶像是玉盘，又圆又大，荷花有的盛开着，有的弯下来，还有的挂着莲蓬。

那么，这首诗的教学培养学生们想象了什么呢？

首先，他们想象了诗的环境，画出了诗中不曾有的，而诗人眼里必有的画面。比如，小溪两旁的草木，不浓密而雅静的树林，大片绽放的荷花，翻卷如裙边的荷叶……

其次，他们想象了特有事物的不同形态。粉的小荷、白的小荷、红的蜻蜓、黄的蜻蜓、绿的蜻蜓……粗的树、细的树，幽深的小路，湍急的小溪……拿着大顶的蜻蜓，侧面歪头展翅欲飞的蜻蜓……

画面就是学生想象力提升的结果，不见得有多高的绘画水平，色彩、形态、故事，都是他们思想的漫游。

他们先被诗意的美所打动，进而把"美"具体表现在画纸上，再为自己的想象而感动，最后与诗文、与诗人产生共鸣。

### 三、感怀而知遇

还有些诗，诗人在写作时有着不同寻常的经历，字字别有深意，看山不是山，看水不是水，而此时此刻，教师在带领学生欣赏时，先要把诗人在写诗时的境遇讲一讲。

例如李白《独坐敬亭山》一诗：

众鸟高飞尽，孤云独去闲。相看两不厌，只有敬亭山。

全诗画面简洁孤寂，用词并无奇特惊人之语。可是扑面而来的落寞、凄清之意却挥之不去。

欣赏这样的诗篇，除了要以"读"来感受情绪之外，还要把诗人写这首诗时的背景给学生讲清楚。

761年，李白已岁逾花甲，在经历了"安史之乱"后的漂泊流离，经历了蒙冤被囚禁的牢狱之灾，经历了戴罪流放的屈辱之后，李白第七次也是最后一次来到宣城时，再也没有昔日朋友如云、迎来送往的场面了，再也没有北楼纵酒、敬亭论诗的潇洒了。他独自一人步履蹒跚地爬上敬亭山，独坐许久，触景生情，十分伤感，孤独凄凉袭上心头，情不自禁地吟下了《独坐敬亭山》这首千古绝唱。

而此时此刻，抛开这首诗本身，让学生想象，李白前六次来敬亭山时，是什么情景呢？ 他那时会看到什么？ 他的身边有什么？
他那时的心情是什么？ 那时在李白眼中，鸟都飞尽了吗？ 天是什
么色彩的？ 云是什么样子的？ 李白是不是久久地坐在敬亭山前，
凝目而视呢？

　　在此之前，学生已经学过不少李白的诗篇，对李白"诗仙"的
性格也有所了解，对他前半生的经历也略有所闻。依据以往的经验
来想象他没有落魄前的行为、情绪、心境，应当没有太大的问题。

　　这时，鉴于诗情背景，学生对前情展开了合理的想象。

　　有的学生说："李白前几次登临敬亭，有酒朋诗侣相伴，一定非
常热闹，以他诗仙的地位，他一定会受到大家众星捧月般的包围。"

　　有的学生补充说："李白斗酒诗百篇，我觉得李白要是喝了酒，
一定诗兴大发，会做很多诗吧？"

　　这时，老师会追问："这时候他做的诗，会充满什么情绪呢？"

　　学生回答说："我觉得应该还是挺高兴的吧。有那么多朋友，还
有酒喝。"

　　老师再问："这个时候，李白眼中会有什么风景呢？ 想想他以
往的诗句，你还能背得出来吗？"

　　于是学生忆起"飞流直下三千尺，疑是银河落九天"，多么豪
放！"黄河之水天上来，奔流到海不复回"，何等气魄！"孤帆远影碧
空尽，唯见长江天际流"，多么深情……

　　在学生思绪纷纷时，再次回到他后来的遭遇：政治失意、老年
被囚、众叛亲离……

　　当他再一次登上敬亭山，没有了什么？

　　学生的情绪忽然落下，好像一下子明白了什么，感受到了
什么。

　　"没有了朋友。"

　　"没有了美酒。"

　　"没有了原来眼中的美景。"

　　"我想也没有了原来的激情吧……"

学生再一次展开了想象，也再一次体会着诗人情感上的落差，会产生一种对人生浮沉不定的茫然。

鸟隐入高天，一朵孤零零的云也且行且远，整个视野中，除了敬亭山，还有什么呢？而这幽深的山中，除了诗人，还有谁能如此落寞呢？

此时此刻，再读李白的《独坐敬亭山》，他们的理解是深刻的，他们此时都成了李白的知音。

想象力让人学会审美，想象力让人编织故事，想象力开启人类的智慧，没有想象力的民族是没有希望的民族。

从小培养学生展开想象，让他们的思想变得有声、有色、有情节。种下想象的种子，古诗词教学，正是这样一块儿丰润肥沃的土地。

## 第五节　想象的表达——想象力的培养

### 一、想象的表达——想象力

想象是一种形象思维，是人在头脑中的一种认识活动。如果不把它表达出来，别人是不知道的。科学家或艺术家通过想象对自然或人类社会有深刻的认识和重大的发现，如果不把想象结果表达、发表出来，人们无从知道他的发明创造，这些发明创造也就无法产生作用和价值。学生的学习活动也是这样。教师在阅读教学中，培养和发展了学生的想象，如果学生没有表达出来，教师就无从了解学生会不会想象以及他们是怎么样想象的。

一个完整的学习过程包括感知、理解、表达、运用四个阶段，因此，如果教师的教学只是培养发展学生的想象（思维），而缺少想象的表达的训练，那就是不完整的教学。

思维有两种，抽象思维和形象思维。抽象思维以语言、概念为思维材料，进行思维加工。语言本身是一种符号，这种符号需要与头脑中的某种思想观念结合从而形成表达。由此可见，这种思维与语言是同步的，所以抽象思维同它的表达一致。怎么想就怎么说，怎么写。议论文就属于这一类。

形象思维是表象的活动，是对表象的加工，没有语言的参加，形象思维的表达比抽象思维要复杂得多。但是，人类在漫长的历史进程中，创造了许多表达形象思维的方式。通常人们习惯把头脑中的表象翻译为语言，用语言说出来，而画家则用线条、颜色画出来，演员用体态、动作表演出来，作家用鲜明的笔触写出来，音乐家用特有的旋律唱出来……

就是这种语言的、绘画的、表演的和歌唱的艺术形式，使人们领略了五彩缤纷的世界，使生活充满情趣和欢乐，使生命更加充实和有意义。

这些人类创造的形象思维的表达方式，就是想象的表达方式。我们也就找到了想象力训练的基本方式：说、画、读、写。

因此，语文教学中（主要为文学作品）想象力训练的一般模式为：首先，要启发学生"默想"，即闭目冥想，在头脑中像"过电影"似的回想课文中的内容，努力做到有形象、有画面；接着，把文章中对事物特点的描述说出来，或演出来，画出来，写出来。

## 二、想象力的训练

技能是人的认识活动的方式方法，技能必须经过有计划的练习、训练才能形成。各种技能，无论是婴幼儿的牙牙学语、蹒跚学步，小学生学数学的加、减、乘、除计算，或京剧的唱、念、做、打，都是通过反复训练才能形成。想象力也是一种技能，同样要进行大量的基础训练。现行教材忽略了想象力的训练，应当补上这一课。

下面是教师设计的《小学语文教学中想象力训练的初步方案》。

---

◆◆◆

小学语文教学想象力训练的原则是贴近生活，循序渐进，打好基础，反复训练。

低年级：

1. 指导学生写"绘画日记"或"绘画周记"。

2. 开设"观察·说话·写作"课。

3. 进行想象力基础训练(训练题见下一节)。

4. 对课文(文学作品)中一些培养想象的重点段落,指导学生想一想,说一说,画一画。

中高年级：

按照想象力训练的想、说、画、演、写的方式,努力做到大部分课文(文学作品)都有一个想象力的练习。

想:闭目深思,想象。

说:按照头脑中的形象、画面,用自己的话说出来。

画:把想象中的画面画出来。

演:把某项活动的动作、过程表演出来。

写:把诗歌中的一些句子,用白话文写出来,或模仿课文中某段想象描写的方法,换个情景,进行描写创新。

具体做法是:在学生初步理解课文的基础上,引导学生闭目深思,开展想象。然后,根据课文的特点,从"说""画""演""写"四种方法中,选择一种方法,进行想象力的训练。

以人教版五年级下语文教材为例,说明如下:

说:根据《桥》的内容,用自己的语言说一说,"木桥前,党支部书记指挥村民过木桥的情景"。

画:根据《草原》第一段,把作者初到草原看到的景色画出来。

演:表演《景阳冈》中武松打虎时,老虎一扑、一掀、一剪的凶猛动作。

写:按照儿童诗《我想》作者想象的思维,续写"我想把小嘴……"或"我想把耳朵……"

## 第六节　想象力的基础训练与练习题

### 一、基础训练的意义

小学生开始学习数学时，对数的认识，对 10 以内、20 以内计算的练习，是教学的重点、难点，解决了抽象思维的起步，问题就顺利解决了。小学生怕写作文，觉得没有东西可写，通过"观察·说话·写作"课的训练，学生懂得怎样写作文，作文成绩也明显提高了，说明写作文也有一个起步教学的问题。学生对于想象力，一是不知什么是想象，二是不知怎样进行想象，这是教学的大难点。由此想到想象力的训练，也同样存在一个教学的起步问题。编写想象力基础训练题，对学生进行想象力的基础训练，是对想象力的起步教学。通过基础训练，打开学生的思维，使学生初步懂得想象力是什么，怎样进行想象，培养学生学会自由联想、发散联想，学习把想象到的东西说出来，画出来，表演出来，从而为语文课堂教学中想象力的训练打下基础。

### 二、训练步骤与方法

我们把练习题分为三类，其中一类题、二类题为基础性练习，主要在低年级（一、二年级）进行练习，可以适当集中，分几次进行，也可以分散练习。建议在一年级下、二年级上每学期集中两三周，学完一篇课文后，用 15 分钟进行练习。三类题为提高题，供中、高年级选用。

教师要启发学生积极思考，多角度、自由地联想、想象，练习后，可在小组或全班中交流。

编选的题目，只是作为例子，可以根据实际情况做必要的补充或修改。某些重点题，可以运用变式再练习。

## 三、想象力的基础练习题

◆◆◆

一类题

1. 说说你见过的东西中,哪些是圆形、正方形、长方形、三角形的?

2. 数一数,下面图形(见图4-2)

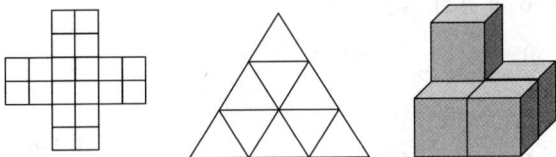

图4-2

正方形有( )个 三角形有( )个 正方体有( )个

3. 下面两个图,分别像什么?

图4-3

4. 一个椭圆(见图4-4),添几笔,像什么?(至少画两个)

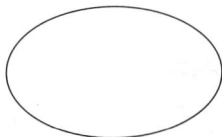

图4-4

5. 想象一匹马从远处向你奔来,又离你远去,它的大小、声音的变化。

6. 想象一辆卡车从远处向你驶来,又离你远去,它的大小、声音的变化。

二类题

1. 图 4-5 中哪一个在纸面上旋转后能与第一个图重合?

图 4-5

2. 说一说,图 4-6 中有什么?

图 4-6

3. 画出一面红旗迎风招展(颜色、动态)。

4. 画出一轮红日冉冉升起(颜色、动态)。

5. 画出一个亲人(爸爸或妈妈)、同学的面孔。

6. 画出一只小鸡、鸽子。

7. 画出你家的厨房、卧室。(简单地画一画)

8. 画出一年四季主要的颜色是什么?举一个例子。

9. 画出自己用七巧板拼出的三个不同的图形来。

10. 画出诗中的情境:

(1)远上寒山石径斜,白云深处有人家。

(2)小荷才露尖尖角,早有蜻蜓立上头。

11. 想一想,哪些是左手,哪些是右手?(见图 4-7)

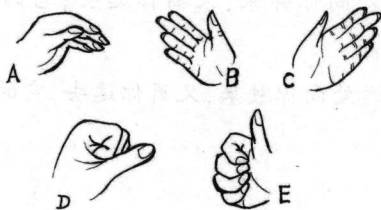

图 4-7

三类题(提升题)

1. 画一张科学幻想的画。

2. 回忆你一个好朋友的面孔,你能画出来吗?

3. 回忆一位你熟悉的老师的形象,你能画出来吗?

4. 说说梦想,你将来想做什么?

5. 先想一想,再把它表演出来。

(1)大雁飞翔。

(2)航母"辽宁舰"起航员的姿势。

(3)模仿老师讲课的一个姿势。

6. 观察一张恐龙的图,想象它变成 5 米长的庞然大物的样子。

7. 从上面看、正面看、侧面看,像什么?把它画出来。

(1)一本书。(2)一根圆柱。(3)一个皮球。

8. 一根旗杆,它在上午十点、中午、下午两点的影子,把它画出来。(见图 4-8)

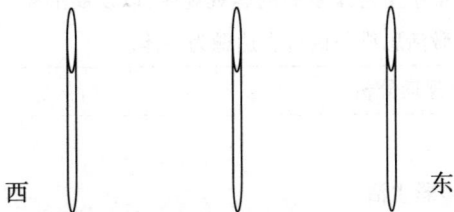

阅读教学中抽象思维的方法
图 4-8

西　　　　　　　　　　　　　　　东

9. 下面的物体,在水中的倒影是什么样的?把它们画出来。

(1)一棵树。(2)浮在水面的鹅。

10. 回忆下雨时,周边房屋、树木的情景,说一说。

11. 读巴金的《海上日出》,想象海上日出的情景,用自己的语言细致地说一说。

# 第七节　课例《我的课余生活》

课例　(人教版)小学语文三年级上册《我的课余生活》

| 教师姓名 | 马蔷 | 任教学科 | 语文 | 年级 | 三年级 | 工作单位 | 育才学校 |
|---|---|---|---|---|---|---|---|
| 课　题 | | 我的课余生活 | | | | 课　型 | 习作课 |

## 指导思想与理论依据

《义务教育语文课程标准(2011年版)》第二学段习作目标中指出:"乐于书面表达,增强习作的自信心。观察周围世界,能不拘形式地写下自己的见闻、感受和想象,注意把自己觉得新奇有趣或印象最深、最受感动的内容写清楚。"三年级是学生习作的起步阶段,《我的课余生活》是学生的第一篇习作。怎样才能帮助学生顺利地完成首篇习作,激发学生乐于表达的愿望呢?

"语言是思维的物质外壳。"思维是语言的内在基础,语言是思维的物质外在的体现或反映,语言表达与思维能力密切联系。习作既是语言的训练,也是思维的训练,二者水乳交融,协调互促。小学生正处在形象思维的活跃期,随着年龄的增长,学生将渐渐地由形象思维转化为两种思维协调发展。因而,在学生习作的起步阶段,习作教学必须尊重学生思维发展的客观规律,以发展形象思维作为助推语言表达的支撑点,将激活思维与语言表达融为一体。

## 教学背景分析

一、学习内容分析

(一)单元课文带领学生走进了多彩生活

本篇习作是三年级上册第一单元的习作内容。本单元共安排了三篇精读课文和一篇略读课文,四篇课文从不同的生活视角描绘儿童的快乐生活。在教室里读书,在草地上游戏,登上山峰,采摘槐花……城市的孩子、乡村的儿童都有着多彩的生活。这些课文从内容、情感上与本次习作是一致的,这为学生的单元习作奠定了基础。

(二)口语交际帮助学生丰富了习作素材

本单元的口语交际内容是"翻翻自己的课余生活记录,再回忆一下,前一段时间的课余生活是不是很丰富,很有趣? 现在让我们来交流一下。可以说一说自己在课余生活中都做了什么事,有哪些收获和感受。还可以评一评谁的课余生活安排得好,再说一说自己今后课余生活的打算"。在准备口语交际的过程中,学生

## 教学背景分析

就已经留心观察周围的生活了,围绕着课余生活积累了大量的生活素材。这些生活材料正是学生可供选择的习作素材,使学生有的可说,有的可写。

二、学生情况分析

(一)习作内容有基础——写什么

虽然这是学生面临的第一篇习作,但是习作内容就是学生的生活,生活有多广阔,习作素材就有多丰富,学生在"写什么"上有基础。

(二)语言表达有困难——怎么写

"有得写"并不等于"写得出",从想到说,从说到写,是一个复杂的过程。学生虽然拥有丰富的习作材料,但是缺乏对这些材料的选择、加工、提炼,缺乏将这些生活素材进行条理化的思考,很难将习作内容说清楚,在语言表达上存在着困难。

三、教学方式与教学手段说明

(一)教学方式

1. 以学生积累的表象为基础,依据表达水平,以学定教。

2. 以丰富的语言实践为平台,通过实践活动,完善表达。

(1)照片引入唤起表象。

(2)绘制脑图丰富表象。

(3)动作演示激发想象。

(二)教学手段

根据学生学习的需求,教学中将引入学生照片,绘制思维导图,丰富表象,激发想象,唤起表达愿望。

(三)技术准备

教学多媒体设备。

## 教 学 目 标

1. 激发习作兴趣,使学生在习作起步阶段感到习作并不难。

2. 走进生活,调动表象积累,渗透习作材料就在身边的理念。

3. 尝试着结合习作要求选择最有趣的内容进行表达。

| 教学过程(表格描述) | | | |
|---|---|---|---|
| 教学阶段 | 教师与学生活动 | 设计意图 | 效果分析 |
| 一、走进生活，调动表象积累，丰富习作素材 | (一)呈现照片<br>1. 自己先看看照片，回忆一下，什么时间，你在哪儿做什么呢？可以把你的照片给同桌看看，给同桌介绍介绍呀！<br>2. 实物投影展示。<br>师:同学们边看边聊多开心呀！谁愿意拿到前面来让我们一起看看呀！<br>教师引导学生说:什么时间，你在哪儿做什么呢？<br>(二)明确时间<br>照片中你们做的这些事情，都是在学校上课的时候做的吗？是在什么时候做的？<br>在学校上课以外的时间做的——这段时间就是属于我们的课余时间。(板书:课余)课余时间包括双休日，还有……(寒暑假、节假日、放学回家等)<br>一句话，除了在学校上课以外的时间就都是课余时间。<br>(三)再看照片<br>课余时间你常常做哪些事情？看看你的照片，想想你的生活，相信你们的生活是丰富而精彩的！在学生发言时教师注意帮助学生调动生活中积累的表象。在交流时，教师注意强调还有不同的内容吗？"我做的事情和他不同"，促使学生调动的表象越来越丰富。 | "表象是在物体并没有呈现的情况下，头脑中所出现的该物体的形象。"学生面对习作不知道写什么，正是因为头脑中没有相关的表象。本环节正是借助照片，促使学生将生活中积累的表象调动出来，成为表达的素材，为"写什么"做准备。 | 学生借助自己业余生活的照片兴趣盎然地走进生活，回忆生活，在踊跃的交流中不知不觉地丰富了写作素材。同时，激起了学生极大的表达欲望，他们跃跃欲试，想把自己的业余生活与他人分享。 |

| 教学阶段 | 教师与学生活动 | 设计意图 | 效果分析 |
|---|---|---|---|
| 二、绘制思维导图,调动表象积累,选择素材 | (一)示范思维导图<br>你们的课余生活真是丰富多彩,每个人的生活各不相同,仅仅一节课的时间,我们肯定聊不完。我这里有一个特有趣的办法能把属于你自己的课余生活记下来,你们愿意尝试一下吗?<br>教师板书示范:<br><br>小脑袋代表你自己,课余时间我去游泳,我还去学画画、爬山、玩电脑、看电视、吃美食等。咱们就把这个图叫脑图。孩子们,你们能不能尝试着用脑图把自己的课余生活像这样记录下来呀,我们比比谁的课余生活最丰富。<br>(二)投影展示<br>展示学生的思维导图:这张脑图画得多精彩呀,看着脑图,讲讲你的课余生活都做了哪些事情呢? | 形象思维,是用表象作为思维材料的一种思维基本形式,学生写作主要运用形象思维。思维导图的方式既激发了学生回想表象的兴趣,又将头脑中的表象进行了整理,使思维条理化、清晰化,促使学生清楚地表达。 | 学生完成轻松,毫无负担,几分钟时间大多数学生捕捉到十多个素材,最多的竟然到22个。其实他们根本不知道自己是在写习作,而是"我手写我的生活,我手表我的真情"。 |
| 三、启发想象,还原生活,助力语言表达 | (一)选择素材<br>1. 我们的课余生活这么丰富,如果让你在众多的活动中只选择一种向大家介绍,你选哪个?为什么?<br>虽然同学们选择的内容不同,但是又有相同之处,大家都愿意选择让自己感觉到高兴的事情和大家分享。<br>2. 快看看你的脑图,哪件事情让你觉得最高兴呢?画上星号。<br>(二)口头习作<br>1. 把你选择的最高兴的事情给小伙伴讲一讲吧。如果你讲的内容能让你 | 调动丰富的表象使学生有的写,同时也要学会选择最想表达的,最能够表达清楚的内容进行表达。 | 汇报时一名学生谈到了课余时间自己去学习游泳引起了同学们的共鸣。教师则引导着全班学生一边做游 |

| 教学阶段 | 教师与学生活动 | 设计意图 | 效果分析 |
|---|---|---|---|
| 三、启发想象，还原生活，助力语言表达 | 的同桌听了像你一样高兴，你就成功了。<br>2. 学生在小组交流后进行全班汇报<br>教师启发学生回想做这件事情的过程，具体是怎么做的？比如，动作，你是怎么做的？语言，你是怎么说的？心情，你是怎么想的？<br>（三）自主评价<br>1. 汇报的同学自己评价，评点——是不是把课余生活讲清楚了。<br>2. 其他同学进行点评，评点——是不是听清楚了。觉得哪里讲得最有意思。 | 在指导学生进行口头习作时，引导学生展开想象，还原生活场景，力求在想象与回想中将过程想得比较具体。 | 泳的动作，一边练习表达，学生就很自然地把怎样学习游泳的过程表达清楚了。在不知不觉中学生们已经完成了口头习作。 |
| 四、提炼规律，总结梳理 | （一）习作并不难<br>祝贺同学们，你们说的内容就是一篇精彩的口头习作了。什么是习作呀？习作有口头的，就是像他这样把自己经历的事情、自己的想法说出来就是口头习作。如果把他说的经历的事情、心里的想法写下来就是笔头习作。（板书：说—写）不知不觉，你们就和习作交朋友了。你们觉得习作难吗？今天老师和你们一起上的语文课就是一节习作课。<br>（二）素材在身边<br>这次习作我们就要写一写自己的课余生活。可以写什么呢？我总结一个：学中写。其他的内容请同学们总结。随着学生的提炼，教师板书（动、学、玩、游、赏）等。<br>你的生活有多丰富，你的习作就有多精彩！真是"课余生活真丰富，用心的人能抓住。生活处处是习作，材料就在你身边"。这首小顺口溜送给你们，希望在以后的习作中对你们有帮助。 | 坚持这种不露指导痕迹地从生活到习作，从感性到理性的训练，既培养了观察能力，又养成积累素材的习惯，最重要的是激发了学生表达的兴趣。 | 学生虽然说不清楚习作是什么，但是他们觉得习作并不难，他们有的说，有的写，挺有意思的。他们能在不知不觉中完成一篇精彩的口头习作，为下笔成文奠定了坚实的基础。 |

## 板 书 设 计

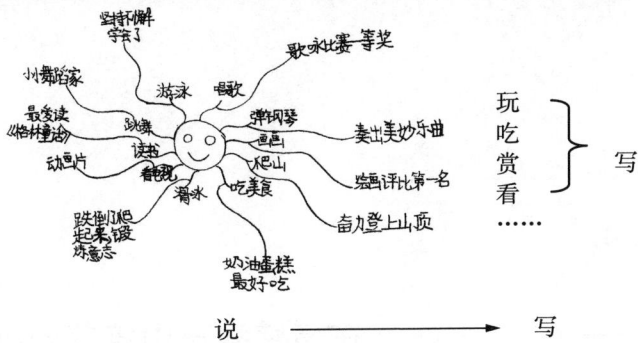

说 ⟶ 写

# 第五章

在情感教育中培养两种思维

## 第一节　语文教学与审美感

什么是美？　什么是美感？

生活处处都有美，各种教学活动，都包含着美的内容。美育是人的全面发展的一个重要方面，问题在于，你会不会发现美，欣赏美。

什么是美感？　茅盾说："我们都有过这样的经验，看到某些自然物或是人造的艺术品，我们往往要发生一种情绪上的激动，也许是愉快的兴奋，也许是悲哀激昂，不管是前者还是后者，总之，我们是被感动了。这样的感情上的激动，叫作欣赏，也就是，我们对所看到的事物起了美感。"[1]

审美教育是指以陶冶人的情感、培养人的审美能力为目标的一种教育。它反映在语文教学活动中，就是要求教师要以教材为基础，联系日常生活实际，启发学生并使学生具有发现美的意识，促

---

[1]　十四院校《文学理论基础》编写组．文学理论基础[M].上海:上海文艺出版社,1981:103.

成学生自觉的爱美意识，激发学生创造美的兴趣。没有美育的教育是不完全的教育。因此，对学生进行美感教育，进行美学知识的渗透，是语文教学义不容辞的任务。

每一篇文学作品无论在语言上、意境上、形象上，甚至在结构上都充分表现着美。每一位语文教师都应自觉地挖掘教材中美的语言、美的形象，在语言文字的训练过程中，在阅读教学中，让学生去感知作品中所蕴含的情感、韵味及审美理想；在传播知识的同时，使学生受到美的熏陶，引导他们在生活中去认识美、发现美、感知美、创造美，提高他们的审美趣味和美学素养，让"美"从学生幼小的心灵中放飞。

人们在经验中感受到的美是丰富多彩、多种多样的。有社会生活中的美、自然中的美、艺术作品的美，等等。

美的形态有着多样性与复杂性，人们对它的分类也不尽相同。一般从不同性质来分，可以分为现实美与艺术美；按不同状态、特征分为崇高美、优美、悲剧美、喜剧美。

雄壮宏伟之美，可以让人热血沸腾。

比如《观潮》一课中，对于钱塘潮来时的景观描写，"那条白线很快向前移动，逐渐拉长，变粗，横贯江面。再近些，只见白浪翻滚，形成一道六米多高的白色城墙。那浪越来越近，犹如千万匹白色战马齐头并进，浩浩荡荡地飞奔而来；那声音如千万辆坦克同时开动，发出山崩地裂的响声，好像大地都被震得颤动起来"。不需图像的感染，单看这些文字，足以让人心潮澎湃，头脑中早已掀起了想象的巨浪，仿佛自己就是那驾潮而来的乌云。

秀丽婉转之美，可以让人心生愉悦。

"漓江的水真静啊，静得让你感觉不到它在流动；漓江的水真清啊，清得可以看见江底的沙石；漓江的水真绿啊，绿得仿佛那是一块无瑕的翡翠。船桨激起的微波扩散出一道道水纹，才让你感觉到船在前进，岸在后移。"

这是课文《桂林山水》中的片段，对仗工整的排比、恰到好处的比喻，仿佛一下子把人带到了仙境一样的桂林。读着这样的句子，微微闭起眼睛，把心灵沉浸在文字与自然的秀丽之美中。人的逐美之心，又怎能不跟着升华呢？

悲剧叹恨之美，虽然使人凄恻喟然，却又让人置身于一种奇妙绝离的美的境界。悲剧可以让人的心灵得到洗涤。因为悲剧的意义，就是把美的东西撕碎让人看。那种惋惜、遗憾的感觉，是一种不可替代的"美"。

你看那安徒生笔下美丽的卖火柴的小女孩儿，她有着一头金黄色的卷发，她那样纤弱、乖巧，但她又是那样可怜。她走在圣诞节的夜晚，阖家欢聚的温暖与她孤独清冷的形象形成了鲜明的对比，给人们的心灵带来永久的震撼。她冻死在圣诞夜的街角，腮上还挂着微笑。这样美丽的文字，读来却有锥心之痛。

而那种让人且嗔且笑的喜剧之美，更让人在展颜之余，又深切体会了一种意义驳杂的美……

喜剧之意，多用来讽刺。《临死前的严监生》一文，就刻画了一个吝啬到极点的读书人的形象。他那执着举着的两根手指，对亲情、对友情漠然不理，而独独在意两茎灯草的形象，活画出一个爱财如命的喜剧人物形象。

这种种美感，都需要老师在教学中运用适当的方法，开启学生寻找美、体味美的感觉。

那么阅读中美感是怎样产生的呢？

学生在生活中感受到的美，有直接的，也有间接的。

首先是直接的情感，家庭中父母的亲情、同学同伴的友情、游览自然风光对风景产生的倾慕之情……

这种情感和当时的活动形象是融汇在一起的。

在语文阅读时，对课文由感知、领悟的情感是间接的，阅读时课文中形象，通过再造想象、激趣，唤醒记忆中的相似的情感记忆，这时读者的情感便和作者的情感产生了共鸣。这就是间接产生的情感。

# 第二节 阅读过程的审美情感体验

美感首先来自对事物形象的直觉感知，通过看，使美的形象更加明确、具体，不仅使人的印象深刻，而且使人精神愉悦。可是在语文教学活动中，学生面对的，首先是文本。眼睛看到的，首先是文字。读，就成为学生在课上获取美感的重要途径之一。作为一个语文教师，为培养学生对文学的审美，就要把"读"这一途径设计出来，以读激起学生在语文课上的审美情趣。

## 一、初读，培养学生记忆文中美的画面的习惯

初读，对于一个小学生来说，不太会产生深层次的思考，一些文章中蕴藏着的道理与情感一时不能体会。可是学生能记住的，是文章中重点描写的画面与情节。

在默读中，文字投射在大脑中，让大脑把这些文字的意思转换成画面，每个人的画面皆不相同，与此同时，学生初读产生的情感也会因读书的悟性高低而不同。

一篇文章读罢，让学生掩卷，请他们回忆文中印象最为深刻的画面与情节，再让学生组织语言把回忆到的画面说一说。这种训练，让学生从初读就开始了对文章审美的追求。在学生的回忆叙述中，学生会竭力运用自己刚才看到的词语，调动自己大脑中蕴藏的表象，再结合自己生活中相同的经历加以描述，拉近所学文章与自己认知的距离。

比如在老舍先生的名篇《猫》中，老舍先生用生动风趣的语言，描写了大猫的古怪与小猫的可爱。学生边默读，边在脑海里联想自己平时看到的猫的表象，在叙述时，就会把猫的特点说得十分生动。

## 二、范读，用声音把学生带进文字的审美世界

教师范读，应"情动于中，而声发于外"，充分运用语音的轻重

缓急、抑扬顿挫，把声调的美、韵律的美、情感的美等美育因素表现出来，使学生入情入境。

有的文章，文字平实，学生在初读后并不能很快地品味到文字的美，所以也就产生不了情感上的共鸣，不能完成初次审美的任务。那么当此时机，教师就要发挥范读的作用，把自己的理解融入范读之中，以此带动学生去想象，激发学生的情感。

比如《去年的树》这篇日本童话故事。作者几乎没有使用任何带有煽情特点的词语，如山间泉水，涓涓细流，若是读进文字中，会让人为文中的小鸟对友谊的执着感慨不已。

可是对于四年级的学生来说，平实的文字对他们的刺激性不够。在初读完成之后，他们并没有留下什么深刻的记忆。只是一脸茫然地说，文章讲述了一只鸟去寻找自己好朋友的故事。还有的学生表示，这篇文章没有什么意思，太空洞。

于是，在这种情境之下，教师请同学安坐，开始了范读。

在范读中，教师把小鸟与大树、与树根、与门、与小孩儿的对话用不同语气着重朗读。最后，小鸟唱完了去年的歌，仍然深情地盯着变为弱小火焰的烛火，这个时候，全班鸦雀无声。

整篇文章范读过后，教师有意识地让学生安静了十几秒钟。然后再问，听完老师的范读，和刚才自己默读完时相比，心情有什么变化吗？

学生此次的反应是觉得惆怅，觉得伤心，觉得感动，觉得凄婉……

教师再问学生，听完老师的范读，在脑海中产生了什么画面？学生的头脑中不再是白茫茫一片，大多数学生说，眼前出现了一株参天大树，枝头有一只美丽的小鸟，它们约定明年春天再见面。也有学生说，眼前的画面是小鸟焦虑地停留在门上。老师读的那句"沙——沙——"的锯子声音使他们仿佛看见昔日的大树正在被锯开，变成了细碎的木条儿，让他们心里发紧。

可见，声情并茂的范读，触发了学生心底最为柔软的情感，更让他们体验了蕴含于文章中的平实之美。

### 三、指导学生诵读，在诵读中感悟人生的哲理

如果说，教师用范读把学生带进了文字美的世界，那么学生自由的诵读则更能提高学生自我发现美、想象美的能力。

指导学生诵读，要教给学生诵读的技巧，调动多种感官的活动，使学生在口读、眼看、耳听中，玩味其意，审视其美，感受和体会美的语言，使优美的语言文字变为学生优美的语言素质。诵读时要注意词、句的形象性，特别要抓住语段中动词、形容词和比喻、拟人等修辞，把它读"活"，使之形象化。要随着文章感情的起伏，运用高和低、轻和重、快和慢、停顿和转折的语音、语调变化，读出文章的基调与情感韵味的美。

在自由诵读过程中，学生最为喜爱的就是分角色朗读课文。可见学生们乐于接受自己融入文章的故事情节之中这种诵读形式。这对于学生发现人情美、体会文字美有很好的帮助。

仍然是《去年的树》这篇课文，全文没有过多的文字修饰，只以对话的形式描写了小鸟对友谊的执着。其中，小鸟和大树、小鸟和树根、小鸟和门、小鸟和小女孩儿的四次对话，最能打动人心。

在仔细阅读课文，加以分析之后，学生们体会到四次对话是不同的时间、不同的心情，用语言表现，语气、语速、心情一定都不相同。

开始，小鸟与大树的对话轻松、愉快。小鸟再次飞来，不见了大树，只看到树根时，它的语气是疑惑；当它听说大树被送进工厂，又急急赶去时，和门的对话则显得焦急与不安；当它再次追寻着大树的足迹飞进村子，看到小女孩儿的灯火时，它与小女孩儿的对话，则多了乞求、失望又充满希望的情怀。

学生一遍一遍地体会着小鸟的心情，一遍遍诵读。自己感动着自己，在这样的诵读中，他们在脑海里组织着一次次的不同的画面，展开了一次次不同的想象。在诵读中，他们发现，世上的友谊

竟然可以如此执着感人，平淡的文字竟然藏匿着这样丰富的情感。是诵读，把学生带进了情感美、文字美、声音美、想象美的世界之中。

### 四、在自主阅读中充分感受美

学生美的情趣是在学习过程中激发出来的。教师通过引导学生对文章的认真阅读和反复品味，为其创造美的情绪氛围，引导他们全身心地投入其中，使学生具有独立阅读的能力，注重情感体验，有较丰富的积累，形成良好的语感。而自主阅读必须坚持"自读自悟"的正确取向，并在感悟自得的过程中培养语感，引导他们自主探究和创造。教师要让学生充分地读，在读中整体感知，在读中有所感悟，在读中培养语感，在读中受到情感的熏陶。在教学中，教师以读为着眼点，使学生由读生疑，由读求悟，由读生趣，由读生情，而教师的引导就是重要的桥梁。实践证明，自读文章是激发情趣的关键和前提。通过读，文章中的美学意蕴得到了初步揭示，美学价值得到了相应的开掘。

小学高年级语文课程中，每个单元都有相应的两篇略读课文。如果说精读课是教师引领学生进入语文美学情境的桥梁，那么略读课则是学生自读、自悟、自我感受语文美的大好原野。

学生在学习精读课文时，获得了大量的信息和经验，形成了初读时联想画面，自读时体会情感，重点段落读时注重文字词汇的运用，联系自身生活环境，体验文中描述对象的能力。在自由诵读略读课文时，正是学生把这些学习方法自主加以运用的大好时机。

在这样的课程中，教师不应该过多地干预学生的思想，应该让学生在自由读中发现疑问，提出质疑，在讨论中获得对文章的感悟。

比如《一个小木偶的故事》一文是一篇略读课文，情节相对简单，但是其中所蕴含的道理却十分深刻。

在这堂课上，教师并没有提出一个指导问题让学生顺藤摸瓜，而是放手让学生自读和分角色读课文。然后分了几个层次让学生讨论，"这篇文章到底要告诉我们什么？"

学生根据一遍遍地深入诵读，逐步把握住了文章的主线，理解了其中的真谛，那就是"无论哪一种表情，都应该是发自内心的，不要让一种表情成为面具，从而在大千世界中迷失了自己的本性，那将是一件最为痛苦的事情"。

学生一次次地推翻自己的结论，把发生在自己身边的事情拿出来与大家共享，再反观文章，不得不感叹，文字的力量竟然超乎想象。一篇这么简单的小文章，竟在字里行间藏匿着人情冷暖、人生真谛，使学生又一次感受到文字的力量。

运用读的方式让学生感受语文教学中的审美，学生会获益良多。

首先，激发了学生们美的情趣。学生在拿到一篇文章之后，都会跃跃欲试，仿佛发现了一处有待开发的宝藏，快乐地去寻找藏匿在文字中闪闪发光的令人惊喜的宝贝。

其次，增强了学生美的意识。学生美的意识是在美的情趣被激发以后，潜移默化地确立起来的。教师要分外珍惜，精心呵护，要在阅读范文上下功夫、花气力。阅读范文既有老师富有魅力的范读，更有学生富有表情的朗读。如前者是导径的灯，后者则是寻路的杖。学生在寻路之时则能把教材中优美的诗歌、散文、动人的童话故事声情并茂地反复吟诵，体味出作品的美感，从而进入作品中特定的意境，达到"目视其文、口发其声、耳醉其音、心同其情"的艺术效果，积极主动地去发现美、感受美。

最后，加深了美的感受。朗读不仅能再现文章的情境，更能让学生深刻体会文章的情感，只有真正体会到文章所表达的情感，才能获得最真切的感受。学生正值确立初步的人生观、世界观、价值观阶段，其内心世界一刻也不会平静，他们渴望丰富的情感体验，强烈的感情共鸣，适时的情感宣泄，而教师的作用就在于因势利导，使其从作品中汲取营养，产生爱心，升发美感。

运用读来体会语文的美，让学生多读、用心读、边读边想、边想边说。经过这样一个过程，学生对语文的喜爱就会加深。学生在交流时会不经意地运用修辞方式，也会用长句子来表达自己的感受。在写作时，更注重了人情美，情感更为细腻，作品更加能够打动人心。更为重要的是，语文的审美教学，给了学生一双在生活中、在文字中发现美的眼睛，也给了孩子一颗能够创造美的心灵。

## 第三节　语言的韵律节奏感

朗读是培养语感的手段。朗读是用响亮、清晰的声音来转换书面的文字语言。在教学中引导学生对文章的重点部分进行各种形式的朗读，掌握文章的语气、节奏、句式、格调，揣摩作者蕴含的情趣和意旨，充分感知课文准确的用词、生动的造句、巧妙的布局、感人的情趣等，使课文内容立体化、形象化，进而对文章的内容产生真切的感受，自然而然地浸润到学生的内心深处，从而激起学生情感的共鸣，提高了语言的感受能力，培养了语感。

我们应通过形式多样的朗读来培养语感、发展语感、促进语感层次的提升、形成良好的语感，快速提升学生的语文素养。

什么是语言韵律感和节奏感？

节奏感源于人类的劳动与生活。原始人在集体劳动中，为了动作的协调，每每呼出有节奏的"嗨哟"声。如今天劳动打夯唱打夯歌一样。这种劳动中的节奏也就积淀了人的感情。

节奏引导人的整个机体参与协调、平衡、统一的韵律活动，给人以舒适、安详、自由、宽敞的感觉。它能使机械性的动作延缓或减少疲劳的出现，缓解有意注意过度集中所造成的紧张。不同的节奏使人产生不同的情绪。长时值节奏一般表现宽广、平稳、悠久的情感或表示歌颂性的背景情感，短时值节奏可产生欢迎或紧张的气氛；规律性节奏表现出一种坚定有力的情绪，自由性节奏表现出宽广辽阔的情感。

文学语言的节奏感指文本中所使用语言的音节的平仄或押韵、句式的长短相间或整齐对仗所形成的一种特有的韵律美。音节承担着音调的区分、平仄的起伏与韵脚的变化，这是构成文学语言尤其是韵文语言的基本要素。音节所形成的韵律节奏体现在句式上，从而使文学语言在整体上形成一种韵律之美，给读者以鲜明的节奏感。

语言韵律指音调优美地应用语言，尤指通过节奏或音调的变化而有韵律地应用语言。和谐的韵律常常使句子有一种张力，赋予句子一种抑扬顿挫的节奏感。

学生通过朗读，感悟词语句子的准确含义、字里行间的思想感情、篇章布局的逻辑思路、语法修辞的规律特性，以及声调韵律的搭配布置等。朱自清指出："只有朗读才能玩索每一词、每一语、每一句的意蕴，同时吟味它们的节奏。"

## 一、把握朗读的方法，以技助读

叶圣陶把有感情地朗读叫作"美读"，就是要"设身处地的、激昂处还它个激昂、委婉处还它个委婉……尽情发挥作者当时的情感，美读得其法，不但了解作者说些什么，而且与作者的心灵相通"。然而真正能读出感情来并不容易。因此，进行朗读训练时还要教给学生一定的朗读方法和技巧。

### （一）教师范读，学生初识语感

小学生年龄小、经验少，为让他们对言语文字感兴趣，适应语感直觉性的特点，范读至关重要。

教师在范读时，首先入情，通过眼神、面部表情、姿势等体态语言把课文所表达的喜怒哀乐直接传递给学生，让学生直观、形象地进行情感体验；同时，根据范读时的轻重、缓急、停顿、语气、语调，全面调动学生的各种感官，加上有意识的模仿，加深学生对语言文字的感知。

### （二）情景再现，让朗读更好地进入文本情境

情景再现帮助理解文本的方法有很多，其中一种就是动作表

演。表演朗读是对课文内容最形象、最生动的再现。低年级课文中，有许多童话、寓言。学生在理解课文内容的基础上进行表演朗读，并适时评议，更有助于对课文内容的深入理解。教师还可以充分利用直观教具，比如电教手段，创设情景交融的氛围。这样一来，学生朗读时才能感情投入，真正感悟到语言美、意境美。

如教学《桂林山水》一课，教师一边展示漓江两岸的秀丽风景，一边动情地范读，为学生解说画中的风光，待学生的心思都被吸引到桂林山水的优美意境中时，再对学生说："现在我们已经来到了甲天下的漓江上，乘着木筏，欣赏着桂林的美景。如果能有位朗诵家来上一段就更好了。"这一招非常有效，课堂上立刻充满了活跃的气氛，同学们怀着愉悦、轻松的心情展开朗读，第一次试读就读得有声有色了。

教师充分利用多媒体，渲染课堂气氛，创设浓厚的情境，让学生在特定环境中，似见其物、辨其形、嗅其味、闻其声，变作品中的"此情此景"为"我情我景"，让学生触景生情，进入朗读的最佳境界。

情境的创设非常重要，它不但有利于拓宽学生的视野，帮助学生想象，同时有利于促使学生去感悟文中的情和景，使学生创造性地理解课文。

如教学课文《狼和小羊》。教师指导朗读时，首先是分角色朗读前面的铺垫，在分析课文时，教师让学生归纳出狼和小羊的个性，狼是狡猾、凶残、骄横、蛮不讲理的，小羊是温和、善良、软弱、楚楚可怜的，两个角色的不同特点在学生脑海中留下了深刻的烙印。然后创设情境进行分角色朗读，先让学生揣摩出两者的语气、语调，自己选择感兴趣的角色进行朗读，学生朗读的积极性空前高涨，从而心领神会地读出了对角色不同性格的理解，做到形神兼备。

**(三)丰富想象,让学生体验文本角色**

想象和朗读是密不可分的。朗读能让课文内容与学生头脑中的意象达成一致，使学生产生深刻的情感体验，更准确地理解文章的内在含义。朗读者在朗读时会把课文中的描写、叙述呈现出来，并用自己的感受去融合，才可能有感情。

如学习《登鹳雀楼》第一、第二句"白日依山尽，黄河入海流"时，教师启发学生展开想象的翅膀，让他们将诗人描写的这幅壮观、雄伟的图景用自己的语言讲述出来，这样就能更好地悟出诗句所蕴含的情理，更是让学生在心灵上与诗人产生共鸣。因而，在小学古诗教学中，教师要引导学生驰骋想象，进入作品，领悟意境，进一步感受文学言语特点——形象性。

《鸟的天堂》一文写"鸟儿活动"有一段话："起初周围是静寂的。后来忽然起了一声鸟叫。我们把手一拍，便看见一只大鸟飞了起来。接着又看见第二只，第三只。我们继续拍掌，树上就变得热闹起来了，到处都是鸟声，到处都是鸟影。大的，小的，花的，黑的，有的站在树枝上叫，有的飞起来，有的在扑翅膀。"这段话写出了百鸟争鸣、众鸟纷飞的动人情景。这种有发展情节、连续动作的描写，教师要引导学生综观全貌，以动为主，动中有静，视觉想象还有什么样的鸟，它们还会有什么样的动作？想象着画面再去读这段话，随之产生相应的语感。

（四）挖掘内在语，让学生把握作者的智慧

人们常把书面语言所不能表露、不便表露或者没有完全显露出来的语句关系、语句本质称为内在语。只有当我们正确把握内在语的内涵时，作者的用意才能水落石出，作者的智慧才不会被异化。

比如，老舍的名作《养花》几乎通篇写养花的乐趣，唯独倒数第二自然段特殊：

当然，也有伤心的时候，今年夏天就有这么一回。三百棵菊秧还在地上，下了暴雨，邻家的墙倒了，菊秧被砸死三十多种，一百多棵。全家人几天都没有笑容。

如果你只从文字表面的意义理解，认为老舍先生是在写养花的坏处，那可就谬以千里了。实际上，老舍先生正是运用了反衬的手法，以墙倒秧死时，全家人没有笑容，反衬出养花在老舍心中的重要意义，反衬出将花养好能够带给老舍先生多么大的乐趣。朗读的时候，与其一味悲伤，不如泪中含笑——毕竟"有花有果，有香有色"才是养花的乐趣所在。

另外，除了视觉想象，还有听觉想象、味觉想象、触觉想象、时空想象、运动想象等，都可以借此进行有感情地朗读。

## 二、朗读训练中，品味语言的韵律节奏感

朗读的技巧是练出来的。所以，对不同课文、不同段落、不同句子的停顿、语气、语调、语速等的处理要反复推敲，悉心指导。让学生了解和逐步掌握朗读情感激越时节奏的加快、声调的昂扬，情感悲戚时节奏的舒缓、声调的压抑。尤其是了解和把握适当的停顿，在朗读节奏中有着重要意义，启发学生去揣摩体悟角色的思想和情感，扮演不同的角色进行朗读，使学生在具有角色意味的绘声绘色的朗读中，心领神会，表达出深刻的含义和丰富的感情。

### (一)抓住古诗的韵脚,体味诗的音韵美和节奏感

在小学古诗的教学中，教师要弄清楚古诗的朗读节奏，帮助学生读出感情，从中发掘出诗中深刻的含义，领会作者所要表达的强烈情感。可见，教会学生划分古诗的节奏，培养学生的古诗朗读能力，也是小学古诗教学中的重要一环。古诗朗读节奏的划分有以下两种方法，一种是音节划分法，另一种是意义划分法。比如，四至七言诗按音节划分的节奏类型有以下几种：

◆◆◆

四言诗节奏一般为"二二"，如"杨柳/依依"。

五言诗节奏一般为"二二一"或"二一二"，如"归雁/洛阳/边""海内/存/知己"。

六言诗节奏一般为"二二二"，如"明月/别枝/惊鹊"。

七言诗节奏一般为"二二二一"或"二二一二"，如"天门/中断/楚江/开""山河/破碎/风/飘絮"。

有时有些诗句从音节上划分是行不通的，比如，"两三点雨山前"，不能判断成"两三/点雨/山前"。这时就要根据意义加以调整，也就是说划分为"两三点雨/山前"，这才是正确的。在实际运用中，我们要以意义划分法为主，以音节划分法为辅。

我们教学古诗时，在引导学生理解诗意的同时，还要让学生懂得划分古诗的朗读节奏。通过朗读，体会感情，得到熏陶。

诗行的节奏又叫节拍，但与音乐的节拍不完全相同，它是音节的舒缓和拖延。例如，唐朝诗人孟浩然写的《春晓》：

---◆◆◆---

春眠/不觉/晓，
处处/闻啼/鸟。
夜来/风雨/声，
花落/知/多少。

这首诗是旧体诗，它的音步比较整齐。读到"晓、鸟、少"时，音要适当延长，略带吟诵的味道，使听者能感觉出诗的音韵美和节奏感。"春眠不觉晓"中的"不"字是重音之一，但不能用生活中实实在在的否定语气来读，否则听起来生硬，破坏了诗的和谐美。教学中教师适当采用虚声来强调这个重音，"不"和"觉"形成鲜明的对比，表现出诗人见到的是春光明媚、鸟语花香的明朗景象。

诗歌一般都有韵脚。韵脚在诗里有规律地重复出现，就在声音上形成一种回环往复，形成遥相呼应、和谐动听的音乐美。对于韵脚，在朗读时要有意识地突出一下，或稍稍重读，或稍稍延长，点到为止。

例如，毛泽东写的《七律·长征》：

---◆◆◆---

红军/不怕/远征难，（平）
万水/千山/只等闲。（平）

五岭/逶迤/腾细浪,（仄）

乌蒙/磅礴/走泥丸。（平）

金沙/水拍/云崖暖,（仄）

大渡/桥横/铁索寒。（平）

更喜/岷山/千里雪,（仄）

三军/过后/尽开颜。（平）

这首格律诗押"言前辙",上下诗句平仄相对。其中三、四、五、六几句把词意相近、相反的词并列运用,即为对仗,读起来整齐优美。教师在指导朗读时,注意运用语调的变化将跳跃式镜头之间的空白连接起来,使之成为一个完整的整体。

再如,教学《江南》一课时,教师先让学生一气呵成地读,接着教他们以声断气不断的节奏来读：江南——可——采莲,莲叶——何——田田！鱼戏——莲叶东,鱼戏——莲叶西,鱼戏——莲叶南,鱼戏——莲叶北（加着重号的字加以适当重音）。这样一来,读出了顿挫的语调后,再让学生们加上动作来读,达到婉转动听的朗读效果。

（二）品味语言文字,体会记叙文的情感美,享受节奏美

朗读要求我们在充分理解人物语言内在含义的基础上,把握好语气、语调,控制好音色、音速,注意吐字发音的灵活,掌握好语句用气、换气以及共鸣位置的前后高低,根据不同人物,设计语气语调的轻重缓急、抑扬顿挫以及吐字发音的松紧快慢、清深巧拙等。

《"精彩极了"和"糟糕透了"》讲述了父母对巴迪写的第一首诗的不同评价,这两种评价对他产生的巨大影响,以及巴迪随着年龄增长而逐渐从这两种评价中感悟到的爱。教学中教师紧紧抓住"爸爸妈妈对巴迪同一首诗为什么会有不同的评价,以及巴迪有怎样的表现"这个问题,以"精彩极了"、"糟糕透了"这两条主线贯串全文。对于母亲的爱是以读促情的方法来体会,对于父爱是通过对巴迪心理活动语句的揣摩,感悟他对父爱由不解痛苦到转变认可,直至理解庆幸的情感变化过程。

师：巴迪七八岁时，创作了他人生中的第一首小诗，妈妈看到了什么表现？请同学读一读。(此时，学生通过品读，抓住重点句子中的关键言语形式感悟妈妈的鼓励)

学生读文时，在读"母亲一念完那首诗，眼睛亮亮地，兴奋地嚷着：(语调渐高，节奏渐紧，读出妈妈激动的心情)'巴迪，真是你写的吗？多美的诗啊！精彩极了！'(母亲的语气中饱含着惊喜、兴奋，读出妈妈对孩子的鼓励，达到以读促情的目的。)她搂住了我，赞扬声雨点般落到我身上。我既腼腆又得意扬扬，点头告诉她这首诗确实是我写的。"(这一次读让学生找到妈妈激动的原因，进一步走进妈妈的内心世界。朗读时要注意"我"此时略显矛盾的心理和表情，"腼腆"、"得意扬扬"不要过分强调。)

得到妈妈夸奖的巴迪得意扬扬的，此时的巴迪最想什么？

生：爸爸的夸奖、表扬……

师：小巴迪是怀着怎样的心情等爸爸夸奖的？

生：紧张、自豪、满怀信心、迫不及待……

学生通过抓住小巴迪的表现，使学生感受小巴迪那种想把最好、最完美的作品展示给父亲以博得他赞赏的心理。

学生再朗读：整个下午/我都怀着一种自豪感/等待父亲回来。我用最漂亮的花体字/把诗认认真真地/誊写了一遍，还用彩色笔在它的周围/描上一圈花边。将近七点钟的时候，我悄悄走进饭厅，满怀信心地/把它放在餐桌/父亲的位置上。

在感受父亲的评价举动是和母亲的评价举动相对且相反时，接着，通过教师的引读进一步让学生从作者的语言文字中体会到父母的评价是截然不同的，感受巴迪内心的大起大落。

师：这时爸爸终于回来了，小巴迪写的诗得到爸爸的赞赏了吗？(指名读文中这句话) 你从父亲的表现中体会到什么？

学生从两个角度来回答。一个角度是从爸爸的态度体会：爸爸态度严厉、生硬、冰冷……另一个角度从爸爸的心理体会：爸爸怕巴迪骄傲、自满,就诗本身而言,爸爸实事求是地做出评价。

"这是什么?"他伸手拿起了我的诗。(父亲的问话要读得平静)

"亲爱的,发生了一件奇妙的事。巴迪写了一首诗,精彩极了……" 母亲上前说道。(母亲的话要读出兴奋、激动的语气)

"对不起,我自己会判断的。"父亲开始读诗。(父亲的回答甚至有 些冷淡,语气中充满理性)

我把头埋得低低的。(朗读的声音、语调也要低)诗只有十行,可我 觉得他读了几个小时。(加点的字处理为对比重音)

"我看这首诗糟糕透了。"父亲把诗扔回原处。(父亲评价的语气 是否定的)

我的眼睛湿润了,头也沉重得抬不起来。(朗读的声音、语调要低, 速度放慢)

"亲爱的,我真不懂你是什么意思!"母亲嚷着,"这不是在你的公 司里。巴迪还是个孩子,这是他写的第一首诗,他需要鼓励。"(母亲的 "嚷"中含有惊异、疑惑,甚至愤怒)

"我不明白。"父亲并不退让,"难道这世界上糟糕的诗还不够多 吗?"(父亲此时的语气仍是冷静、客观的,语气更加坚定)

我再也受不了了。我冲出饭厅,跑进自己的房间,扑到床上失声痛 哭起来。(朗读"我"一连串的动作描写,要连贯一些)饭厅里,父母还 在为那首诗争吵着。

在学生初步把握课文内容的基础上,引导学生通过画批,品味 语言文字,揣摩作者情感,并通过有感情地朗读加深体会、传达体 会,使学生感受到父母的爱的不同表达方式。

王尚文先生说:"语言文字是有体温的。"读者如何感触其间的 温度呢? 教师要引领学生进行有目的、有层次、有深度、有感情地 朗读,在有效的朗读中正确理解和运用祖国的语言文字,让学生在 灵动的课堂中性情得到陶冶,心灵受到滋润。

实践证明,学生在抑扬顿挫、高低起伏中,领会了文章的思想内涵、表达技巧，同时又体会到课文的情感美，享受到节奏美，受到美的熏陶。

（三）朗读语段句群，感受散文韵律和谐美

文形散神聚，总有一条清晰的线索贯串全文，统领全篇，使全文浑然一体。朗读时，根据文章的主题和发展线索，用停顿的长短来显示文章的结构变化以及语脉发展，用重音和语调来突出主题，使语脉清晰，聚而不散。

如《落花生》中，母亲说："今晚我们过一个收获节，请你们的父亲也来尝尝我们的新花生，好不好？"母亲把花生做成了好几样食品，还吩咐就在后园的茅亭里过这个节。

◆◆◆

那晚上天色不大好。可父亲也来了，实在很难得。

父亲说："你们爱吃花生吗？"

我们争着答应："爱！"

"谁能把花生的好处说出来？"

姐姐说："花生的味儿美。"

哥哥说："花生可以榨油。"

我说："花生的价钱便宜，谁都可以买来吃，都喜欢吃。这就是它的好处。"

父亲说："花生的好处很多，有一样最可贵：它的果实埋在地里，不像桃子、石榴、苹果那样，把鲜红嫩绿的果实高高地挂在枝头上，使人一见就生爱慕之心。你们看它矮矮地长在地上，等到成熟了，也不能立刻分辨出来它有没有果实，也必须挖起来才知道。"

这一段对话，角色有母亲、父亲和孩子们。看上面人物的对话，从头至尾一处提示语都没有。在朗读时要注意把握人物的身份。比如读母亲的话时，想象母亲的声音会是什么样的——低一些，语速慢一些，语气柔和，表现出母亲对孩子们态度的亲切。在读姐姐、哥哥、"我"的话时，要表现出孩子天真、可爱的特点，音调高，语速快。读父亲的话时，语速应稍慢些，停顿可以适当多一些，给人以理解、回味的时间，语气是亲切的，循循善诱的，略带庄重、严肃的。

老舍先生的文章意境优美、节奏鲜明，抒情畅达，语言的运用精妙。如《林海》一文中写林绿而浩大的特点"多少种绿颜色……描出这么多的绿颜色"，教学时用轻快柔和的语调让学生自由吟诵，学生自然而然就会进入文中所展示的如海洋般浩瀚而茂盛的林木图中，观赏那碧波荡漾的绿色海洋。再加上老师动情的描述，学生自会产生一种"我要读"的冲动，激情难抑，进入美读的殿堂，细细揣摩、慢慢品味，把自己的情感与作者的情感融为一体，产生共鸣，进而用有声的语言来再现美。

(四)通过形象的语言描绘,感受寓言中的形象,体现节奏

寓言是一种寄托着深刻含义的简短故事。要想使听者从寓言中得到正确的观点，悟出深刻道理，朗读时，就必须在把握住寓言的情感色彩的前提下，对主人公愚行窘态的语句，通过恰当夸张的语音、语调，做淋漓尽致的体现。

如教学《南辕北辙》，体会文中坐在车上的那个人所说的话：

"没关系,我的马跑得快。"
"没关系,我的车夫是个好把式!"
"没关系,不怕时间久,我带的盘缠(chán)多。"

这三句话表现出车主的自以为是、刚愎任性的性格特点。朗读中，教师指导要夸张，以凸显寓言的特点。指导三个"没关系"要用降语调读，其中的"没"字要重读，以表现车主愚昧自信的神态。三个"没关系"后边的内容要用弱力度、低语调、快速读，以表现车主不听别人指教、自信十足的神态。每句句尾都使用重拖音，以表达对这些内容否定的态度。

(五)注重语气把握,感受童话语调节奏感

童话常用语气词、象声词，长句少，短句多，有生活化的语

言特点。朗读时，语气尽可能接近口语：自然、亲切、流畅。故事中的"鸟言兽语"常常反映了各种动物的形象特点，作者在写作时也大量运用了比喻、拟人、夸张、摹状等手法，我们在朗读时更应使语气夸张些，使学生们从声音造型上感受到具体的形象。

例如《狼和小羊》中：

❖❖❖

狼来到小溪边，看见小羊在那儿喝水。

狼想吃小羊，就故意找碴儿，说："你把我喝的水弄脏了！你安的什么心？"

小羊吃了一惊，温和地说："我怎么会把您喝的水弄脏呢？您站在上游，水是从您那儿流到我这儿来的，不是从我这儿流到您那儿去的。"

这段话的内容，充满着对狼蛮横无理的憎恨和对小羊温柔可爱的同情。朗读时，对狼的话力度要弱，语音要低。对于小羊的语言，要用平力度、慢语速读，以表现小羊的据理力争。这样，狼的"强暴蛮横"的嘴脸，小羊"弱小理辩"的形象才能凸显出来。

再如《小壁虎借尾巴》中，有一句话："小壁虎借不到尾巴，心里很难过。"这句话要读得低、慢，要把小壁虎难过的心情读出来。句中"很"字可读得稍重些。"小壁虎转身一看，高兴地叫起来：'我又长出一条新尾巴啦！'"小壁虎的这句话，要用惊喜的口气读，音量可略提高，"又"、"新"要重读，"啦"可稍拖长音，以显示出小壁虎的高兴劲儿。

以上仅是列举一些不同体裁课文朗读的方法，不管哪种体裁，只要把握住其特点，都能读出感情。

# 第四节　关于语感的研究

## 一、什么是语感

在日常交往中，人们之所以可以不假思索地运用语言表达思想，以及从语句或一段的开头即能预测出整个语句或语段的趋向，可以在一瞬间辨认出词义的细微差别和感情色彩，正是凭借了语感。

语感这一概念，最早是由夏丏尊于 20 世纪 30 年代提出的，他认为"对于文字应有灵敏的感觉，姑且命这感觉为语感"。

中国历代文学大师和教育工作者对培养语感的重要性都有很清楚的认识。著名语言学家吕叔湘在谈到语文学习时强调"语文教学的首要任务就是培养学生各方面的语感能力，可以通过语感判断情感，判断语义，有助于深入理解思想内容，一个学生的语感强了，他在理解方面和表达方面都会不断进步"。郭沫若也曾经说过："大凡一个作家或诗人总要有对于言语的敏感。这东西'如水到口，冷暖自知'。"

叶圣陶在此基础上将语感定义为"对于语言文字锐敏的感觉，是对于语言文字的正确的了解力"，他认为"语感是听说读写四种语文能力中最核心的因素，离开了语感，文学作品无从欣赏，听说读写能力无从谈起"。

目前教育界对语感这个概念尚无统一的定义，一般认为：语感的本质就是一种能力，是人们对语言文字的正确、敏锐、丰富的感受力，是由语言活动引起的复杂的心理活动和认知活动的过程，是人们直接地感受、领悟、把握语言文字的一种能力。

## 二、关于语感的研究

上面语文专家对语感的表述，对我们理解语文的真谛是有价值的。但是我们也感到，在语文教学实践中它的明显不足，是缺乏可操作性。也就是说，语感这个概念，未能解决语文教学实践中不同学习阶段或不同的文体，怎样培养语感的问题。

结合两种思维的学习理论，我们对语文学习内涵的本质进行了新的探索。

近20年来，在"学习与思维"总课题组的帮助下，我们运用两种思维的学习理论，对小学语文教学进行了全面深入的改革。在改革实践中逐渐体会到，语文学习本质的内涵，包括相互区别又相互联系的四个方面，即思维灵活、知识积累、技能的养成和情感丰富。

(一)思维灵活

语文学习中思维的特点，是两种思维（形象思维、抽象思维）的有机结合。学习时，从句、段到篇章，只有通过联想、想象、分析、概括的思维活动，才能领悟、理解所学习的内容。在学习过程中，联想、想象、分析、概括等思维方法，需要经过反复、长期练习、运用，才能达到灵活的水平。思维是语文学习的核心。

想象是人们在头脑中对表象的加工改造产生新的表象的思维方法。而联想是把有联系的事物反映到人的头脑中来，当有联系的事物出现了其中的一个，往往会想起另一个或另一些事物。想象和联想与语感密切联系，没有想象，也就没有语感。我国古代文艺评论家刘勰在《文心雕龙·神思篇》中说："寂然凝虑，思接千载，悄焉动容，视通万里。"这正是想象作用的形象化描绘。

作者胸有境，入境始与亲。叶圣陶曾说："必须驱遣我们的想象，才能通过文字，达到这个目的。"可见语感同想象是紧密联系的，在阅读教学中运用形象思维，启发学生想象，必然会在学生的心中产生"内心视像"。它能使课文内容像电影一样，在学生头脑中一一闪过，让学生产生身临其境之感，引起感情共鸣。

可以说，联想和想象是培养语感的翅膀。想象的过程不但是引发学生调动知识储备的过程，而且是学生在感知作品内容的表现形式的过程。

这里说的阅读或写作中的思维，主要为形象思维，文学艺术中的形象思维饱含着作者的感情，思维活动始终伴随着情感的激动。因此，人们在阅读作品时的联想、想象，是同他的情感融合在一起的。

如教学《月光曲》一文，引导学生领悟贝多芬创作乐曲的经历时，就可配上轻柔的音乐，美丽的画面，再加上有感情地朗读，去启发学生展开想象，让学生仿佛置身于小茅屋之中：一轮明月升起，月光流泻，万物披纱，四周是那般幽静。在此境界中，贝多芬手抚琴键，音符似潺潺流水，又如瑟瑟秋风，倾诉着人世间的真诚与善良，贫穷与希望……之后辅以声情并茂、抑扬顿挫的感情朗读，把学生带到波涛汹涌的大海边，领略大海的雄浑壮美，从而领会乐曲旋律的跌宕起伏，由此达到训练语感的目的。

再如《观潮》一文中有这样一段话："只见白浪翻滚，形成一道两丈多高的白色城墙。浪潮越来越近，犹如千万匹白色战马齐头并进，浩浩荡荡地飞奔而来；那声音如同山崩地裂……"其中"形成一道两丈多高的白色城墙"、"犹如千万匹白色战马齐头并进"、"那声音如同山崩地裂"等句子如不运用形象思维，便不会让人感受到大潮的雄伟、壮观。教学中，教师通过电教手段，播放录像、展示课件等方式激发学生想象，使其在语感中起推波助澜的作用，增强学生对钱塘江大潮这一天下奇观的感性认识。可激发学生通过"白浪翻滚"联想到"白色城墙"的雄伟图景；由"浪潮越来越近"联想到"千万匹白色战马齐头并进"时那浩浩荡荡的飞奔场面；由"声音"联想到"山崩地裂"的惊人气势。然后，对整段文字进行反复有感情地朗读，使学生置身其中，感受大潮的雄伟、壮观，激发学生对大自然的热爱之情，培养他们的语感。

(二)知识的积累

知识是无限的。阅读是以丰富的知识积累为基础的，利用迁移，从旧知识到新知识，做到温故而知新，而知识的掌握是通过思维活动来实现的。这里讲的语文知识，是指遣词造句构成文章的基本语文知识。这些知识需要在听、说、读、写过程中，不断地日积月累，要从小培养学生对语文知识的兴趣，养成积累知识的习惯。

语文基本知识，包括字词的积累、句式的运用，各种文体和作品体裁的写作知识。

(三)技能、能力的养成

语文学习的听、说、读、写活动，都包含着感官活动（眼、耳、鼻、舌、身）和思维心理活动两个层次，即行为层次和思维层次。这两个层次是怎样联系起来的呢？ 依靠技能。技能是联系感官活动和思维活动的通道。什么是技能？ 技能是人们在认识活动中，外界信息经感官活动内化为思维或思维活动及其结果，通过感官活动表达出来的活动方式、方法。

技能一边联系着感官，一边联系着思维，它是感官活动（感知觉）表象和思维的结合。于是内隐的、看不见的思维活动和看得见的感官活动联系着，我们就能通过技能活动，带动和促进思维活动。

能力是顺利地或高质量地完成获取知识和运用知识的一种个性心理特征，是技能高水平的综合。能力和技能是相互联系着的，技能是基础，能力源于技能又高于技能。

语文学习的技能是语文学习活动（听、说、读、写）的方式、方法，它是可操作的、按部就班的。我们可以通过技能（也是思维）综合地、灵活地或系统地训练，不断提高语文学习的能力，达到举一反三、触类旁通的境界。

可见，我们运用技能、能力的理念，即可厘清思维、技能（能力）知识的关系，即思维、技能是学习的过程，知识是学习的结果；又找到了一条提升语文能力可操作的途径，即思维—技能—能力。

听中深化。教师创设一定的语言环境，诸如上课听讲、听别人讲话、听电视广播等。在这一过程中，要求学生集中注意力，及时捕捉语言信息，了解内容，抓住中心和要点等。这有助于学生对语言的感受，更好地培养学生的语言感受能力。

读中深化。新课标要求我们："学会运用多种阅读方法。有较为丰富的积累和良好的语感，注重情感体验，发展感受和理解的能力。"朗读是直觉感受语言、训练语感的基本方式。琅琅成韵地诵读，是眼、手、口、耳、脑等多种感官协调活动的过程，与阅览相比，更是直觉体悟语言的一个基本方式。吟咏诵读可以感悟文章真谛，在不经意间对语言的抑扬顿挫的语音、错落有致的节奏与奇特严谨的结构拥有深切的体验，进入这样一个美妙的境界。培养语感，有的要从声音上去吟味。在具体的语境中，让学生反复朗读吟诵，不同的语调、节奏在朗读中思考、吟诵中品味，会其义自现，入情明理的。《金色的鱼钩》中老班长看到三个小战士不喝鱼汤时，说："怎么了，吃不下？ 要是不吃，咱们就走不出这草地。同志们，为了革命，你们必须吃下去。小梁，你不要太脆弱！"第一句着急地发问，第二句爱怜地说理，第三句果断地命令，第四句严厉地暗示。结合上下文，了解当时说话的语境，让学生反复诵读，使学生体会抑扬的语调，变化的速度，语音的轻重。

说中深化。在阅读教学中，可努力创设情境，让学生无拘无束地进行口语交际，深化感悟。如在教学《火烧云》一课时，教师可让学生畅谈自己想象中的火烧云的样子，随后再积极鼓励学生运用仿照文中描写颜色的词自由创造一些词，仿照文中的"一会儿……一会儿……"的句式练习说话，不仅使学生在愉悦的氛围中充分发挥想象力，而且使学生在自主的体验中内化了语言，培养了学生感悟、积累和运用语言的能力。

写中深化。勤于动笔也是训练语感的一个重要手段。在读懂、感悟的基础上，让学生练习扩写、缩写、仿写、续写、写读后感等，读写结合，升华感悟，深化语感。如《去年的树》一文大树和小鸟是好朋友，小鸟承诺来年春天再给大树唱歌，但是第二年春天大树被造成火柴点了油灯，小鸟在历尽千辛万苦后找到了大树，"盯着灯光看了一会儿"后唱起了去年的歌，"又盯着灯光看了一会儿"，文章深刻的含义都蕴藏在两次"看"中，教师就让学生写一写两次"看"时小鸟都在想些什么，学生在写的过程中也就进一步理解体悟了课文内容，感悟了作者所要表达的情感。

(四)情感的丰富

我们在前面两节阐述了语文学习中情感的产生和发展，从文章的内容来说，作者把他的审美情感附着于思维的联想和想象之中；而文章的语文结构也蕴含着节奏和韵律的美感。这就说明文章的情感是同它的思维、语言联系着的。

形象（艺术形象）与情感如影相随。阅读时的想象首先激活自己的情绪记忆，通过再造想象，同作者情感产生共鸣，这就是情感的熏陶感染。情感的发生、发展大都经历了感知、感受—体会、感悟—陶醉、深爱。

例如，丰子恺的《白鹅》一文，文中多处提到"高傲"、"傲慢"、"鹅老爷"等词，这些词常被用以形容轻视别人，对人没有礼貌，但是作者为什么用这个词来形容白鹅？ 作者对白鹅怀着一种怎样的感情呢？ 在教学中体会作者情感就能发现用形容人的词语来描绘鹅，把鹅写得富有灵性。作者将鹅说成是"傲慢"性格的表现，显然是把鹅当成了自己生活中的一个朋友，读来有亲切感。其次，也表达了作者对白鹅的喜爱之情。

这些就需要在教师的引导下去体验。如果仅仅是就词论词，停留在肤浅的认识层面，那是不行的。叶圣陶曾经说过："如果靠翻查字典，就得不到什么深切的语感，唯有从生活方面去体验，把生活所得的一点一滴积累起来，积聚得越多，了解就越深切，直到自己的语感和作者不相上下，那时候去鉴赏作品，就能接近作者的旨趣了。"

通过以上的分析可以知道，语文学习高水平的境界，有它丰富的内涵，包括思维灵活、知识积累、能力养成和情感丰富四个方面，这四个方面既相互区别又相互联系，既融为一个整体又可以分别加以训练，是一个分阶段又可持续的发展过程。可见，语文学习这种全面的、深刻的内涵，是难以用一个概念（如"语感"）来概括的，而且单一的概念很难体现其可操作性。

## 第五节　课例《古诗词三首》《夏夜多美》

课例一　人教版小学语文五年级上册《古诗词三首》

| 工作单位 | 北京小学走读部 | 教师姓名 | 张　乐 | 任课学科 | 语　文 |
|---|---|---|---|---|---|
| 年　级 | 五年级 | 课　题 | 古诗词三首 | 课　型 | 新授课 |

### 指导思想与理论依据

著名语文教育家李吉林说过："诗人是令人敬慕的。其实，教师也在用心血写诗，而且写着人们关注的明天的诗——不过，那不是写在稿纸上，是写在学生的心田里。"鼓励学生以各种不同的方式与文本进行对话，是对话的基点。诗词的教学旨在指引学生通过自主阅读感知文本、理解文本。通过创设情境引领学生进入诗词所描绘的意境中，与词人对话产生情感上的共鸣，启发想象解读文本，感悟词中的形象。激发情感，促进朗读体验，表达词人的情感，抒发自己的真情。感受诗词的意境美、韵律美、语言美。

### 教　学　目　标

知识与技能：
能字正腔圆、有板有眼地诵读《长相思》，进一步感受词的抒情韵律。
过程与方法：
通过看注释、查阅资料、边读边想象等方法，感知诗词大意，用自己的话讲述诗句的意思。
情感、态度与价值观：
体验诗人身在征途、心系故园的矛盾心情，感悟诗人天涯行役的相思之苦和相思之深。

| 教学过程(表格描述) | | |
| --- | --- | --- |
| 教学阶段 | 教师与学生活动 | 设计意图及效果分析 |
| 一、创设情境,导入新课 | 师:远离故土的人,总会思念自己的家乡,这是人世间美好的感情。正如唐代诗人杜甫所说的(出示)"露从今夜白,月是故乡明"。让我们走进本组以"思念故乡"为主题的课文,用心体会作者的感情吧!<br>师:请大家自由地把《长相思》这首词仔细读三遍,争取把生字、多音字念得字正腔圆,把词念通顺,注意内部停顿。 | 谈话导入新课,让学生明确学习目标。 |
| 二、初读课文,感知相思 | 师:我们学过许多首古诗,同学们读起来都是朗朗上口,味道十足。你能试一试也读出这首词的味道吗?<br>自由朗读《长相思》。<br>要求:读的时候注意词中的生字和多音字,争取把它念得字正腔圆。注意词句内部的停顿。<br>检查朗读,教师相机指导。<br>1. 出示:"更"是个多音字。"聒碎乡心"的"聒"是个生字。<br>2. 指导:"更"为什么读第一声?是什么意思?<br>什么人听得见打更的声音?<br>生:守夜人,睡不着觉的人……<br>3. 齐读句子"风一更,雪一更,聒碎乡心梦不成"。<br>师:读了这首词,你的脑海里留下了什么印象和感觉?<br>生:纳兰性德非常思念家乡,可能感觉到了纳兰性德因为思念家乡连觉都睡不好了。<br>师引导学生带着这种感觉再来读一读《长相思》这首词。<br>生有感情地齐读《长相思》。 | 在指导学生通过自由读、展示读、赛读、小组合作读等形式的朗读,把词读正确,读流利,读出味道。同时解决多音字"更"和生字"聒"。<br><br>学生由读准字音开始,直至读得字正腔圆、抑扬顿挫,不仅读出了一些感觉,也在读中感知了词的大意。古人把读书时的品味揣摩喻为"春雨润花、清水溉稻、鱼入水中、溪流濯足",可见唯有全身心浸染于语境之中,方能知其意、得其趣、悟其神。 |

| 教学阶段 | 教师与学生活动 | 设计意图及效果分析 |
|---|---|---|
| 三、自读自悟,了解词的意思 | 默读这首词,看看插图和注解,然后试着去想一想这首词大概在讲什么。<br>学生默读词并思考词的意思,教师在一旁巡视,了解学生的读书情况。 | 借助插图、注释等,初步理解词的意思。培养学生的自学能力。 |
| 四、品读想象,感悟心境 | 纳兰性德的"身"在哪里?你们是从哪儿读出来的?<br>师:他身在山海关、高山上、岸边、船上、帐篷里。他经过了崇山峻岭,经过了悬崖绝壁,经过了荒山野岭,经过了险滩急流,他还经过了许许多多的地方,这就是作者的"身在何方"。一句话,"作者的身在征途上"。<br>师:想象纳兰性德的行军队伍在征途中可能遇到什么困难?从词中你可以知道什么?<br>(出示课件)<br>重点指导读:注意停顿,体现出行军路艰难。<br>山/一程,水/一程,<br>风/一更,雪/一更……<br>1."山一程,水一程"要读得低沉切实、连亘起伏。"山一程"慢慢地扬读,"水一程"慢慢地抑读。读的时候应该保持一种慢速的平直调,让人产生一种渐行渐远、关山万重的视像,进而体味天涯行役的枯寂和苍凉。<br>2."风一更,雪一更"要读强一些。特别是"风"、"雪"两字重读,显现出风雪肆虐、嘈杂刺耳的氛围;"一更,一更"要连续,让人有风雪交加、长夜不绝之感。<br>师:是啊,在二月清寒的时节,在苍苍茫茫的旷野里,这千万大军驻扎下来又是怎样的一幅景象?<br>1.先自己想一想。出示课件,你能根据刚才的想象,结合画面,用自己的话描述一下这幅景象吗?<br>2.指导学生读出路途的遥远与艰辛,还读出了这千万大军征程中的壮观之美。 | 让学生在诵读中感悟征途的遥远与艰辛,再结合书上插图,创设情境,引导学生体悟千万大军驻扎苍茫旷野的壮观景象,既入情入境,走入作者内心,又为对下阕的理解打下情感基础。 |

| 教学阶段 | 教师与学生活动 | 设计意图及效果分析 |
|---|---|---|
| 四、品读想象,感悟心境 | 山/一程,水/一程,<br>身向/榆关/那畔行,<br>夜深/千帐灯。<br>3. 从这"身"(板书)中,我仿佛看到了纳兰性德身处其中向着山海关进发。你们又看到了谁?<br>指导学生:"身"字重读,突出身羁行旅、身不由己的那种沉重感。<br>4. "榆关"之后停顿,"那畔行"三字拖着读,气要缓,但要读出一种绵力来,渲染出一种征途遥远、天地苍茫的意境。"千帐灯"三字拖长一点,就更加烘托出作者寂寥的心境。<br>5. 师:著名的大学者王国维盛赞此句为千古壮观,就在于纳兰性德用寥寥五字,就描绘了这幅壮观的景象,使人的心灵受到巨大的震撼,能否通过我们的朗读将这幅画面展现出来呢?<br>师:同学们,作者在行军途中历经千辛万苦,尝尽了酸甜苦辣,作者怎能不想自己的故乡,不想自己的亲人呢?<br>1. 他怎样想呢?怎样相思呢?<br>2. 题目中哪个字体现了相思?这就是相思前要加一个"长"的原因了。<br>3. 指导读,"长——相——思"。<br>师:纳兰性德的"心"又在哪里?你们是从哪儿读懂的?<br>1. 师指导理解:故园无此声。<br>点拨:此声指的是什么声音?<br>生:暴风雪声。<br>师:故园没有这些声音,有的是温馨、安宁、祥和,还有"采菊东篱下,悠然见南山"。 | 引导学生合理想象,帮助学生感受故园之温馨安逸,从而产生强烈的情感撞击,悟心碎之凄美悲壮。学生在这样的情感世界里,自然愈读愈有味道,愈读愈见作者真心本意。 |

| 教学阶段 | 教师与学生活动 | 设计意图及效果分析 |
|---|---|---|
| 四、品读想象，感悟心境 | 2. 小结：这首词将写景、叙事结合在一起，表达了作者什么样的心情？难道只有作者一个人思乡吗？<br>3. 指导读出情感。<br>师：是的，还有千千万万个将士的思乡之情，所以这首词才会让人觉得壮美而浓烈，读来荡气回肠。来，让我们一起再来读读。<br>风/一更，雪/一更，<br>聒碎/乡心/梦不成，<br>故园/无/此声。<br>指导学生："聒碎乡心"读的时候语速渐快、语调渐强，表现出一种烦躁、困顿的心情；"梦不成"三字要读得缓慢一点。"故园无此声"，"故园"之后稍顿，"无此声"三字要用舒缓平直的语调唱读，"无"字拉长，"声"要读得意沉声柔，相思之情、相思之味在这三字的诵读中让人有回响不绝、回味无穷的感觉。<br>齐读《长相思》。放背景音乐。 | 由"非常思念家乡"过渡到对作者"身"在哪里、"心"在何处的叩问，学生真切地体悟到了词人"身在征途、心系故园"的幽怨哀愁。 |
| 五、想象词的意境，吟咏对话中感悟 | (一)看图引导想象<br>师：听着你们的朗读，老师仿佛看到了纳兰性德辗转反侧难以入眠的画面，仿佛看到了他抬头仰望孤独沉思的画面。<br>1. 看，在这风雪交加的夜晚，他来到帐篷外，他在看什么，想什么呢？（指导看图）<br>2. 想象故园的情景。 | |

| 教学阶段 | 教师与学生活动 | 设计意图及效果分析 |
|---|---|---|
| 五、想象词的意境,吟咏对话中感悟 | (1)师:同学们,在纳兰性德的心中,在纳兰性德的记忆里面,他的家乡,他的故园,又应该是怎样的画面,怎样的情景呢?<br>(2)师:交流纳兰性德家庭及兴趣、特长的资料。<br>(二)学生写片段<br>教师出示写片段要求:<br>了解了纳兰性德的这些情况,让我们展开想象:作者在故园白天可能和朋友做什么?晚上可能和家人做什么呢?把你想到的写下来。<br>教师播放背景音乐,学生写片段。<br>师:可能是一个春暖花开的日子,在郊外,在空旷的田野上……那可能是几个志趣相投的朋友围坐在一起,一边喝酒,一边畅谈着……那也可能是在暖暖的灯光下,一家人围坐在一起,喝着茶,唠家常……那还可能是……<br>(三)学生交流<br>(四)指导朗读<br>师:多么温馨,多么快乐,多么美好的生活呀!但是此时此刻,这样的画面全都没有了,这样的情景全破碎了。<br>教师指导朗读:在这里没有郊外的踏青,没有和孩子在一起的捉迷藏,没有杨柳依依,没有芳草青青,这里有的只是——一起读《长相思》。<br>教师指名学生再读《长相思》。重点突出"碎"。<br>师:长相思啊长相思!山一程,水一程,程程都是长相思!风一更,雪一更,更更唤醒长相思。同学们,想象画面,进入诗人的那个身和心分离的世界,我们再一起读:长——相——思。 |  |

| 教学阶段 | 教师与学生活动 | 设计意图及效果分析 |
|---|---|---|
| 六、拓展相思内涵，情感对话中体验 | 师:同学们,读到现在为止你们是不是有一个问题想问纳兰性德:既然这么想家,你为什么不回家呢?谁来替纳兰性德回答?<br>师:你们道出了纳兰性德的心声。这个问题纳兰性德也曾问自己,就在这次征途上,纳兰性德还写了一首词,题目叫《菩萨蛮》。其中有这两句就是纳兰性德问自己的,谁来读一读?<br>师出示课件:"问君何事轻离别,一年能几团圆月?"<br>(1)理解大意。<br>(2)纳兰性德"轻离别"吗?从词中哪里看出不是轻离别?<br>师:同学们,请你们再想一想,除了纳兰性德在问自己以外,还有谁要问一问纳兰性德"问君何事轻离别,一年能几团圆月?"<br>学生扮演各种角色问纳兰性德,并且用"夫"、"儿"、"父"等代替"君"。<br>师:我们再一起问问纳兰性德。<br>生(齐):问君何事轻离别,一年能几团圆月?<br>师:纳兰性德真的"轻"离别吗?<br>正如同学们所说的,纳兰性德不是轻离别,他也舍不得离开亲人啊!但是他身为康熙皇帝的一等侍卫,责任重大,他不得不离,不得不别啊!他的一切的一切,都已经化在了《长相思》中了。<br>学生有感情地朗读《长相思》。<br>师:长相思呀长相思,为了他的壮志和理想,思念家乡的孤独和寂寞,就这样化作了纳兰性德的《长相思》。<br>教师出示"长相思"三个字,放音乐。<br>师:(看板书)爱故园,爱祖国,字字化作(生齐)长相思。<br>师:让我们跟随纳兰性德一起走出帐篷,眺望远方的故乡,深情地吟诵《长相思》。 | 引领学生进入词人征途所作《菩萨蛮》一词的情境中,以妻子、父亲、孩子等身份,与词人展开一场情景对话。让学生体悟到词人内心两难的矛盾冲突,知道"身向榆关那畔行"并非"轻离别",而是为了戍边卫疆、保家卫国。 |

## 课例二　人教版小学语文一年级下册《夏夜多美》

| 工作单位 | 北京小学红山分校 | 教师姓名 | 赵媛媛 | 任课学科 | 语　文 |
|---|---|---|---|---|---|
| 年　级 | 一年级 | 课　题 | 夏夜多美 | 课　型 | 新授课 |

### 指导思想与理论依据

　　依托情境是低年级学生阅读的一种心理需要。儿童处于感性活跃的时期，他们总是依靠感觉、感受、情感来把握和亲近文本。儿童情感的产生、发展、升华并不是空穴来风，需要在一定的情境之下被唤醒、被激发。

　　创设情境是低年级阅读教学的一种有效方式。《义务教育语文课程标准（2011年版）》强调学习方式的选择"必须根据学生身心发展和语文学习的特点"。基于此，在低年级童话阅读教学中，研究以文本为依托并引入学生已有的生活情境，创设多种感悟、体验的情境，以期调动学生的情感，使之更加亲近文本，从而实现把生动活泼的乐学形式与扎实有效的语文实践辩证地统一在一起。

### 教 学 目 标

　　1. 依托文本情境，巩固13个新字，会写"送"字。

　　2. 创设多种情境，激发学生阅读兴趣，引导学生逐步做到正确、流利、有感情地朗读课文。（教学重点）

　　3. 借助课文的插图以及生活情境，联系上下文了解重点词句的意思，从而感受到夏夜的美丽和童话角色心灵的美好。（教学难点）

### 教学过程（表格描述）

| 教学阶段 | 教师与学生活动 | 设计意图 | 效果分析 |
|---|---|---|---|
| 一、走进故事情境，感受夏夜美景 | （一）借助视频情境，初感课题意境<br>1. 初读课题：<br>学生齐读，读得整齐而响亮。<br>2. 播放视频：（繁星闪烁的夜空）<br>师：夏夜静悄悄的，繁星在夜空中不停地闪烁，看到眼前的美景，请再来读读课题。<br>3. 再读课题：<br>指一名学生读，学生读得温柔并略有画面感。<br>学生齐读，学生读得轻柔而带有情感。 | 选择复习的字词：（1）为朗读做铺垫。（2）为进入角色以及内容理解做铺垫。（3）为运用语言训练做铺垫。（4）两个字容易混淆。 | 学生初步感受到了夏夜美景，朗读课题时带有情感。 |

| 教学阶段 | 教师与学生活动 | 设计意图 | 效果分析 |
|---|---|---|---|
| 一、走进故事情境，感受夏夜美景 | (二)依托文本情境,巩固生字、新词<br>1. 复习词语:<br>(1)亮晶晶、静悄悄。<br>学生读 ABB 式词语,字音正确、声音洪亮。<br>夏夜,公园里静悄悄的。<br>学生把"静悄悄"送回到句中,读出了"静",感受到公园很静很静,静得好像一点儿声音也没有。<br>(2)弯弯腰、摇摇头。<br>学生做动作演示读。<br>(3)青青的、绿绿的。<br>学生读正确后,补充生活中积累的同样结构的词语。<br>青青的(　　)绿绿的(　　)<br>学生练习填写同样结构的词组。<br>(4)趴、爬。<br>学生做动作体会两个字的音、义差别。<br>师:做着这两个动作,你会想到故事中的谁呢?<br>生:小蚂蚁。<br>2. 创设情境(借助视频图片:一只小蚂蚁趴在一根水草上。)<br>师:在美丽的夏夜,小蚂蚁可没有心思欣赏这美丽的景色,他在呜呜地哭,哭得可伤心了! | 复习这两个字重在区别音义,并引出故事中的主人公——小蚂蚁。 | 学生兴趣盎然地在情境中巩固生字、新词。 |

| 教学阶段 | 教师与学生活动 | 设计意图 | 效果分析 |
|---|---|---|---|
| 二、创设多种情境,体会美好感情 | (一)提供问题情境,引领整体感知<br>1. 问题设计:小蚂蚁为什么呜呜地哭呢?结果怎样?<br>2. 阅读要求:<br>(1)通读全文——读正确并了解大意。<br>(2)边读边想——自读思考问题答案。<br>3. 学生感知:<br>生甲:因为小蚂蚁掉进池塘上不了岸了,所以他才会呜呜地哭。<br>生乙:睡莲救了小蚂蚁,蜻蜓和萤火虫帮助小蚂蚁回到了家。<br>(二)扮演还原情境,体会人物情感<br>1. 师:快看一看掉进池塘的小蚂蚁什么样?<br>指一名学生读第二自然段。<br>2. 师:睡莲被小蚂蚁呜呜的哭声惊醒了,她睁开眼睛一看是一只蚂蚁趴在一根水草上,一阵风吹过,水草摇摇晃晃,小蚂蚁摇摇欲坠。假如你就是这只小蚂蚁,你有什么感觉啊?<br>生:我感觉很害怕。(带着害怕的心情读小蚂蚁的话)<br>生:我感觉很着急。(带着着急的语气读小蚂蚁的话)<br>3. 教师扮演睡莲,学生扮演蚂蚁。在一次次对读中还原故事中第四、五自然段的情境,体会小蚂蚁对睡莲的感激之情。<br>学生扮演小蚂蚁:<br>(1)体会在他最危险的时候,是睡莲弯腰救了他。指一名学生带着感激之情读第五自然段。 | 依据语言文字"趴在一根水草上呜呜地哭",辅助语言描述情境,引导学生把自己当成小蚂蚁,体会小蚂蚁的心情。<br><br>遵循文本的语言特点,以对话推进情节。在师生扮演中还原情境,在对读中使学生体会到人物的情感。 | 学生融入情境中,体会到小蚂蚁的心情,带着伤心、着急的语气读好小蚂蚁的话,并理解了"感激"的含义。 |

| 教学阶段 | 教师与学生活动 | 设计意图 | 效果分析 |
|---|---|---|---|
| 二、创设多种情境,体会美好感情 | (2)体会在他最伤心的时候,是睡莲为小蚂蚁送去温暖。指一名学生带着感激之情读第五自然段。<br>(3)体会在他最害怕的时候,是睡莲的出现让他不再害怕。全班学生带着感激之情读第五自然段。<br>师(小结):你们朗读时的那份感情就是感激啊!<br>(三)想象丰富情境,再次感受美景<br>1. 教师继续扮演睡莲:"今晚就在这儿住下吧!你瞧,夏夜多美啊!"(课件出现课文插图)<br>学生想象夏夜美景,进行句式练习:<br>这里有( )池水。这里有( )的荷叶。这里有( )的水草。这里有( )的( )。<br>2. 学生展开想象后,指多名学生再充满感情地读睡莲的话:"你瞧,夏夜多美啊!"<br>3. 师:这么美丽的夏夜,小蚂蚁你愿意住下吗?<br>学生做着动作读第7自然段。<br>4. 学生3人一组,分角色读1—7自然段。<br>(四)融入故事情境,巧妙识字写字<br>1. 师:小蚂蚁着急回家,是谁把他送回家了?<br>(1)学生自读课文找到"蜻蜓"、"萤火虫"。 | 借助插图,围绕"夏夜多美"的"美",激发学生展开想象,学习运用积累的语言,丰富学生头脑中夏夜美景的画面。<br>通过插图与文字结合再现情境,巧妙体会难解词语"飞机"与"小灯笼"的含义。 | 学生先分句填写,之后又请一名学生完整填写成一段话。营造了美丽夏夜的氛围,学生读得很有情感。 |

| 教学阶段 | 教师与学生活动 | 设计意图 | 效果分析 |
|---|---|---|---|
| 二、创设多种情境，体会美好感情 | (出示课文插图：蜻蜓和萤火虫飞来了)<br>(2)学生分角色读，边读边想：小蜻蜓和萤火虫是怎样把小蚂蚁送回家的？<br>生：蜻蜓背着蚂蚁，萤火虫在前面照亮，把小蚂蚁送回家了。<br>(3)教师借助插图点拨："飞机"、"亮晶晶的小灯笼"在哪儿呢？<br>指一名学生在课文插图上指出"飞机""小灯笼"。<br>2. 指一名学生接读第14自然段。<br>3. 师：小蜻蜓和萤火虫帮助小蚂蚁，把它送回了家。(板书：送)<br>学生齐读"送"。<br>(师过渡：让我们写好这个"送"字，记住好朋友们对小蚂蚁的帮助)<br>(1)学生运用掌握的识字方法，分析"送"字的间架结构，观察占格位置，自学生字。<br>(2)学生在田字格中，练习写一遍"送"字。<br>(3)学生之间进行互评。<br>(4)学生接受评价意见，再认真练习写一遍"送"字。 | 不脱离故事情境，指导书写"送"字。在夯实写字的同时以"送"为第8—14自然段的核心问题引领学生进一步思考，进而推动故事情节的延续。 | 学生在故事情境中，既会写了"送"字，又记住了朋友们对小蚂蚁的帮助。 |
| 三、依托交际情境，抒发自身感悟 | (一)音乐烘托情境，回顾美丽故事<br>1. 师：多美的夏夜，多美的故事啊！让我们再美美地读一读。(课件播放轻缓动听的音乐)<br>2. 学生配乐，分角色朗读全文。<br>(二)口语交际情境，抒发美丽感受 | | |

| 教学阶段 | 教师与学生活动 | 设计意图 | 效果分析 |
|---|---|---|---|
| 三、依托交际情境，抒发自身感悟 | 1. 师:故事中的小伙伴就在我们身边,小蚂蚁你想对他们说什么呢?睡莲、蜻蜓、萤火虫听了小蚂蚁的话,你们想对小蚂蚁说什么呢?<br>(1)学生小组合作在情境中进行口语交际。<br>(2)小组进行汇报:<br>第一组<br>小蚂蚁:"谢谢睡莲姑姑救了我!"<br>睡莲:"不客气,你能回家我就放心了。"<br>第二组<br>小蚂蚁:"谢谢你,蜻蜓,要不是你当飞机,我就回不了家了。"<br>蜻蜓:"能送你回家我真高兴!"<br>第三组<br>小蚂蚁:"谢谢你,萤火虫,多亏你给我们照亮啊!"<br>萤火虫:"不用谢,我很愿意帮助你。"<br>2. 学生在交际情境中反复读最后一段。<br>生:小蚂蚁得到了睡莲、小蜻蜓、萤火虫的帮助,回到了家,他会兴奋地说:"啊,多美的夏夜啊!"<br>生:睡莲、小蜻蜓、萤火虫帮助了小蚂蚁,他们会高兴地说:"啊,多美的夏夜啊!"<br>生:星星看见了,高兴地眨着眼说:"啊,多美的夏夜啊!"<br>生:我们读了这个故事,会说:"啊,多美的夏夜啊!"<br>3. 师:同学们,你们赞叹夏夜的美丽,仅仅是因为景色美吗?还有其他的原因吗?<br>生:因为睡莲、小蜻蜓、萤火虫帮助把小蚂蚁送回了家。 | 创设交际情境,进行生生之间的口语交际,在交际中鼓励学生将内心的感悟真实地表达出来。 | 故事中人物心灵的美好在学生的言语中自然流露,美好的情感与学生的认识融为一体。 |

| 教学阶段 | 教师与学生活动 | 设计意图 | 效果分析 |
|---|---|---|---|
| 三、依托交际情境，抒发自身感悟 | 生：因为小蚂蚁感激这些朋友的帮助。<br>4. 师结合板书进行总结：在小蚂蚁遇到困难时，睡莲、蜻蜓、萤火虫无私地给予了帮助，献出了自己的爱心，这种做法多美啊！而小蚂蚁对帮助他的伙伴们心存感激，小蚂蚁的心灵不是也很美吗？让我们带着这份美好的情感再来读读课题。<br>学生充满感情地齐读课题。 | | |
| 四、唤起生活情境，拓展语文实践 | （一）引入生活情境，启发学生表达<br>1. 师：其实在生活中我们每个人都可能成为遇到困难的小蚂蚁，那时候我们多希望遇到善良的睡莲、蜻蜓、萤火虫啊！<br>（课件出现学生生活互相帮助的照片）<br>学生试填句子，表达自己的想法：<br>当同学不小心摔倒的时候，我会_____。<br>当同学忘记带用具着急的时候，我会_____。<br>当_____的时候，我会_____。<br>2. 师（总结）：如果我们每个人都能在被人需要的时候献出爱心，伸出援手，如果我们每个人都能发自内心地感谢帮助过你的人，那么老师想说夏夜多美，同学们多美！<br>（二）课下延伸情境，拓展语文实践<br>师：美丽的夏夜带来了美丽的故事，也带来了快乐的活动。<br>读一读（给爸爸妈妈读这篇课文）<br>演一演（和小伙伴演演这个故事）<br>画一画（自己动手画美丽的夏景） | 联系学生实际，引入学生已有的生活情境。在情境中将学生从童话王国引入现实生活，拓展语文实践活动。引领学生在生活中成为内心有爱的，具有美好情感的人。 | 学生学习兴趣浓厚，积极参与语文实践活动。 |

## 板 书 设 计

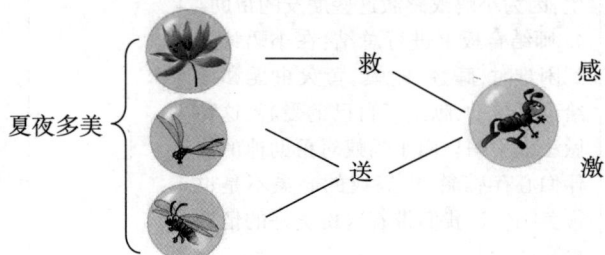

夏夜多美

救

送

感

激

# 第六章

## 语文教学的迁移
### ——从形象思维到抽象思维

### 第一节　识字教学的迁移

#### 一、什么是学习的迁移

学习是一种认识过程，人的各种认识活动都是思维的产生与表达。因此，可以说学习一刻也离不开思维。那么什么是思维呢?《学习与思维》一书中这样阐述:"思维是人脑对客观事物在脑中的表征（语言和表象）进行加工的一个认识过程。"思维包括形象思维和抽象思维。以语言（概念、符号）作为思维材料进行思维加工的，称为抽象思维，又叫逻辑思维;以表象作为思维材料进行思维加工的，称为形象思维。人类认识事物时，两种思维相辅相成。

思维是学习的有效工具。如教师教学一首古诗或一篇文章，经常会介绍古诗或文章的背景，然后引发学生想象当时的情境，或联系自身的生活经验体会当时人物的心情、想法，这就用到了形象思维。而在学习数学时，明白了面积与体积的概念，用公式计算物体的面积或体积，这就使用到了抽象思维。可见，没有思维的参与，人们无法进行学习。

早在两千年前，孔子就已经提出"温故而知新"，朱熹在《四书章句集注》中注曰："故者，旧所闻。新者，今所得。"意思就是说："故"是"新"的基础，"新"是"旧"的发展，说明学习要在温习已有知识的基础上去探求新的知识、新的意义。这就是最早的迁移思想的提出。那么，什么是迁移呢？ 两种思维的学习理论认为："前后两种知识、技能（能力、习惯）若有共同的思维要素（思维材料、思维方法、思维规律），就能产生迁移。迁移是新旧知识、技能联系的机制。"

为什么"温故"可以"知新"呢？ 从思维的角度来讲，这是因为新旧两种知识间有共同的思维要素（思维材料、思维规律、思维方法），旧有知识促进了新知识的理解和掌握。这种"参与"和"促进"的过程，就是迁移的过程。学习的迁移，是提高教学质量、教学效率的有效途径。有效的学习，总是以已有知识为基础去获取新知识。

我们所学习的知识，大多是在已有旧知识的基础上进行学习的，并不是全新的。因此，当我们要学习的新知识与旧知识之间有共同的思维材料和思维方法时，就可以产生迁移。如果没有有关旧知识的参与，学习是困难的，甚至是不可能的。可见新旧两种知识间，若有共同的思维要素，就能产生迁移；若共同的思维要素越多，即旧知识参与越多，则迁移的程度越大，学习就越容易。

怎样区分新知识和旧知识呢？ 那些头脑中已有的经验，曾经学过的语言、概念、公式、定理，已形成的技能、能力，养成的习惯等都是旧知识。那些没有掌握的、将要学习的内容就是新知识。在学习新知识前，教师需要对学此新知识所需要的经验、知识、技能、习惯等旧有知识做好充分了解，这样才能引导学生有效地进行迁移。教师在授课时，能够通过迁移学会的知识，就应该让学生自主去学习，教师只需要重点点拨学生不能自己学会的那部分知识。学习迁移分为正迁移、负迁移和零迁移。本章只重点研究正迁移。

## 二、识字教学的迁移

### (一)口语到识字的迁移

学生在入学前，脑中不是像白纸一样空白一片。儿童在语言发展的快速阶段（2—3 岁），会模仿成人语言，积累大量的口头词汇，如桌椅、墙壁等物品名称，跳、跑等动词，商店商品名称，地名等。在入学前，5—6 岁的幼儿大多数能掌握 1000—2000 个口头词汇，多则可以达 3000—4000 个口头词汇。

在儿童模仿成人发展口头语言的阶段，积累的口头词汇越多，入学后的学习就会越轻松。尽管他们还不认识或不能够写出这些字，但是许多词汇的字音他们是能够说出来的，生活中常用词语的意思他们也是懂得的。这些口语中积累的词汇，为入学后的识字打下了坚实的基础。比如"雪花"这个词，学前儿童虽然不认识这两个字的字形，也不知道怎么书写，但是他们能够正确地发音和懂得词语的意思，上学后在已掌握字音和字义的基础上，再认识"雪花"这个词语的字形就会容易多了。

众所周知，汉字的认识要从音、形、义三方面去认识。当儿童进入小学后，教师要及时了解和掌握学生口语中积累了哪些字词。对于学生已掌握的口头字词，在字音和字义都已掌握的基础上，就可以将重点放在字形的学习上。如果学生只是掌握了字音，没有掌握字义，在学习的时候字形和字义，教师都要作为重点来指导。引导学生用头脑中已有的字音、字义促进其掌握汉字的字形，这就是口语到识字的迁移。

如果教师比较清楚儿童口语中所积累的字词，那么在教学时就可以引导学生将口语中习得的词汇迁移到识字学习中。儿童只需将这些生字的字形与已掌握的字音、字义相联系，使之产生迁移，从而更快地掌握所学生字。无论学生已经掌握的是字音还是字义，从教学方法上，教师都可以放手让学生自主学习，激发学生的学习兴趣，充分发挥学生的主体性。学生在自主学习中进一步促进了语言的发展，形成了良性循环。用口语促进识字，学生识起字来会变得更加轻松。

例如，人教版小学语文一年级下册《识字4》一课中有许多动物的名称，如蜻蜓、蝴蝶、蚯蚓、蚂蚁、蝌蚪、蜘蛛。学生在学前早已听过和说过这些动物的名字，并且见过它们的样子，因此对于这些字的发音和意义学生已经掌握，学习时就不会感觉困难。在学习这些汉字时，教师只需重点引导学生把这些字的字音、字义与字形联系起来，对于学生已掌握的字音、字义，就不再作为学习的重点，而这些词汇的字形是学生没有掌握的，应作为重点内容进行识记。

教学时，教师根据小学生的年龄特点和认知特点，先出示小动物的图片，让学生说出小动物的名称，最后重点引导学生用形声字的方法记住这些字的字形。学前学生只能从字音、字义两方面认识这些动物，如今教师又引导学生记住了这些动物名称的字形，弥补了学前不认识字形的缺憾，使学生从音、形、义三方面更全面地认识了汉字。用字音和字义促进识字，从而达到迁移的作用。这样有侧重的学习，既减轻了课堂的教学负担，又使学生对汉字的记忆更牢固和深刻，有利于同音字的区分，降低了同音字混淆的概率。

(二)常用字的迁移

儿童进入一年级，教师可以通过各种途径和办法使学生尽快认识900多个汉字，这样学生就能认识报纸杂志中90%的字，阅读起书籍来就会比较顺畅。对于一年级课文中出现的常用字，教师可以引导学生结合句子多多练习，达到认识的程度。对于那些一年级课文中还未出现的常用字，教师可以通过补充课外小诗歌或小故事的形式，使学生尽早认识。在认识汉字的时候，要注意做到字不离词、词不离句，不能脱离语言环境去认识那些孤零零的汉字，那样会使学生失去识字的兴趣。比如，在学习常用字"我"时，可以让

脑科学·思维·教育丛书

学生读读带有"我"的句子，数数笔画，记记字形，再用"我"说几句话，帮助学生灵活掌握所学生字。

目前人教版小学语文教材中，一年级教材要求学生认识 950 个汉字，二年级教材要求认识 850 个汉字，三、四年级教材要求认识 800 个汉字。四个年级共八册教材，要求认识的汉字共计 2600 个。《现代汉语常用字表》中统计的 2500 个汉字，绝大多数包含在人教版小学语文一至四年级的教材中，只有 262 个汉字在八册语文教材中没有出现。这些没有包含在前八册语文教材中的常用字可以通过课外练习来补充认识。

如"丸子"的"丸"字，我们可以抓住生活中的情景引导学生：某一天，学校午饭吃肉丸子，教师就可以把"丸"字写在黑板上，让孩子多念几遍，组组词语，书空笔顺，学生就认识了"丸"字。教师也可以把八册教材中未出现的常用字分成组，与动作有关的字分为一组，与食物有关的字分为一组，将每一组字编成小故事，打印出来让学生朗读。对于教材中没有出现的常用字让学生多读几遍，组词理解字义，用手在桌上写一写，学生也就记住了这些字。

如此，学生尽早认识了 2500 个常用汉字，阅读起书籍来就不会有太大障碍。提早阅读，学生会在书上学到更多的知识，知识面的拓宽、理解能力的提高，促进学生口头语言和书面语言的发展。学生阅读理解能力得到了提高，对其他学科的学习也有极大的促进作用，为各学科新旧知识间的迁移做好了充分的准备。

(三)按汉字规律进行迁移

1. 按汉字的造字规律进行迁移

我们的祖先在造字时有许多的规律，如象形字、会意字、形声字、指事字，后来还有假借字和转注字的出现。在编写教材时，如果按照这些造字规律来编排，就会有利于学习迁移，将学到的造字方法运用到其他生字的学习中。教师在教学时，也尽量运用这些造字规律来引导学生识字，达到迁移的效果。

比如，人教版小学语文一年级上册《口耳目》一课，是象形字的学习。教师在教学这一课时，要给学生建立象形字的概念，引导学生观察插图中的实物和甲骨文，在对比中发现它们形状相似；再继续引导学生观察甲骨文和现代汉字的不同，发现笔画变得横平竖直了。学生习得了用想象、比较的方法识记象形字的技能，以后再遇到"燕、鼠、鹿、鸟、川"等象形字，学生就会自然而然地想到这个汉字的实物形状，在比较中，对象形字的造字方法产生了迁移，从而记住了生字。

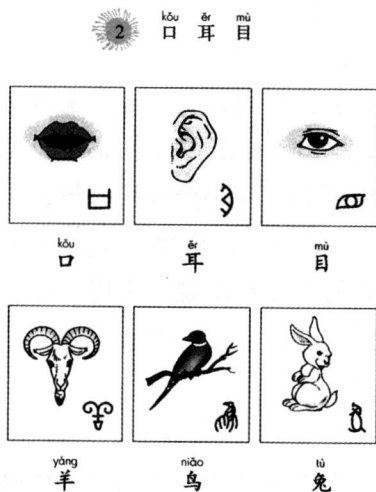

《口耳目》
图6-1

　　人教版小学语文一年级上册《日月明》一课，是会意字的学习。在教师的引导下，学生知道了把两种以上的事物的意义结合起来理解，就是会意字。掌握了这种方法，以后再学到"香、美、笔、拿、艳"等字，当教师告诉学生这是会意字的时候，学生就会把会意字的方法进行迁移，将这些字的各个部分联系起来理解字义，达到了识字的目的。

　　汉字中，形声字占了绝大多数，教会学生形声字的方法，学生也可以将形声字的方法进行迁移，利用换部首的方法就能掌握

脑科学·思维·教育丛书

一组字。如在学习人教版小学语文二年级上册《称赞》一课的生字"清"时，教师可以引导学生说出带有"青"的一组字：晴、精、睛、情、请等。这就是将形声字的方法进行了迁移，认识一组带有"青"旁的形声字。汉字中指事字虽然不多，但当学生学到的时候也可以告知他们。学生能够掌握这种方法，也能帮助其多多识字。到了中高年级，学生还会遇到假借字和转注字，只要遇到就可以毫不保留地教给学生，多一种方法，就多一种识字途径。了解基本造字规律，学生就能够按照这些造字规律到生活中认字，拓宽了识字途径，扩大了识字量，从而为早阅读奠定基础。

2. 按汉字的识字规律进行迁移

在低年级识字教学中，除了教给学生造字方法外，还有一些识字方法也非常适合低年级小学生使用。比如熟字加（减）笔画识字法，熟字加（减、换）偏旁识字法，顺口溜识字法，字谜识字法，反义词、近义词识字法等，这些众多的方法都能帮助低年级小学生多识字。

如，在学习"日"字时，可以让学生加一笔变成新字，学生分别加一笔想出了甲、由、目、田、申、白、旦等字。学生利用熟字加一笔的方法，一下子记住了好几个字，增加了汉字量。掌握了多种识字方法，学生能够熟练地迁移，对联想能力的培养也是非常有好处的。再如，学习"年级"的"级"字时，引导学生将"级"字去掉"纟"就是"及时"的"及"；换成"木"，就是"极端"的"极"；换成"氵"，就是"汲取"的"汲"；换成"口"字旁，就是"呼吸"的"吸"字。如此，学生又认识了一批形近字。

总之，了解造字的方法和识字的方法都是为识字服务的。有了这么多方法，学生就能够使用这些方法更多地识字。在熟能生巧的识字过程中，学生形成了识字技能，而这些识字技能能够迁移到课外阅读中。当进行课外阅读时遇到不认识的字，学生也是可以用这些方法认识新字的。

3. 按汉字的书写规律进行迁移

汉字的书写也是有规律的，如从左到右、从上到下、先中间后两边等。教师在教学时，如果能够按照汉字的书写规律进行教学，会有利于学生进行学习的迁移，将先前学到的书写规律和方法迁移到后面学习的汉字中。

比如，学生学习"十"字先横后竖和"八"字先撇后捺的书写规律后，形成了技能，养成了习惯。在学习"木"字时，学生就会自然地把这两种书写规律进行迁移，按照正确的笔顺书写"木"字了。再如，学习"小"字先中间后两边的书写规律后，学生就可以迁移到"水"字的书写笔顺。

新知识与旧知识就好比河的两岸，教师带领学生找到新旧知识间共同的思维要素，就是在新旧知识间搭建了桥梁。原来新知识对学生来说是陌生的，现在找到了与旧有知识的共同思维要素，学生对新知识不再感到全然陌生，学习起来就会轻松愉悦。学习的迁移，降低了学习新知识的难度，提高了学习的效率，也节省了教学时间。

学习的迁移还使教师的课堂教学更注重知识之间的联系、学科之间的整合和知识在实际生活中的运用。原来旧有的"填鸭式"、"灌输式"的教学方式，教师忽略了学生感受，只一味地按照教师的理解去讲解，不重视知识学习的过程。学习的迁移使教师在备课时重视建立知识之间的联系，并有意识地寻找和挖掘新旧知识间的联系，为新知识的学习搭设台阶。有的教师甚至找到学科间的关系，使学科之间的知识得到了整合。这样的课堂学习，课堂教学效果显著，学生的学习能力得到了培养，学生真正成为学习的主人。

附：（人教版小学语文前八册教材中未出现的常用字）

◆◆◆

丸尸刃犬勿刊丙轧帅汁奴孕刑巩圾芝朽轨邪贞岂迁乒乓伪兆旬旨讽奸纤拒扯孝坟劫芹杠辰歼步吼岗私伶佣皂役妥沈宏译忌妖妨纲

纵驴纽拘垃茅奔垄斩肾贤旺典岸贩侄侨废闸券炊炕泄泻询隶陕艰毒垮挎赴茧皆钞卸俭叙勉狭狡狱贸疮疫疤姿阀叛逆剃染宪窃诵姥姻怠耗顽捏恭框档粟辱唇础顿毙监党晕唉贼贿钳氧秩债倚倡臭舱爹颂脂浆衰效剖竟涝宵宴诸冤谊剥陷娱培勒萌萍械戚辅馅庸混渗悼惧惕寇窑逮屠婶趋揪搁葬葛董辜葵惠践赌赔铸锈税策筒傅循艇猾馋蛮慨谣谦粥嫂魂肆携墓蓄禁酬碌督鉴鄙盟谴寿舅催腥痰韵煎滤谨嫌嫁撇摧蔑酿磁弊蜡锻箩傻膏熔寨谱骡趟撑撤增槽樱瞒僻摩慰薯薪颠膨缴糠镰爆霸

# 第二节 句子教学与迁移

## 一、什么是句子

《现代汉语词典》中"句子"一词的解释是用词和词组构成的、能够表达完整的意思的语言单位。

句子的成分包括主语、谓语、宾语、补语、定语、状语六种。为了把意思表达清楚，一般常用的句子包括主语和谓语两部分。

句子作为最基本的语言单位，不论长短，只要能独立地表达一个完整的意思，就是句子。如，有人敲门时，门里人问："谁?"对方回答："我。"虽然只有一个字，但因为是独立的，表达了一个完整的意思，就是一个句子。相反，"他开会去了"单说是句子，但在"我看见他开会去了"里，就不独立，只是句子的一部分，本身不是句子。

句子是思想表达和言语交际中最重要的语言单元，叶圣陶先生说过："讲析课文，无非是把语句讲清楚。"可见，句子教学在小学语文课中有极其重要的地位。抓好句子教学对提高学生的阅读能力、写作能力、分析问题和理解问题的能力都有着重大意义。

儿童在入学前虽然学会了口头语言，但是他们还缺乏对句子的认识。所说的话也大多是不完整的。入学后，教师要有意识地帮助学生建立句子的概念，要有计划地进行句子的训练，提高他们的口头表达能力，学习书面语言，掌握组词成句的规律，熟悉并正确运用各种句子表达的方法。

儿童在一岁左右说出来的大部分是词语，随着词汇量的丰富，到两岁能够说出简单的句子，三岁以上能说出几句话或更长的段落。可见，儿童学习语言是从字词到句子，再到段落、篇章的学习。而句子的学习是从字词到段篇的不可或缺的过渡阶段。

从思维的角度来讲，我们要想用一段话表达自己的想法，就要先措辞成句，哪一句先说，哪一句后说，按照一定的逻辑关系来表达，这样别人才能懂得我们要表达的意思。包括我们要想读懂一段话，也是如此，先明白句子中不懂的词语，之后弄明白每一句话的意思，最后了解这段话的意思。不明白每句话的意思，就很难理解段落的意思，更不要说对篇章的理解了。所以说，句子的学习在语言的学习过程中有着举足轻重的作用。

小学语文教材中出现最多的是单句，由于汉语重意合轻形态的语言特点，句子中主要使用语序和虚词等作为表达意义的语法手段，句式结构相对比较复杂。我们认为，句子的教学应首先让学生掌握常用的基本句型，通过学习迁移的理论，再去掌握那些较复杂的句子。

## 二、单句的类型与迁移

(一)单句的类型

单句是由短语或单个的词构成的句子，结构和意义比较简单，一般由一个主谓成分构成。单句可分为主谓句、非主谓句两类。小学语文学习阶段，为了便于学生理解和运用，教师往往将单句的主谓两部分结构以下面的形式进行说明，一部分表示"谁"或"什么"，另一部分表示"干什么"、"是什么"、"怎么样"，即谁干什么

（怎么样），什么是什么，什么怎么样。如："大道两旁全是黑色的碎瓦。"（六年级上册《夜莺之歌》）"威尼斯是世界闻名的水上城市。"（五年级下册《威尼斯的小艇》）这些句子是符合"什么是什么"句型的单句。"船夫的驾驶技术特别好。""青年妇女在小艇里高声谈笑。"（五年级下册《威尼斯的小艇》）这些句子是符合"什么怎么样"句型的单句。

根据表达重点不同，单句中有一些句式在结构和表达上有些特殊，句型上就千变万化。如按句子的语气分，有陈述句、感叹句、祈使句、疑问句(是非、特指、选择、反问、设问)；按结构分，有完全句、省略句、无主句、独词句；按介词的不同模态分，有"把"字句、"被"字句、"对"字句、"在"字句、"让"字句、"从"字句等；按谓语不同性质分，有表领属或存在的"有"字句、表判断或强调的"是"字句等。另外从修辞的角度或逻辑的角度观察句子，还有比喻句、拟人句、夸张句、排比句和因果句、承接句、并列句、假设句等。

一个单句的各个成分都由词来充当，这个单句就简单；如果由复杂短语充当句子的某一个或某几个成分，单句就复杂了。简言之，复杂的单句就是除了主语、谓语以外还有很多其他成分的单句。如："1949 年 10 月 1 日，毛主席在天安门城楼上向全世界人民庄严宣告：'中华人民共和国成立了！'"这是一个复句，主语是毛主席，谓语是宣告，而"中华人民共和国成立了"这个简单句就是这个复句的宾语。

单句作为汉语最基本的句式，充斥在每一篇课文中，比比皆是。语文教师要了解单句的基本类型，运用迁移的学习理论，有计划地进行句子教学。

### (二) 单句的迁移

单句在生活与教材中大量、反复地出现，使其句子的结构在学生头脑中得到表征，形成思维的材料。当类似的句型再次出现时，大脑经过快速的搜寻和判断便可以检索出其结构的特征，从而进行操作和运用。这便是迁移理论在句子教学中的应用。

1. 口语表达向规范表达的迁移

教师要从最基本的主谓句开始，以语意为前提，引导学生将先前能表明语意的词语、短语中所缺的句子成分补充完整。如："写完了吗？"就要补齐主语和宾语，变成"你写完作业了吗？"

教学时要着力让学生在一年级就理解"谁——是什么"、"谁——做什么"、"谁——怎么样"、"什么——是什么"、"什么——做什么"、"什么——怎么样"、"哪儿——有什么"等常用句式，如："天气凉了。"教师提问："天气怎样？""树叶黄了。"提问："什么黄了？""妈妈在扫地。"提问："谁在扫地？""妈妈在干什么？"这样提问可以建立句子的概念。

这些看似平常的日常对话，是教师有意地强化训练。经过训练可以将学生的词语、短语式语句规范为成分完整的句子。随着年级的增高，通过迁移，教师再教学比较复杂的主谓句和几种常用的复句就比较容易了。

2. 简单单句向组合单句的迁移

主谓单句的结构十分简洁，学生掌握起来比较容易。但教材中的单句并不都是以简单的形式出现的，它们往往改头换面，在单句基础上进行了组合和加工。正所谓"万变不离其宗"，只要我们将句子的基本句型和框架掌握，再运用知识的迁移和思维的加工，便可在温习已有句式的基础上探求新的句子、新的意义。如："高大的石头建筑耸立在河边，古老的桥梁横在水上，大大小小的船都停泊在码头上。"（五年级下册《威尼斯的小艇》）此句字数多，属长句。在37个字符中以"河"为中心线索将河边的石头建筑，河上的古老桥梁，河里的大小船只都表达出来。仔细看来，此句其实是几个单句的简单组合，三个单句均可独立成句，而且都是"什么在哪里"的句式的迁移。

再如："我们打开窗帘，望望耸立在两岸的古建筑，跟来往的船只打招呼，有说不完的情趣。"（五年级下册《威尼斯的小艇》）这个句子也是一个长句，与上句不同的是其每个分句所要表达的都是一个主体——我们。与上句相同的是这个句子也是几个单句的组合，即"我们打开窗帘"、"我们望望耸立在两岸的古建筑"、"我们跟来往的船只打招呼"、"我们有说不完的情趣"。这些句子都是"谁干什么"句式的迁移，只不过是为了将句子表达得简洁、明了，而把重复的主语——"我们"进行了必要的省略。

由此看来，长句不一定复杂，它是以单句为基础的，单句结构掌握的牢固，便可运用迁移理论，变长为短，化新为旧，无论是朗读还是理解都降低了学习的难度。

3. 简洁单句向修饰语句的迁移

小学语文教材选择的文章以记叙文为主，记叙文常用的表达方式是叙述、描写、抒情，使简洁的单句在变得生动优美的同时，结构也变得复杂起来，学习理解起来就有了难度。如二年级上册《秋天的图画》一课第 2 句："梨树挂起金黄的灯笼，苹果露出红红的脸颊，稻海翻起金色，高粱举起燃烧的火把。"这个长句是由四个简单单句组成，每个单句依据事物主体的特征运用拟人的修辞手法，使事物变得更加形象生动。这样的句子也是由旧知（简单单句）到新知的迁移。

### 三、复句的类型与迁移

复句是一种句法结构，一般是由两个或多个分句构成。分句之间意义相关，结构上互不做句子成分，有一定的逻辑关联，不能任意组合。复句也叫关联句，根据分句之间的语义和不同的逻辑关系，用关联词语连接。

(一)复句的类型

从句子关系上看，常见的复句可以分成以下 11 种。

表 6-1　常见的复句分类

| 种　类 | 定　义 | 关联词 | 例　句 |
|---|---|---|---|
| 并列复句 | 几种事情或一种事情的几个方面，分句之间是平行相对的并列关系。 | 有时……有时……、那么……那么……、既……又……、要是……那么……、一边……还…… | 一会儿红彤彤的，一会儿金灿灿的，一会儿半紫半黄，一会儿半灰半百合色。（四年级上册《火烧云》） |
| 承接复句 | 两个或两个以上的分句，一个接着一个地叙述连续发生的动作，或者接连发生的几件事情。分句之间有先后顺序。 | 一……就……、首先……然后……、便……、于是……、才……、接着…… | 槐乡的孩子可不怕热，他们背着水葫芦，带着干粮，没等云雀开口歌唱黎明，就已经爬到小山上去了。（三年级上册《槐乡的孩子》） |
| 递进复句 | 后面分句的意思比前面分句的意思进了一层，分句之间是层进关系。 | 不但……还……、除了……还有……、不但……而且…… | 这座桥不但坚固，而且美观。（三年级上册《赵州桥》） |
| 选择复句 | 两个或两个以上的分句，分别说出两件或几件事，并且表示从中选择一件或几件。 | 不是……就是……、要么……要么……、宁可……也不……、与其……不如…… | 作为一个有骨气的男儿，与其跪着生，不如站着死。 |
| 转折复句 | 后一个分句的意思与前一个分句做了转折，说出同前一个分句相反、相对或部分相反的意思。 | 虽然……但是……、尽管……还……、却……、不过…… | 这时候，江潮还没有来，可是，海塘大堤上早已是人山人海。（四年级上册《观潮》） |

| 种　类 | 定　义 | 关联词 | 例　句 |
|---|---|---|---|
| 假设复句 | 前一个分句假设存在或出现了某种情况,后一个分句说出假设情况一旦实现产生的结果。两个分句之间是一种假定的条件与结果的关系。 | 如果……就……、要是……就……、即使……也……、哪怕……也…… | 蟋蟀钻到土底下干活,如果感到疲劳,它就在未完工的家门口休息一会儿,头朝着外面,触须轻微地摆动。(四年级上册《蟋蟀的住宅》) |
| 因果复句 | 前面分句说明原因,后面分句说出结果。一个分句提出一个依据或前提,后一分句由此推出结论。 | 因为……所以……、既然……就……、之所以……是因为……、由于……因此……、因此…… | 到了严冬,不久便是春天,所以人们并不因为寒冷而减少过年与迎春的热情。(六年级下册《北京的春节》) |
| 条件复句 | 前一个分句提出一个条件,后一个分句说明这个条件一旦实现所要产生的结果,分为充分、必要、完全等三种类型。 | 凡是……都……、不管……总……、只有……才……、只要……就……、无论……都…… | 一个人只要活得诚实,有信用,就等于有了一大笔财富。(四年级下册《中彩那天》) |
| 解说复句 | 一个分句说明一种情况,其他分句对这种情况进行解释、说明或总括。 | 例如、比如、譬如、即、就是、就是说、换句话说、说到底、具体而言,总而言之、总之 | 一句话,没有太阳,就没有我们这个美丽可爱的世界。(三年级下册《太阳》) |
| 目的复句 | 一个分句表示实现或避免某种目的,一个分句表示为此而采取的行为。 | 以、所以、为 | 所以你们要像花生,它虽然不好看,可是很有用。(五年级上册《落花生》) |

| 种　类 | 定　义 | 关联词 | 例　句 |
|---|---|---|---|
| 让步复句 | 正句与偏句的意思相反,同时,前面分句所陈述的又是一个假设的尚未实现或证实的事实。它包含着退一步着想的意思。 | 纵然……也……、即使、就算、就说、就是、就连、哪怕 | 每次演出,我一定要到台上去看,即使被挤在厚厚的幕布里,憋闷得满头是汗,也兴味盎然。(六年级上册《我的舞台》) |

### (二)复句的迁移

**1. 单句向复句的迁移**

从复句的定义来看,无论单句的结构有多复杂,它都是只有一个分句的,而复句是由两个以上分句构成的。虽然小学语文教学中不出现复句的概念,但由于教材中常出现一些复句,而且从表达方式与语意上讲,复句的意思必须要让学生搞清楚。对复句的教学,要紧紧抓住复句中各个分句间的关系和关联词进行,引导学生理解意思。

复句中的分句以简单的单句为主,那么学生对单句语意的认知就成了对复句分句间逻辑关系的基础,再加上对关联词的准确理解,通过单句的迁移,对复句也就理解了。

**2. 复句向古汉语的迁移**

小学十二册教材中古文、古诗出现的次数相对记叙文的数量是少之又少,但到了中学大量的古文学习让许多学生吃不消。在小学有限的古诗文中渗透一些学习方法,对学生以后的学习很有益处。

小学教材选用的古诗文大都具有凝练简洁、篇幅短小的特点,需要学生通过想象、补充来了解诗文所描绘的意境,正所谓"不著一字,尽得风流",这就给学生的学习加大了难度,如果在古诗文的理解中恰当地运用复句去解释,会使学生学得更容易,接受起来也比较快。这就是迁移。

如《学弈》中的语句:"一人虽听之,一心以为有鸿鹄将至,思援弓缴而射之。虽与之俱学，弗若之矣。"连续用了两个转折关系的复句，学生由于对转折关系的复句比较了解，便可引导用关联词"虽然……但是……"进行解说翻译。同样的，学习"欲把西湖比西子，淡妆浓抹总相宜"（苏轼《饮湖上初晴后雨》）时也可以引导学生用复句进行翻译理解。此句不但要用上假设复句"如果……"，还要用上条件复句"无论……都……"，二者配合综合运用，诗句的意思才完整。学生掌握了复句的规律，提高了理解能力和表达能力，不但理解了诗文，还不知不觉中尝试运用了多重复句。

3. 复句结构向文章结构的迁移

文章是由句子组成的，在小学学习阶段不必讲句子的结构和作用。小学教材中，复句虽不常见，但往往会有特殊的用意和作用。

如《太阳》这篇课文讲到太阳和我们的关系时，用了"太阳虽然离我们这么远，但是它和我们的关系非常密切"做总起句，最后又用"一句话，没有太阳，就没有我们这个美丽可爱的世界"做总结句。这两句话就和文章的结构密切相关，抓住这两句，就很容易把课文结构搞清楚。又如"这座桥不但坚固，而且美观"（三年级上册《赵州桥》）是递进关系的复句，这个复句结构很简单，也很典型，在文章中扮演着重要的角色——过渡句。这个句子用在文章的第三自然段开头，是对前文赵州桥雄伟坚固的总结，更是对后文赵州桥桥栏上精美图案描写的总起，作用不容忽视。

在学习这种具有承上启下、解释说明以及总起、总结作用的复句时，不能仅仅就句型学句型，因为此时的复句关系结构对文章的成文结构起着举足轻重的作用。递进关系的复句是文章两部分间相互衔接、过渡的首选，承接关系的复句可以表明文章叙述的顺序，条件关系、转折关系、因果关系的复句也经常出现在总分总段式的开头或结尾，解说关系、并列关系的复句在文章的描述过程中也会经常使用。可见，了解复句的关系可以帮助学生更好地理解、掌握文章的结构特点，乃至准确运用复句去丰富、理顺自己的文章结构。这就是迁移的意义所在。

# 第三节　阅读教学中句子的基本训练

语文是一门基础学科、工具学科。语文教学的主要目的是让学生掌握运用语言文字这一工具。语言文字是思维的工具、交际的工具、负载和传递信息的工具。虽然小学阶段对单句和复句等语法知识不进行系统学习，甚至连与语法相关的专业术语都不出现，但是基于上述句子在语言学习中的重要地位，句子的学习和训练应得到语文教师的高度重视。现行小学语文教材收录了各种类型、各种风格的文章作为提升阅读能力的学习材料，这些文章用词规范，语言生动准确，教学时要对那些和课文结构密切相关的句子进行模仿性练习和重点训练。

## 一、对含生字的句子进行练习

识字是小学低年级语文教学的重点，在识字教学中教师会遵循字不离词、词不离句的原则，把识字解词、读句学文有机结合起来，通过多种形式整体上把握字形，渗透一些识字知识和识字方法，让学生与生字反复见面，掌握字的音、形、义。其他年级的识字教学虽不是重点，但教师经常会要求学生将带有生字的句子画下来，读一读。长期训练，不但有利于学生对字形、字音的掌握，更有利于对关键词、重点句的理解，从而提升阅读能力。这个过程是对各种句型训练的好时机。如一年级上册《雨点儿》一课共需学习11 个生字，"数不清的雨点儿从云彩里飘落下来"这句话含有 6 个生字（加点的字）。教学时，教师可以重点让学生理解"数不清"和"飘落"两个词语，之后进行"＿＿＿＿到了，＿＿＿＿＿飘落下来"（可以用图片做提示）的训练，仿照文中的句子进行模仿性说话练习。

当然，生字密集的句子在教材中不是很多见，更常见的是生字分布于不同的句子里，教师可以利用大量的带有生字的句子进行训练。

　　如三年级下册《争吵》一课有 14 个生字，其中"缘"字字形需要讲解，意义也需要理解，在教学中要先找到文中带有"缘"字的句子——"我用眼角偷偷地看他，见他上衣肩上的线缝儿都开了，大概是因为扛多了柴的缘故吧"，再提炼词语"缘故"，让学生在不改变句子原意的基础上换个词，即原因。此"缘"非彼"原"，借助字典查一查"缘"的意义：①因由，原因；②缘分；③沿，顺着；④边；⑤因为。再引导学生用不同的意义进行组词、造句练习。以教材为例子，拓展学生的语文知识，提高运用能力。

　　把生字、新词的学习放在句子练习中穿插进行，巧妙地连接，既不会断了文章情感的学习线，又使句子教学不枯燥乏味，让学生不但掌握了句型，而且学会了运用这些语句，增强学生运用语言文字的能力。

## 二、对出现的新句型进行训练

　　随着年级的升高，文章篇幅的增长，单句和复句的数量越来越多，句型也越来越多样、复杂。受学生认知水平的限制，低年级教材中的句子结构都是比较简单的，句型都是比较规范和标准的，而且大部分句型都出现了，如："我给他们送上水果。""我是春天。""我家门口有一棵小树。""我和妈妈从货架上选了一些食品。"学好这些基本句子是很关键的，它可以为以后更复杂、更富变化的句子学习做好迁移的准备。所以当一种新句型出现时，要引起教师的注意，可以设计适当的练习进行句型的训练。如一年级上册《阳光》一课，"阳光像金子，洒遍田野、高山和小河"是出现在教材中的第一个比喻句，要利用视频、图片等各种多媒体手段让学生认识到阳光与金子间闪闪发亮的相似之处，还要让学生明白阳光比金子更珍贵，从而渗透比喻句本体、喻体间的关系以及比喻句的结构特征，再设计"①红红的苹果像_____。②_____像妈妈。③_____像_____"的练习，有梯度地训练学生学习比喻句。

　　又如五年级上册《窃读记》中的句子："我很快乐，也很惧怕——这种窃读的滋味!"这个句型是之前没有见过的,后半句是对前半句的解释和说明,利用破折号连接。首先要让学生将这一句式变成一般陈述句,用语言将前后两部分的内容连接起来,即"我很快乐,也很惧怕,这就是窃读的滋味。"或"窃读的滋味是既快乐又惧怕的。"明白破折号的作用。在学生理解的基础上,再进行句式的转换练习,"喜马拉雅山是世界上最高的山。"转换为"＿＿＿——＿＿＿＿＿","迈进金黄色的大门,穿过宽阔的风门厅和衣帽厅,就到了大会堂建筑的枢纽部分——中央大厅"转换为陈述句是"＿＿＿＿＿＿＿＿＿＿＿＿＿＿＿＿＿＿＿＿＿＿"。

### 三、对文章中的佳句进行模仿

小学语文教材有的课文内容本身就是语言学习的经典语句,具备佳句模仿的条件,许多教师教学时既要求摘抄记录,又要求背诵积累,还可以在教学时引导学生在课堂上进行模仿性学习,学以致用。

"桂林的山真奇啊,一座座拔地而起,各不相连,像老人,像巨象,像骆驼,奇峰罗列,形态万千;桂林的山真秀啊,像翠绿的屏障,像新生的竹笋,色彩明丽,倒映水中;桂林的山真险啊,危峰兀立,怪石嶙峋,好像一不小心就会栽倒下来。"(四年级下册《桂林山水》)学习方式一,学习了漓江的水后,运用学习方法,小组合作学习桂林的山的部分,自学后让学生做导游,运用书上的语言游览桂林山水。由此一来,推动学生将学习水的部分的方法迁移运用到新知识的学习中去。学习方式二,学生通过语言文字的阅读对桂林山水的特点既有了整体感知,又有了提炼和概括。在视频观赏和教师的指点下,学生获得了漓江的水和桂林的山的表象。模仿课文写法,即抓住特点,运用修辞描写景物的方法,调动学生头脑中固有的记忆,把他们身边熟悉的景象用语句描述出来,达到训练语言和模仿练习的目的。

教材中有关句子的练习不多,以人教版小学语文三年级下册为例，有关句子的练习共有 21 处（次），练习的要求集中在抄写积累、体会含义、找出句子等方面。有关句型的练习多为比较句子和仿写句子，仅有 7 次，以句段教学为主的三年级教材尚且如此，其他年级就更可想而知了。然而，从能力形成的过程我们知道，技能是学习的过程，知识是学习的结果。知识是靠复习来巩固的，技能则是靠练习而形成的。只有将知识进行反复不断的实践训练才有可能形成技能，最终转化为能力，所以句子的表达作为一种知识必须经过大量反复的训练才能运用自如。常用的句子训练方法有很多，如陈述句与反问句等的改写练习、补充句子成分的练习、填写关联词语、修改病句、扩句缩句、遣词造句、仿写句子等。

## 第四节　篇章结构的训练与迁移

### 一、篇章学习与迁移

学习语文最直接的语言材料是一篇篇的文章。每一篇文章都是一个例子和凭借，教学中要借助这些文章来培养学生的语文能力，这其中包括发展学生的言语能力，培养学生的思维能力，激发想象力和创造力。

篇章是作者为了表达自己的思想、抒发自己的情感、阐述某种观点，通过一定的语言文字表达出来。这里面既有抽象思维活动，也有形象思维活动，两种思维活动相结合。根据两种思维理论的迁移原理，学生在学习句子和段落时形成的技能和思维方式，可以迁移到篇章的学习，缩短了学习的进程，促进了能力的形成，学习的过程变得简单有效。

学习迁移理论告诉我们，迁移有两个重要条件，即新旧知识之间若有共同的思维要素就能产生迁移，共同思维要素越多，迁移越容易实现。教师要努力设计有助于迁移的教学情境，使学生在充分感知的基础上去获得新知。情境教学适合小学生年龄和心理特点，收效比较明显，因而在小学语文教学中被大量采用。

（一）同体裁课文间方法能力的迁移

四年级上册第三组课文是一组童话《巨人的花园》《幸福是什么》《去年的树》《小木偶的故事》。由于体裁相同，都是通过丰富的想象、幻想和夸张来编写的适合儿童欣赏的故事，因此在教学中重点归纳这类体裁文章的规律和特点，用以迁移到每一篇课文的学习中。

在教第一篇文章时我们提出学习要求：

（1）了解童话内容（整体感知分析与综合）。

（2）品味童话的语言（想象联想语言所描述的画面）。

（3）体会童话的特点（归纳概括）。带领学生运用这些方法，对童话这一体裁的文章有了初步的感知，接触了一些学习方法。

然后在每一篇文章的学习中都运用迁移的方法，把这种方法加以巩固，做到教学重点突出。学生在学习时，因为有了学法的迁移，学习兴趣浓厚，难度降低。经过多次训练，学生也就形成了阅读这类题材文章的能力。

（二）分析段落结构特点向分析文章布局谋篇特点的迁移

学生对段落结构的分析与对归纳与文章布局谋篇的分析归纳有共同的思维方法，因此可以将分析段落结构特点的方法迁移到分析文章布局谋篇的特点中去。

自然段是由相关联的句子构成的。作者在连句成段时遵循了一定的段式结构关系。小学语文课本中的段式大致可以划分为如下几种：总述和分述（总述—分述—总述）关系、顺承关系、并列关系、概括具体关系、因果关系、转折关系。学生已经掌握了以上段式，形成了阅读技能。篇章是由段落构成的，连段成篇的方法在小学阶段也大致有以下几种：按不同方面连段成篇（段落之间是并列关系）；按事情发展顺序，按时间、地点转换的顺序连段成篇（段落之间是顺承关系）；按总分关系连段成篇（段落之间是总分关系）。根据迁移理论，教师只需总结出段的构成方式和篇的构成方式这二者之间的规律，学生篇章布局谋篇的方法就能很快运用与掌握。

通过分析可以看出新旧两种知识、经验中有共同的思维要素，我们在教学中就能进行迁移。在学习段落中反复实践形成的学习能力思维方法，也可以迁移到学习篇章的过程中，举一反三，最终起到提高学习效率的作用。

## 二、篇章学习技能的训练

### （一）分析与综合能力的迁移

在学习篇章时，理解篇章的内容及所蕴含的深刻内涵，准确深刻的理解能力就起到了很大的作用。理解能力很大程度上取决于抽象的分析和综合、归纳和概括能力，这个过程对于认知特点是以具体感知为主的小学生来说，难度很大。因此教学中在综合对文章进行分析之前，应先迁移段落学习的经验，把直接综合的思维过程转化为整体感知—演绎—综合理解的过程。

当理解一篇文章的写作内容时，由于文章篇幅长，不理解的语句和内容多而抓不住要领，因此，教师会把一篇文章划分段落再进行教学，这样就分散了难点。当文章以一个一个段的形式展现在学生面前时，学生就可以迁移学习段落时的分析能力，先对每一段的内容进行理解，然后再综合每一段的理解读懂全文的主要内容。

例如，人教版小学语文六年级上册课文《只有一个地球》是印第安酋长西雅图给当时美国总统写的一封信，信中内容究竟如何理解呢？首先整体感知课文，大致了解作者的写作意图：告诉人们要爱护环境。如何来表现这个写作意图呢？可以引导学生逐段读文，迁移运用学过的归纳段意的方法，了解每一段的主要内容，把整体的篇章按段落进行划分，这个过程就是把学生的思维方式从抽象概括多维度的理解引向具体的单向的理解。段意展示出：第一段（第

1—2自然段）介绍地球上人类活动的范围很小。第二段（3—4自然段）介绍地球的自然资源是十分有限的。第三段（5—7自然段）介绍人类不能指望在破坏了地球以后移居到别的星球上。第四段（8—9自然段）我们要精心地保护地球。教师把简单的概括材料具体展现在学生面前，然后再把已分析出的每一部分内容进行综合。这种加工的过程是大脑把简单的材料进行综合的过程，思维过程简化了，化解了理解的难度，此时写作的思路，课文的主要内容就不难理解了。

再如对主题思想和情感的理解。人教版小学语文四年级上册《鸟的天堂》一文，要想知道全文表达的主题思想，可以抓住第8自然段"榕树正在茂盛的时节……把它的全部生命力展示给我们看"。通过对这一段的分析，学生就能看到作者在赞美这棵充满勃勃生机的旺盛生命力的树。再看课文的第12—13自然段，描写了大榕树上令人目不暇接的鸟，进一步让读者感受到这是一棵生命力旺盛的树，综合几个重点段的情感从而体会到全文所表达的思想和情感。

(二)归纳与概括能力的迁移

归纳与概括的能力在语文教学中非常重要，是一种基本的智力技能。当代心理学家林崇德说："概括是智力与能力的首要特点。因此，中小学生概括能力的发展，应看成其智力与能力发展的重要指标。"学习者只有对他的经验进行了概括，获得了一般原理，才能实现从一个学习情境到另一个学习情境的迁移，才能举一反三、闻一而知十，这就是迁移。

在思维能力中，概括能力就是把具体的表象通过提炼归纳抽象出高度凝练的过程。小学生的认知特点是以具体感知为主，而概括篇章主要内容能力的形成却属于抽象推理的过程。由具体感知形象到抽象地进行概括，这对小学生而言在认识过程上是一个飞跃。如何完成这个飞跃，教师可以提供一个中间环节，引导学生把已有的概括句段内容的学习经验、形成的技能运用到概括篇章主要内容的学习中来，也就是理论上讲的"阅读技能的迁移"。因此我们依然可以引导学生迁移已有的概括段落的方法，再进行加工概括，把有关事物的共同特性归结在一起，从许多个别事实中概括出一般结论，从而降低学生学习的难度。

通过实践，教学中常用的概括段落内容的主要方法有抓题眼概括法、抓重点句概括法、串联重点词语连句概括法、合并法、取主舍次法。如果我们把这些方法迁移到概括篇章主要内容的学习中来，这种在阅读句段形成的能力，促进全文阅读能力形成的过程，就是阅读技能的迁移。如果学生能很好地进行阅读技能的迁移，将会节约大量的教学时间，提高教学效率。

例如人教版小学语文三年级上册课文《富饶的西沙群岛》，第 2 自然段中心句是"西沙群岛的海水五光十色，瑰丽无比"，段意就是中心句。人教版小学语文三年级上册课文《花钟》第 1 自然段中心句"要是我们留心观察，就会发现一天之内不同的花开放的时间是不同的"，教师可以引导学生把中年级学会的方法直接迁移到高年级的学习中。如人教版小学语文五年级上册《圆明园的毁灭》一课，第 1 自然段就可作为中心段用来概括段意："圆明园的毁灭是祖国文化史上不可估量的损失，也是世界文化史上不可估量的损失。"人教版小学语文六年级上册《我的伯父鲁迅先生》文中最后一个自然段"的确，伯父就是这样的一个人，他为自己想得少，为别人想得多"就是中心段。抓住中心段，全文的主题思想就可以概括为：作者通过回忆伯父鲁迅先生给自己留下深刻印象的几件事，表现鲁迅先生是个爱憎分明、为他人想得多、为自己想得少的人。运用迁移理论使学生学习篇章的过程简单而轻松，学习更加有效。

# 第五节 课例《秋天的雨》《花的勇气》

课例一 人教版小学语文三年级上册《秋天的雨》

| 学　校 | 北京小学走读部 | 教师姓名 | 鄂敬轩 | 任教学科 | 语　文 |
|---|---|---|---|---|---|
| 年　级 | 三年级 | 课　题 | 秋天的雨 | 课　型 | 识字课 |

## 指导思想与理论依据

　　学生始终是学习活动的主人,他们在自主、合作、探究中快乐地学习,不是所有的知识都需要教师亲自教授,利用学生已有的学习经验或利用学生之间的相互启发进行迁移性学习,可以使学生的学习能力得到较好提升。美国心理学家布鲁纳的迁移理论指出,"经典的迁移问题的中心,与其说是单纯地掌握事实和技巧,不如说是教授和学习结构"。利用文中相同句式的结构特点,指导学生对句子的基本句型和框架进行学习,再运用思维的加工和知识的迁移,便可在温习已有句式的基础上探求新的句子、新的意义。

## 教学背景分析

　　一、教材分析

　　《秋天的雨》是人教版小学语文三年级上册的第 11 课,课文以秋雨为线索,抓住秋天的特点,写了秋雨到来后秋天缤纷的色彩,秋天丰收的景象,还有深秋中各种动物、植物准备过冬的情景。

　　课文使用了多种修辞手法,语言具体生动,用词精确,艺术化的语言,会给学生造成理解上的困难,是教学的难点。

　　二、学情分析

　　学生刚刚升入三年级,虽然掌握了一定的识字方法,但从心理学角度来讲,这个年龄阶段的学生在学习过程中主要依赖无意注意,有意注意的时间仍然较短,依然以感性思维为主。因此,教学中应采用以已知促未知,以旧知带新知的方法,进行形象迁移,激发学生的学习兴趣,在灵活多样的教学形式中自主识字。

## 教学目标

　　1. 会认 8 个生字,会写 12 个生字。正确读写"清凉、留意、扇子、炎热、凉爽、柿子、仙子、菠萝、气味、香甜、粮食、加紧、油亮亮、杨树、丰收"等词语。

　　2. 仿照典型句式和文中佳句进行练习,积累语言,学会运用。

　　3. 正确、流利地朗读课文,在初步读文的基础上,感受秋天的美好,激发对大自然的热爱。

| 教 学 过 程 | | | | |
| --- | --- | --- | --- | --- |
| 教学阶段 | 教师活动 | 学生活动 | 设计意图 | 效果分析 |
| 一、课件导入,渲染气氛 | 1. 播放课件。<br>今天我们一起伴着绵绵的秋雨走进快乐的语文课堂,来学习《秋天的雨》。<br>2. 板书课题。 | 观看课件。<br><br><br><br><br>齐读课题。 | 开门见山,直接导入课题,简洁而明快。 | |
| 二、发挥能力,自主识字 | 1. 自由读课文,自主识字。<br>自由读课文,要求把字音读准、句子读通顺。<br>2. 检查生字词。<br>(1) 同桌互相指读生字,看谁读得准、记得牢。<br>(2) 集体反馈。利用多媒体课件出示字词,重点强调“钥匙、菠萝、扇”的读音。<br>(3) 请学生领着大家读生字。<br>3. 学习生字。<br>(1) 浏览 12 个生字,把生字进行分类。<br>按字形结构分类:<br>左右结构<br>上下结构<br>其他结构<br>按造字方法分类:<br>形声字<br>会意字<br>(2) 这些生字中哪个字在书写时需要注意,注意什么? | 交流反馈。<br>注意课文中难读、容易读错的词语,以“一个带一串”的方式检查学生对带有轻声、多音字的词语的掌握情况。<br><br><br><br>汇报分类识字:<br>枚、柿、仙、粮、杨、邮。<br>菠、萝、梨、紧、扇(半包围)爽(独体字)。<br><br><br>自学,找到易错的字,相互提醒。 | 采用自主、合作的学习方式,让学生相互提醒字音,读准、读通课文。 | 利用朗读,在具体的语言环境中识记生字,同时巩固了识字方法,促进学生独立识字的能力。 |

| 教学阶段 | 教师活动 | 学生活动 | 设计意图 | 效果分析 |
|---|---|---|---|---|
| 三、深入局部,感悟课文 | 在文中找出带有生字的句子,在生字下面画△。找好后把句子读一读。<br>借助文中拼音,读准要认识的生字。<br>相机处理:<br>(1)你看,它把黄色给了银杏树,黄黄的叶子像一把把小扇子,扇哪扇哪,扇走了夏天的炎热。<br>读准字音:这是一个多音字,有"shān、shàn"两个读音。你能分别用两个读音组词吗?<br>谁能发现这个字在什么情况下读"shān",什么情况下读"shàn"?<br>师小结:表示动作时读"shān",表示事物名称时读"shàn"。<br>读一读句子。<br>指导书写:提醒半包围结构的书写要点。<br>(2)它把红色给了枫树,红红的枫叶像一枚枚邮票,飘哇飘哇,邮来了秋天的凉爽。<br>师:你发现了什么吗?<br>按课文内容填空。 | 自主找、画带有生字的句子,读一读。<br>学生读词、组词(教师注意纠正)<br><br>第一个是扇子,读"shàn";后面是扇的动作,读"shān"。<br><br>发现相同句式。<br>它把____色给了_____,___的___像___,_____。 | 在阅读教学过程中对识字、写字要从时间、环节、指导、练习等方面给予保证,注重教给方法,培养能力。<br><br>本环节通过朗读、想象,体会比喻句的生动、形象,感受语言的美。 | 教师与学生一起细细品读文中语句,领悟比喻、拟人等多样灵活的表达方式。在多种形式的朗读中走进文本语言,体会秋天特点,从而习得文本表达方法。 |

脑科学·思维·教育丛书

| 教学阶段 | 教师活动 | 学生活动 | 设计意图 | 效果分析 |
|---|---|---|---|---|
| 三、深入局部,感悟课文 | 引导发现比喻句。<br>预设1:银杏树(出示图片)。银杏树的叶子和小扇子有什么相似之处呢?<br>师:因为它们的形状一样,所以作者把银杏树的叶子比作小扇子,写得形象、生动。<br>预设2:枫树。<br>师:闭上眼睛听一听老师读,边听边想象,看看你的脑海中会出现什么样的画面。<br>师:多美的画面啊!能读得也很美吗?想象画面,也能帮助我们把课文读好。<br>你能模仿这样的句子说一说吗?<br>(3)秋天的雨还把什么颜色给了谁呢?默读第2自然段,边读边画。<br>随着学生汇报出示图片。<br>菊花仙子得到的颜色就更多了,紫红的、淡黄的、雪白的……美丽的菊花在秋雨里频频点头。 | 银杏树的叶子的形状像小扇子。<br><br>读一读句子。想象枫树叶飘落的样子。朗读句子。<br><br>汇报:它把_____色给了_____,_____的_____像_____,___。 | 通过默读、勾画、词语积累,让学生理解“五彩缤纷”的含义,感受秋天的美。 | |

| 教学阶段 | 教师活动 | 学生活动 | 设计意图 | 效果分析 |
|---|---|---|---|---|
| 三、深入局部,感悟课文 | 师:菊花仅仅有这些颜色吗? 你怎么知道的? 你还知道有什么颜色的菊花?<br><br>(4)看到这一组组的图片,你想到了文中的哪个词语? 你还能想到哪些词语?<br>进一步解析词义:这些都是"五彩缤纷"的近义词,表示颜色很多。你发现了吗? "缤纷"这两个字都带有绞丝旁,表示散乱的丝线,"纷"还指旗子上飘带飘动的样子。因此,"五彩缤纷"除了表示颜色多外,还常常带有一种动态的美。<br>就像文中说的银杏树叶——<br>枫叶——<br>橘子、柿子——<br>美丽的菊花——<br>师:一个"五彩缤纷"把秋天的各种事物都活灵活现地呈现在大家面前,文中的词语用得多准确呀!<br>让我们一边欣赏,一边读出它的美丽吧。 | 发现省略号。<br><br>五彩缤纷、五颜六色、五彩斑斓、五光十色、绚丽多彩。<br><br><br><br><br><br><br><br><br>扇走了夏天的炎热。<br>邮来了秋天的凉爽。<br>你挤我碰。<br>频频点头。 |  | 引导学生重点体会中心词"五彩缤纷",不失时机地对词语进行字理解析,使学生领悟汉字丰富的文化内涵,切实地理解了词语的意思。 |

续表

| 教学阶段 | 教师活动 | 学生活动 | 设计意图 | 效果分析 |
|---|---|---|---|---|
| 三、深入局部,感悟课文 | (5)文中还有哪些带生字的句子呢?让我们再来读读。<br>梨香香的,菠萝甜甜的,还有苹果、橘子,好多好多香甜的气味,都躲在小雨滴里呢!<br>小喜鹊衔来树枝造房子,小松鼠找来松果当粮食,小青蛙在加紧挖洞,准备舒舒服服地睡大觉。<br>松柏穿上厚厚的、油亮亮的衣裳,杨树、柳树的叶子飘到树妈妈的脚下。<br>师:在秋雨里,你都看到什么了?<br>师:难怪课文第一自然段说"秋天的雨是一把钥匙,带着清凉和温柔,轻轻地、轻轻地,趁你没留意,把秋天的大门打开了"。(板书:钥匙)<br>课文最后一个自然段还说"秋天的雨,带给大地的是一曲丰收的歌,带给小朋友的是一首欢乐的歌"。(板书:一首歌)<br>为什么这么说呢?我们下节课继续研究。 | 橘子、柿子、梨、菠萝、苹果、小青蛙、小松鼠、小喜鹊、松柏、杨树、柳树。 | | |

| 教学阶段 | 教师活动 | 学生活动 | 设计意图 | 效果分析 |
|---|---|---|---|---|
| 四、指导书写，检验所学 | (1)指导书写。<br>"爽"字重点指导笔顺。<br>"柿"字重点指导字形。<br>(2)课后检测。 | | | |
| 五、布置作业 | (1)抄写本课的生字、新词。<br>(2)选择你喜欢的内容背诵下来，并抄写自己喜欢的词句。<br>(3)用你手中的画笔为你喜欢的课文内容设计一幅图画。 | 学生临摹，练写。 | | |

板 书 设 计

秋天的雨

柿　爽

按字形结构分类：

左右结构：枚　柿　仙　粮　杨　邮

上下结构：菠　萝　梨　紧

其他结构：扇（半包围）

　　　　　爽（独体字）

按造字方法分类：

形声字：枚　柿　仙　粮　杨

　　　　邮　菠　萝　梨　紧

会意字：扇　爽

## 课 后 反 思

一、以学生为主体,创设条件让学生自主学习。

本课识字部分让学生运用旧知对新知进行分类,不仅强化了新旧知识间的联系,进一步明确了汉字的规律,又促进学生自己解决问题,把学生作为学习的主动探索者。这虽然比教师直接给或按顺序教需要多花些时间,但从长远上看让学生充分动口、动眼、动脑、动手、查字典、写要点、画批注,把学生的思维引向积极状态,对学生的语文素养的培养是十分有利的。

二、顺学而教,有效进行训练。

课文层次分明,思路清晰。前四个自然段分述秋雨,最后一个自然段概括总结;前四个自然段的每一段的第一句话又是这一段的总启,下面分别进行分述,课文的结构非常整齐。以带有生字的句子为牵引,在第一课时将分述部分的语言结构及景色特点进行渗透。再适时适度地加入句子练习,通过模仿、填空、补充等形式,将学用结合,使学生学有所获,在语言学习中,也得到说和写的训练。

## 课例二　人教版小学语文四年级下册《花的勇气》

| 学　校 | 北京小学走读部 | 教师姓名 | 李　静 | 任教学科 | 语　文 |
|---|---|---|---|---|---|
| 年　级 | 四年级 | 课　题 | 花的勇气 | 课　型 | 略读课 |

### 指导思想与理论依据

这篇教学设计的主要指导思想就是"体现略读课特点,发挥其桥梁作用,引导学生自主运用学习方法获得阅读体验,形成语文学习能力"。略读课教学是引导学生运用习得的方法自主学习,获得阅读体验,达成目标的过程。

本课中含义深刻的语句理解起来确实有些难度,迁移理论的观点告诉我们,"掌握事物的结构,就是以允许许多其他的东西与它有意义地联系起来的方式去理解它"这就提示我们面对这样的语句,要以迁移的方法去学习和理解,也就是要引导学生充分运用在精读课上习得的方法,结合本文的内容去学习,从而提高能力和阅读水平。

### 教学背景分析

一、教学内容分析

从编者的思路来看,本课所在的单元主题是感受生命的美好。通过对本组课文的学习,去感受生命的美好。与此同时训练、培养学生"体会课文含义较深的词句"的能力。《花的勇气》一课是略读课文,所处本组课文的最后一篇。编者的目的是用这篇课文引导学生将精读课文所掌握的方法和能力在教师引导下进行有效迁移,从而达到自主的阅读。

二、学生情况分析

学生通过本组前三篇课文的学习,学到了通过"结合生活实际,联系上下文"来理解、体会文中含义较深刻的词句,从而体会作者感受的方法,初步具有了对重点词句形成解释的能力。

在课前导读的提示下,学生能够将学过的方法迁移到自主阅读中,从而厘清写作思路,了解课文内容,体会含义深刻的语句,获得感悟。

## 教 学 目 标

知识与技能:

1. 读准"吕、滥、刷"等4个生字及"铺"等多音字的读音。

2. 整体感知课文,了解课文写了一件什么事。明确作者从"失望"、"遗憾"到"惊奇"、"心头怦然一震"的原因。理解"小花的气魄"和"……这一震,使我明白了生命的意味是什么,是——勇气"等文中含义较深的词句,培养"形成解释"的能力。

3. 有感情地朗读课文,表达自己内心的感受。

过程与方法:

1. 初步学会借助"课前导读"中的提示要求自主阅读课文。

2. 运用联系上下文和生活实际等方法理解含义深刻的句子,体会作者的内心感受。

情感态度与价值观:

体会作者对生命的感受,激发学生热爱生命,有勇气面对、挑战困难的决心。

教学重点:

明确"惊奇"、"心头怦然一震"的原因,体会含义深刻的句子。

教学难点:

理解"怦然一震"的原因,体会生命的意味。

| 教学过程 | | | | |
|---|---|---|---|---|
| 教学阶段 | 教师活动 | 学生活动 | 设计意图 | 效果分析 |
| 导入 | 课前欣赏图片:看着这些优美的图片,你想说些什么?(说完整句子)这些同学用词丰富,句子完整而且非常有勇气,你能理解"勇气"的意思吗?<br>(板书"勇气")<br>今天我们要学习的课文叫《花的勇气》(补充板书) | 勇敢,很有魄力;敢作敢为毫不畏惧的气魄。 | 突出理解"勇气"的意思,解题。 | 学生能初步理解题意。 |
| 一、初读课文,把握文意,了解经历 | 1. 初读课文,引导归纳:<br>结合"学习提示",想一想作者在维也纳经历了一件什么事?<br>2. 交流反馈。<br>简单总结,引导学生把握文章的大意。<br>3. 过渡:作者一开始就看到这些在冷风冷雨中拔地而起的小花吗?他经历了一个什么样的过程呢?快速地浏览课文,找一找作者看花的具体过程。<br>4. 反馈交流,幻灯出示学习单。<br>没有花的绿地是寂寞的。寂寞一般是形容什么的?文中说什么是寂寞的?这是什么写法?你也仿照着说一句。 | 讲述自己所归纳的内容。<br><br>带着要求自由朗读课文。<br><br>刚见草地,感到失望,因为没有花的绿地是寂寞的;拨开草看,感到吃惊,因为花藏在草下;离开之前,感到遗憾,因为没看见花从草下边长出来;雨中看花,感到惊奇,因为冷风冷雨中冒出来。 | 口头归纳文章主要内容的训练。 | 进一步明确主要内容的总结方法。 |

| 教学阶段 | 教师活动 | 学生活动 | 设计意图 | 效果分析 |
|---|---|---|---|---|
| 一、初读课文，把握文意，了解经历 | 5. 作者经历了这么复杂的心理变化之后，他有了什么样的感受？在课文的哪里？幻灯出示最后一段。齐声朗读、相机理解"怦然一震"。这就是作者最终的体会，体会到了花的勇气。 | | 用学习单的形式简化主要内容，围绕心情描写的线索，引导学生进一步学习。 | 大部分学生可以准确地填上所缺内容。 |
| 二、了解花的世界，感受花的勇气 | 1. 作者为什么能感受到花的勇气呢？是什么样的小花感动了他呢？请再浏览课文，画出作者具体写花的句子。<br>2. 交流写花的句子，总体感受。（课件出示）<br><br>3. 这么美丽的小花开放在你面前，你想对它们说什么？是啊，每一处花，都给人全新的感觉。那让我们走进这花的世界，慢慢地欣赏。 | 小小的花儿居然有如此的气魄！我的心头怦然一震，这一震，使我明白了生命的意味是什么，是——勇气！学生按要求自学。句1：原来青草下边藏着满满一层小花……句2：迎着吹在脸上的细密的、凉凉的雨点，我看到…… | 理解重点语句。 | |

| 教学阶段 | 教师活动 | 学生活动 | 设计意图 | 效果分析 |
|---|---|---|---|---|
| 三、细读品味 | 1. 自读这处写花的句子,圈出你不理解的词语;还有什么可以用"齐刷刷"形容?用"齐刷刷"说一句话。<br>再试着读一读,看看能不能读懂?<br>学生交流反馈,教师相机指点。<br>这是作者在什么情况下看到的花?<br>这份吃惊,也就是在这时产生的。作者没有用上"吃惊"这个词语,却通过写花来告诉我们他此时的心情。<br>你还可以用怎样的语句表达"吃惊"?<br>那么,我们要怎样读才能把作者的这份心情读出来?<br>教师范读,指名学生朗读,练习读。<br>2. 我们再来看看第二处写小花的语句。<br>你有哪些不理解的词语呢?<br>作者为什么要用这些词语?这些词语都写出了小花的什么?<br>面对这些小花,作者是什么心情? | 理解"齐刷刷"。<br><br><br><br><br><br>拨开草时。<br><br><br><br><br>重点理解词语"改天换地、傲然挺立、明亮夺目、神气十足"。<br><br><br><br>对花的一种赞叹,非常有气魄,非常有勇气!<br><br>很惊奇。 | 运用所学,进行模仿练习。<br><br><br><br><br><br><br><br><br><br><br><br><br><br><br><br>替换性练习,训练学生的语言表达。 | 在重点理解的基础上,学生可以较好地进行模仿练习。 |

| 教学阶段 | 教师活动 | 学生活动 | 设计意图 | 效果分析 |
|---|---|---|---|---|
| 三、细读品味 | 那我们来读一读,试着将这份惊奇读出来。在文中,还有哪个字让你感受最深?小花"冒"出来是在什么样的环境下?是在温暖的阳光下吗?如果这篇文章让你来写,你准备在这里用什么字呢?这冷风冷雨中傲然挺立的小花,简直就是一个个非常活跃的小精灵啊!你觉得他们怎么样?是啊,这些小花感动了我们。作者也是同样感受到花的气魄,他的心头是——因为他体会到了生命的意味,是——勇气!我们再一起来读一读这些美丽的小花! | 学生朗读。生答:"冒"。<br><br>不,是在冷雨冷风中。<br><br>生答:钻、探、长……<br><br>生答:很勇敢……有气魄……有勇气……<br><br>生答:怦然一震!<br><br>男女生合作读。 | 理解重点语句。<br><br>利用前后对比,进一步体会花的勇气。 | 体会作者用词的准确。 |
| 四、摘录句子,积累语句 | 1. 想想作者是怎么把花写得如此美丽动人?2. 这么优美的句子,你舍得就这样看过就算了吗?你打算怎么做?3. 课堂摘录文中写花的重点句子,背诵积累。 | 因为他善于观察身边的事物……把它们摘录在本子上……把它们背诵下来,以后运用在自己的作文当中…… | 积累收集。 | |

## 板 书 设 计

## 课 后 反 思

本课以"勇气"一词为线索,先把握文意,再厘清文路进行整体感知,然后通过感知描写花的句子,体会花的勇气。教学中更是着力落实句子教学。本节课的句子教学中加强句子训练主要把握了以下两点:

一、准确把握训练内容

准确把握训练内容是提高训练效率的前提。这节课呈现的两处描写花的语句,是含蓄句与形象句的结合体。"我的心头怦然一震,这一震,使我明白了生命的意味是什么,是——勇气!"这一句是文章的中心句。这两处语句又有一个表达上的共同点:都是作者的所见所闻与心理感受结合起来的描写。集这么多特点于一身的句子,被准确地提炼出来,作为这堂课句子教学的重点,使这堂课的句子教学定点准确、独到,为淋漓尽致地发挥文本中重点句子的作用开了好头。

二、恰当运用训练形式

"教无定法,贵在得法"。在句式训练的过程中,能根据不同句子的特点,正确地选择训练形式,使句子训练更扎实、到位。教师引导学生将在精读课文中学到的理解含义深刻的句子的方法迁移到本课的学习中,培养了学生自主阅读的能力。根据本文的文本特点、句子特色、学生实际,运用了读句法、抓重点字词法、想象法、换位体会法、抄句法、背句法等方法,让学生理解并积累两处描写花的语句,在朗读中不断理解,在理解中不断积累,把朗读、理解、积累紧密联系在一起。

# 第七章

观察·说话·写话
——作文起步教学的改革试验

## 第一节 加强阅读课的观察

大千世界人们通过观察找出它们的共同点和不同点，进行类比和检验，最后得以识别。这种观察从幼儿期就开始了，儿童是好动的，东看看，西听听，摸摸这个，动动那个，通过他们自身的感官（眼，耳，鼻，舌，身）去观察周围的世界。由于观察的生活是多样的，观察的感受也各不相同。他们在活动、游戏、生活中通过观察积累了种种表象，他们开始学会区别大小、长短、轻重，学会区分正方形和长方形，学会辨别小伙伴们说话的声音等等，说明幼儿从观察中已学会了简单的思维了（形象思维）。

儿童上学以后，观察是儿童学习的基础。儿童在语文课上，学习字词时，离不开字词表征的事物的形象（表象）；练习说话时，进行再造想象也离不开他的所见所闻；理解课文中种种对自然景物和生活故事的描述时，也离不开儿童平时有关生活经验和表象的积累。观察是写作的源泉。儿童观察时，将现在的观察与过去的观察获得的经验（表象）联系起来，进行加工改造，得到对事物的理性认识就是一种思维活动，这些内容是写作训练的重要素材。观察中获得丰富的表象积累，是进行加工的基础，也就是写作的基础，观察的东西越多，思维越深入，基础越厚，写作内容就越丰富。可见，观察是儿童识字、说话、阅读、写作的基础，是儿童认识客观世界的第一个来源。苏联教育家苏霍姆林斯基说："在低年级，观察对于儿童之必不可少，正如阳光、空气、水分对于植物之必不可少一样。在这里，观察是智慧最重要的能源。"[1]

怎样培养儿童的观察力呢？ 在语文课上，教师充分利用教材，学习字词时，引导学生分析字词及字词表征的事物的形象，在阅读课文中，通过观察插图帮助他们理解词句。在不同的季节里，师生观察自然景色，观察自然界的花草树木；有时走出去观察，有时"请进来"，把观察对象拿进教室，拿到同学们身边。教师引导他们观察身边熟悉的人及事物，观察各种活动，观察静物，观察图片。引导学生观察实物，观察老师演示活动，观察同学们游戏、表演，同学们自己动手做小实验，外出参观，看电视，电影等，不仅获得很多知识，而且激发学生探求知识的兴趣和欲望……总之，让孩子们养成随时随地观察的习惯，激发学生观察兴趣，积累丰富的表象，发展他们的思维，为低年级儿童阅读课文、学习写作打下基础。

下面是教师培养学生观察能力的几种方法。

1. 课前组织学生有目的地观察

通过观察获得丰富的表象积累，是阅读的一个重要基础。课文中的词语句子对学生来讲是抽象的，有些不易理解，结合阅读课进行观察，强化和充实他们已有的经验（表象）和感受，根据课文的描写，重新组建这些表象，头脑中出现新的表象，即人物、情节、情景的画面。这些画面有助于学生加深对课文的理解，也有助于学生学习了文章的表达。

---

[1] 苏霍姆林斯基. 给教师的建议[M]. 杜殿坤，编译. 北京:教育科学出版社,1984:47.

2. 培养学生辨析字形,发展思维的能力

在学生已初步掌握了自学生字的方法的基础上,引导学生在自学中读准字音,观察、辨清字形,体会词义。如在学习"无"字时,有的学生用数笔画的方法记忆字形,有的学生用"天"或"元"字换一笔的方法记忆字形。教师及时给予肯定,表扬了第二个同学是在比较"无"、"元"与"天"的异同点后,确定的记忆方法学得巧、学得好,号召大家向他学习。学习"各式各样"的"式"字时,教师提醒学生"式"字的字形有两点需要注意,并鼓励他们认真观察思考。学生观察后说"式"字的最后一笔是"、",不要丢掉。斜钩上面没有撇。

在学习"燕"字时,教师引导学生用象形字的方法分析字形。如"廿"像燕子的头,燕子正朝天鸣叫,"口"是燕子白白的胸脯,"㐄""㇙"分别是燕子的左右翅膀,"灬"代表了燕子的剪刀式尾巴和两只爪子。结合观察燕子的图,把抽象的符号和形象的画面结合起来,记忆深刻。

学习"醒"字时,引导学生观察"酉"字旁,学生说"酉"很像"西",就是比西多了一小横。有学生认识"酒"字,说这是"酒"字的右边。那么"醒"为什么与"酒"有关呢? 有同学说:"是不是喝醉了酒,慢慢清醒过来的醒呢?"对了。在教师的引导下,边观察字形边理解字义,很快记住了"醒"的字形。两个难点字学习的正确率为 98.2%。

学习"鸟"字时,教师出示了一幅小鸟的图片,让学生把"鸟"的字形与鸟的外形进行观察,帮助记忆字形。学生观察后,说"鸟"字的"丿"像小鸟头上的羽毛,"刁"像小鸟的头,里面的"、"像小鸟的眼睛,"㇉"像小鸟的身子,"一"像小鸟的爪子。这个难点字同学们一下子就掌握了,正确率为 100%。

3. 引导学生观察彩图,发展语言

"看图学句子"是一种把图义、句子形式和文字有机结合的课型,学习这类课文教师注意引导学生从图入手,培养学生观察、思维、想象，发展学生的形象思维，并进行语言的训练。例如《太阳大》一文中有一幅插图，三个句子。彩图是太阳、地球、星星，地球正绕着太阳旋转，四周群星闪烁。图的右边是三个句子，句式为"什么，怎么样"，即"太阳大。地球小。星星多。"教师首先让学生观察彩图，提问："图上画的有什么？"学生回答："图上有太阳、地球、星星。"教师出示"太阳"、"地球"、"星星"的词语卡片，说明它们是由两个字组成的词语。在理解词义的基础上，提出新的问题："太阳、地球、星星怎么样呢？"然后，进一步引导学生观察，并把"太阳"、"地球"、"星星"变成"太阳大"、"地球小"、"星星多"的句子。在读句子的过程中，让学生弄清句子是由词组成的，这三句话都是"什么，怎么样"的句式。学生要回答教师的问题，必须先听清问题，练习句式，认真观察彩图，依据老师的提问，来组织自己的语言。

教师提问："太阳和地球比大小，结果怎样？"学生回答："太阳和地球比大小，太阳大，地球小。"教师接着说："太阳和地球都是星球。星星怎么样？"学生回答："星星多。"文中出现的三句话说明了太阳、地球、星星在某个方面的特点。当学生理解并能够正确朗读后，教师再次出示书中的图片，让学生进一步观察思考："还可以说太阳怎么样？ 地球怎么样？ 星星怎么样？"学生通过观察思考，在头脑中形成新的感知印象，发现了太阳、地球、星星各自不同的特点，课堂气氛非常活跃。同学们争先恐后地说："太阳红。""太阳亮。""太阳圆。""地球圆。""地球转。""地球大。""星星亮。""星星闪。""星星小。"在以上答案中可以看出学生在学习观察，并能利用彩图形象鲜明的特点，丰富头脑中的表象，对太阳、地球、星星有了比较全面的认识，并丰富了词汇。

4. 教学生把图文结合起来，理解文中的词句

课文中的插图，形象、具体地反映了文中一些词句的含义，因此充分借助形象的图画引导学生理解抽象的词句，有利于发展低年级儿童的形象思维。在学习第四册《我们也要当红军》一文时，第3

自然段有这样一段话："毛主席上下打量着两个孩子……毛主席知道他们是贫苦农民的孩子，就点点头，答应了他们的要求。"其中"打量"一词是生词，教师引导学生观察插图，看看毛主席是怎样看两个孩子的。学生说仔细地看就是打量，并纷纷表演出这个动作。教师进一步提问，毛主席怎么知道这两个孩子是贫苦农民的孩子呢？同学们很快从图中找出两个孩子身上穿着破旧的衣服，脚上穿着草鞋。一个孩子背着破草帽和小包袱，另一个孩子也背着小包袱，包袱上还绑着一双布鞋。由此可见，这是两个穷苦人家的孩子。借助形象的画面，引导学生理解了抽象的词句。另外，学习课文后，教师请学生从课文中找出最能说明图意的句子来。这样，一方面可以引导学生深入地体会文中句子的含义，体会作者是怎样用词造句的，熟悉一些基本句式；另一方面促使学生仔细看清、看懂插图，发展学生的观察能力和形象思维能力。

# 第二节 "观察·说话·写话"课

文章是用来表达一个人的思想感情的，所以写文章一要会构思，要有思想内容；二要会表达，用语言、结构、写作方法把思想内容表达出来。写作练习要同时学会这两件事，这对于儿童来说是很不容易的，必须有步骤地进行训练。

因此，教师有步骤地指导学生观察的过程，其实质就是指导儿童通过观察（以视觉为主的各种感觉的活动），把外界的信息内化为思维进行构思的过程。通过观察，儿童头脑中对观察的事物、现象形成了一系列有顺序的，有主次的，相互联系的清晰、具体的表象，这就是儿童认识（观察）的结果，也是构思的产物。

这里有一点需要指出，人们的思考、构思是在头脑中进行的，别人是看不见的。儿童构思的时候，思维活动少则几步，多则几十步，儿童怎样想，会不会想（构思），教师也是不知道的。但是通过观察把外部信息有步骤地内化为思维，是可操作的，是看得见的。

它对于培养儿童的构思，有着十分重要的意义。

儿童通过观察进行构思的结果，是以系列的表象存在于头脑中。要把构思结果——表象表达出来，先要把头脑中的表象转换为语言（内部语言），然后用文字表达出来。

为了对小学生初学作文有计划地进行训练，教师把"说话课"改为"观察·说话·写话"课。从一年级第一学期中开始，到二年级末，每周一课。课的内容有听故事、讲故事，观察静物、动物和自然现象，观看图画，练习说话，造句，把观察和说话写话结合起来。儿童先会说一句话，再会说一段话。当学生能正确完整地说一句话后，让他把话写下来，就是写一句话。接着，学生能有条理地完整说一段话，让他把话写下来，就是写一段话，进而写一篇短文。这样，儿童的思维、语言、写作能力一步步得到提高。举例如下。

1. 有顺序地观察，训练有条理地说话

小学生说话常常词序颠倒，前后衔接不上，不能完整地说一句话，这反映出他们认识事物，分析事物不是按一定顺序进行的。为此，教师在对学生进行说话训练时，首先培养学生按照一定顺序观察、思考、叙述。

#### 案例一　观察《小手绢》

上课时，教师在黑板上挂出一块小手绢，问学生："谁能说说这块手绢是什么样子的？"学生观察后，七嘴八舌各抒己见，有的先说颜色，有的先说形状，有的说手绢上的图案……教师先肯定了他们的回答都是正确的，再进一步指出，这样说显得乱，怎样说能更清楚呢？学生产生了新的愿望，随即，教师指导他们按照一定顺序仔细观察，然后组织好自己的语言，按照以下顺序让学生边看边用完整的话叙述。

（1）这块小手绢是用什么做成的？

（2）这块手绢是什么形状的？什么颜色的？

一个学生回答:"是用布做成的。"又一个学生说:"这块手绢是用布做成的。"教师让学生对这两种回答做比较,让他们懂得后面的说法更完整,别人听了更明白,进而要求他们用这种方法回答第二个问题。学生不觉得困难,说出:"这块手绢是正方形的。"为了培养学生创造性思维并丰富词汇,教师进一步问:"还能不能用不同的词语来说?""这块手绢是方方正正的。""这块手绢是四四方方。"然后,教师要求学生把这两句话合并成一句话。学生经过观察思考,自己练习,做出了如下回答,用不同的词汇表述了这个意思:"小手绢是用布做的,是四四方方的。""小手绢是用布做的,是方方正正的。""小手绢是用布做的,是正方形的。""小手绢是花的。""小手绢是彩色的。""小手绢是花花绿绿的。""小手绢是五颜六色的。"学生能用上自己喜欢的词语说完整句。最后,教师让学生按照这个顺序把句子说连贯。学生说出如下一段话:"小手绢是用布做的,方方正正,五颜六色很好看。"这段话反映出学生按照顺序观察、思维,因而语言是连贯的,思维是有条理的,这是可喜的进步。

❖❖❖

## 案例二　空间顺序的观察训练

表示空间关系的词很多,如"在上面"、"在下面"、"在中间"、"左边"、"右边"等,而这些词汇表示的是两种或两种以上的事物同时出现情况下的空间关系,而且是随周围事物的变化而变化的。

教师在指导学生做按空间顺序观察的练习时,将五幅图拼成一个整体画面(见图7-1),再让学生说一段通顺、连贯的话。

图7-1

教学以前,学生看着这些图,这样讲述:"有月亮、有花坛、有柳树,还有老爷爷在巡逻。"这种毫无次序地讲述,也就不可能对图上所画的东西做出任何的概括,因为在他们的叙述中,没有建立各部分事物之间的空间联系。

教师引导学生:能否将图上的东西重新排列一下,它们应该在什么位置。

学生认真观察,按照事物的空间关系进行思考,将图进行重新排列。

学生分成小组议论,各抒己见,很快拼好了(见图7-2)。

图7-2

教师再指导学生看着自己排列好的图,练习说一段通顺、连贯的话。学生兴趣盎然,运用了"在中间"、"在前面"、"在上面"、"从……走出"等前置词和副词,叙述了整体画面的内容。

有的说:"这里是柳林新村。新村的中间有一个大花坛。左边是几排新的居民楼房。右边是一行枝叶繁茂的垂柳。从楼房后面走出三位老爷爷,他们拿着手电筒在巡逻。抬头看,天上有几朵乌云,云缝中露出一弯月牙,还有几颗闪烁的星星。啊!多美的新村夜晚。"

有的说:"这里是柳林新村。天上有几朵乌云,云缝中露出一弯月牙,还有闪闪的星星。柳林新村的左边是一排排新的居民大楼,楼房的前面是一个美丽的大花坛。花坛的旁边是一行枝叶繁茂的柳树。这时从居民大楼后面走出三位老人,他们拿着手电筒在巡逻,保护居民小区的安全。啊,柳林新村的夜晚真美啊!"

从学生的发言中,可以看出他们能运用准确的词语,叙述图画中事物的空间关系,连成了一段通顺、连贯的短文。

## 案例三　时间顺序的观察训练

一年四季各有特点。春天，春暖花开，生机勃勃；夏天，天气炎热，风雨交加；秋天，果实累累，落叶纷飞；冬天，北风呼啸，雪花飘舞。这是季节的特点，很容易被学生确认。一天的时间变化，可以从太阳的变化来判断。天亮了，太阳出来了；早上，太阳从东方升起，天边一轮红日；中午，太阳挂在天上，金灿灿的，十分耀眼；傍晚，太阳要落山了，发出柔和的光；夜晚，一轮明月挂在天空。教师可以引导学生观察一天中太阳的不同状态，了解时间、地点等的变化。

例如，教师指导学生通过观察《小白兔迷路了》的图画，练习说话。

《小白兔迷路了》有三幅图，表现了一只小白兔早上出门采蘑菇，来到大树林里，迷了路。乌鸦利用观察太阳升落的方法，帮助小白兔辨别了回家的方向。

（1）　　　　　　　（2）　　　　　　　（3）

小白兔迷路了
图 7-3

教师先请学生一幅一幅地看图，想一想，三幅图各画的是什么时间？在什么地方？有谁，在干什么？然后引导学生把第一幅图和第三幅图进行比较。

第一幅图画的是什么时间？你是从哪儿看出来的？小白兔是怎样走进树林的？

第三幅图画的是什么时间？你是从哪儿看出来的？想一想乌鸦会对小白兔说些什么？你能帮助小白兔找到自己的家吗？

学生很仔细地观察画面，根据太阳升起与降落的位置，判断了事情发生的时间，想象出小白兔早上是背着太阳出发来到树林的，小白兔的家在东边,太阳从西边落下,小白兔是应该背着太阳走,才能回到自己的家。

学生从画面上的太阳判断,按照时间发展的顺序,有条理地叙述了这个故事。

2. 细致观察,训练把话说具体说明白

小学生说话的时候,大多能抓住事物最主要的特点简洁地说清楚,但是受到其思维的局限,很难做到细致观察,说话具体。为此,我还注重引导学生观察事物的多方面,甚至拿着"放大镜"细心观察平时并不注意的部分,培养学生抓住多个特点进行有序、具体叙述的能力。

◆◆◆

### 案例四 《燕子妈妈笑了》

学生在说一句话的基础上,练习说几句话、一段话,这里面就有了叙述的条理性问题。课文就是学生学习的范例。学习《燕子妈妈笑了》一课,观察冬瓜和茄子,对比冬瓜和茄子有什么不同时,教师教学生根据课文思路,按照类别或项目的顺序进行叙述。教师设计的板书如下:

|  | 冬瓜 | 茄子 | 不一样 |
|---|---|---|---|
| 先看看 | 大 | 小 | 个儿 |
| 再看看 | 青 | 紫 | 色 |
| 认真看看 | 皮上有细毛 | 柄上有小刺 |  |

讲读课文后,教师提问:"谁说说冬瓜和茄子有什么不一样?"教师用教鞭指着板书,暗示学生要按一定顺序说。学生回答出:"冬瓜是大的,茄子是小的;冬瓜是青的,茄子是紫的;冬瓜皮上有细毛,茄子柄上有小刺。"这就是教学生按照大小、颜色、皮、柄这几项的顺序说出冬瓜和茄子有什么不同。教师顺着板书向下一指,提示学生按另一个顺序回答,学生很快说出:"冬瓜是大的、青的、皮上有细毛;茄子是小的、紫的、柄上有小刺。"这是教学生按照冬瓜和茄子大小、

色、皮、柄的不同分别叙述。练习中，教师设计了观察香蕉和草莓的不同，按照不同的顺序说。一个学生说："香蕉弯弯的，像月牙；草莓小小的，像桃子；香蕉是黄色的，草莓是红的；香蕉皮上有棱儿，草莓皮上有软刺。"另一个学生说："香蕉是黄色的，草莓是红色的；香蕉是长的，弯弯的像小船，草莓是小的、圆的，像小桃子；香蕉皮上有棱儿，草莓皮上有软刺。"这两种说法是按不同顺序观察的。接着教师请学生用不同的说法叙述，很快学生就说出："香蕉是大的，长得弯弯的像月牙，是黄色的，皮上有棱儿；草莓是小的、圆的像小桃子，是红色的，皮上有软刺。"这样，从易到难，从具体到抽象，帮助学生进行口述训练，然后再写下来。

3. 深入观察，开展想象

◆ ◆ ◆

### 案例五 《给老师送雨伞》

图 7-4

教师指导学生观察大幅图画时，一般分为两层：一层是抓住图的主要内容，指导学生在图内找出时间、地点、人物、事件，也就是整体部分；另一层是注意图上的细节部分。这就需要开展想象。

北京版小学语文教材第二册基础训练有个看图回答问题的训练。图的大意是：下午放学后，下雨了，两个孩子给老师送来雨伞。为了不影响老师工作，他们悄悄地把雨伞放在了门口。教师先引导学生看清楚主要内容：谁能从图上看出这个故事发生在什么地方？什么时间？

天气怎样？图上的人物有谁，他们之间的关系怎样？这些人在干什么？学生以这几个问题为线索观察，讨论，弄清了图画上的主要内容。接着，教师指导学生看清楚细节部分，提出：你从图上什么地方看出是办公室门口？你从什么地方看出是刮大风、下大雨？你从哪儿看出来是学生送雨伞？这样进行训练，学生不再忽略图中的细节部分，而是认真仔细地观察。如回答第三个问题时，学生说："图上画着斜线，还很粗，这些斜线就是雨丝。斜线很粗就是雨下得很大。女孩子的衣裙飘动起来，可见是刮大风。"

学生仔细观察了，这是个可喜的进步。但看懂一幅或几幅图，常常要对画外内容展开想象，这对小学生来说也是难点。如观察图7-4后，教师让学生进一步想想男孩和女孩说了些什么？指导学生按照一定的顺序，逐步培养学生仔细观察的能力，适当启发学生展开想象，学生叙述几句话时，也就具体而有条理了。

观察多幅图时，首先，让学生从整体看，要把每幅图的内容看清楚，再看清几幅图之间的关系。其次，在学生了解中心内容的基础上，教师指导学生进一步观察事情的发生、经过、结果。同样也要注意每幅图中的细节部分。最后，再把事情从头到尾连起来说完整、说通顺。

## 第三节　开展课外阅读

学生在生活和观察中，不断积累丰富的经验（表象），通过思考形成一定的理解、一种思想和一份情感，这些都是头脑中的东西。要把头脑中的理解、思维和情感表达出来，就要通过说和写。要积累词汇，联系句法，学习写作的方法，要学会遣词、造句和布局谋篇。这就要向别人学习，需要阅读。要开展课外阅读，把它和"观察·说话·写作"课结合起来。

如果学生只靠每天一两节语文课，一学期的二十几篇课文，获得知识，提高能力是远远不够的，应该鼓励学生大量阅读课外读物。开展课外阅读可以培养学生学习语文的兴趣，巩固课堂学习的字词，并扩大识字量。

书籍是人类文化的结晶，是人类精神的食量。歌德说过："读一本好书，就是和许多高尚的人谈话。"著名教育家张志公认为："从自己学习语言的经验看，得自课内与课外的比例为'三七开'，即大概有30%得自课内，有70%得自课外。"组织儿童在自己喜欢的知识领域中深入广泛地阅读，让他们和更多高尚的人交朋友，对开阔眼界、丰富知识、发展智力、陶冶情操以及提高读写等方面能力都有深远意义。

一年级小学生求知欲强，急于独立看书写字，这是开展阅读的有利因素。学生入学前在幼儿园生活，看图画书对他们来讲并不陌生。入学后，学生掌握了汉语拼音，可以作为读书报的工具。因此，教师认为在低年级开展课外阅读是可行的，也是必要的。

## 一、启发阅读的兴趣

"天才来源于兴趣和爱好"。兴趣是对事物的一种积极的情绪状态，启发兴趣是开展课外阅读的第一步。

1. 引导学生阅读图文并茂的拼音读物，引起阅读兴趣

学生入学一个月左右，汉语拼音就学完了。教师利用这个工具和学生已有的知识，引导学生开展课外阅读。彩色读物上生动的画面和刚刚学会的汉语拼音吸引着他们，学生一个字母一个字母地认读，一个字音一个字音地拼读，既看了画面又读了句子。学生很兴奋，为他们自己的进步感到高兴，甚至自豪。就这样，学生迈出了课外阅读的第一步。教师动员学生把家里好看的书带到学校来，和同学们一起阅读，还希望他们为集体贡献几本书，成立班级小图书箱。教师还常到学校图书馆借拼音读物，提供给学生阅读。

2. 树立榜样，学有目标

榜样的力量是无穷的。学期开始不久，教师就每天为学生读故事书，如《三百六十五夜》《妈妈讲》等。学生纷纷从家里拿来书。

借此机会教师发现了几个识字多、读书能力强的孩子，让他们每天利用中午时间为同学们读书。他们很爱读，同学们也很爱听。就这样，要求为全班同学读书的人越来越多了。教师抓住这个事例，向学生宣传读书的好处。那些爱读书的学生知识丰富，懂的道理多。教师告诉学生，要想当个好学生就得养成爱读书的好习惯。学生阅读的积极性更高了。每到午休时都争先恐后地想把自己带的书读给大家听。

## 二、课内外结合，提高读写效果

学生有了阅读兴趣，就要坚持下去，教师要教给阅读方法，指路子，课内指导和课外阅读结合起来，提高阅读的效果。

1. 提前指导学生查字典

教师提前教学生查字典，学完汉语拼音，就教学生按音序查字典，进而教学生按部首、笔画查字典。一年级时，学生基本掌握了两种查字典的方法，为课外阅读创造了条件。

2. 见缝插针，学习故事

古诗是中国重要的文化遗产，有选择地引导学生学习古诗，既能使学生受到精湛语言的熏陶，又能受到有益的思想教育。教师鼓励学生课余背诵古诗，并让会背的同学教全班同学。学生兴趣很浓，争当"小先生"，把自己学的古诗教给同学们。一位学生推荐了《儿童古诗五十二首》，教师就挤零碎时间给他们讲古诗的意思，教他们背诵。一年来，学生最多可背五十余首，学生身上闪烁的求知火花燃烧得更旺了。

3. 教给方法，培养自学

达尔文说过："最有价值的知识是有关方法的知识。"只有让学生掌握了方法，才能使课外阅读持久下去。教给学生阅读方法，是非常重要的。教师每周安排一节课外阅读课，充分利用这节课，为学生课外阅读指路子。教师首先指导他们看《少先队队报》。教师告诉学生，拿到一份报纸，要看清这是第几期，发行日期是哪天，再带他们认识版面的安排。在读一篇小文章时，教师教授五步读书法。一读：认生字，读通畅。二读：知内容，解疑难。三读：懂道理，得收获。四读：摘生字，抄词句。五读：写感想，谈体会。

具体来说，就是读一篇文章需要几个回合，反复读。每个回合的读，都要带着目的读。第一个回合的读，要找出生字，读准字音，把文章读通顺。生字的读音可用不同的方法解决：①可看书中的注音。②可以结合上下文，猜一猜。③可按部首查字典。④可以向别人询问。第二个回合的读，要读懂内容。比如，反复读不懂的词句，可以联系上下文读，可以通过看插图理解词语，可以结合实际生活理解，可以查字典、词典，也可以小组讨论，或把不懂的词提给老师和同学们，共同探讨等。第三个回合的读，要理解短文中讲的道理，想想自己读后的收获体会。第四步，边读边画，把好词句摘抄下来。第五步，读写结合，写写自己的感想体会。学生掌握了这个方法，读书效果就更提高了一步。

4. 经常开展读书汇报会，交流收获体会

教师经常在班内开展读书活动，促进学生之间交流收获，互相学习，互相促进。比如召开故事会，读书读报比赛，读书收获汇报。有的学生绘声绘色地把故事讲给大家听，有的学生有语气地把自己看的书报读给大家听，有的学生畅谈自己读书的好处，所得的体会，还有的学生向大家推荐自己读过的好书。讲的人绘声绘色，听的人聚精会神，津津有味。全班同学都受到了启发和教育。

5. 不动笔墨不读书

教师要求学生准备一个读书本，起名为"采蜜集"。教师把学生比作勤劳的小蜜蜂，读书好像在采花粉，酿花蜜。教师教给学生怎样"采蜜"。

表 7-1 《采蜜集》内容安排

| 10 | 月 | 14 | 日 | | | |
|---|---|---|---|---|---|---|
| | | | 大 | 雁 | 齐 | 飞 |
| 一 | 自 | 学 | 生 | 字 | | |
| lí | | | yǎng | | | |
| 离 | | 离 | 队 | 仰 | 望 | |
| 二 | 摘 | 抄 | 好 | 句 | | |
| 帮 | 助 | | 成 | 群 | 结 | 队 |
| 1 | | | | | | |
| 2 | | | | | | |

第一行，写日期：某月某日，星期几，天气怎样。第二行写文章的题目。第三行写自学生字，空一段，写上自己学会了几个生字。第四行写上摘抄词句。再空一段，写感想体会。

教师鼓励学生根据文章内容配上图画。这样可以加深对文章内容的理解，把左、右脑结合起来，同时可以装饰《采蜜集》。学生很喜欢，高兴地争当"勤劳的小蜜蜂"，把甜蜜的"蜂蜜"献给老师、家长，更留给自己。他们还随手摘录了名言、警句等。如高尔基的"爱书吧，它能使你愉快，它教会你尊敬人，也尊敬自己，它鼓舞你的思想感情去爱人类，爱和平。爱书吧，它是知识的源泉"。教师还引导他们把读书摘抄的好词好句在说话中和日记中学着运用。

## 第四节 改革实验的效果

由于教改实验重视观察能力的培养和发展形象思维，重视语文听、说、写能力的综合训练，采取课外阅读、写作练习早起步这两项措施，经过两年改革，实验取得比较显著的效果。到二年级末，学生基本学会了观察，会课外阅读，会写作文，读写能力基本达到三年级末水平。

## 一、学生普遍喜欢学习语文

我们对一个实验班学生学习兴趣进行调查，发现学生普遍喜欢学习语文，统计结果如表7-2所示。

表7-2　实验班学生学习兴趣调查表

|  | 很有兴趣 | 有兴趣 | 一　般 | 没有兴趣 |
|---|---|---|---|---|
| 人数(人) | 35 | 2 | 3 | 0 |
| 百分比(%) | 87.5 | 5 | 7.5 | 0 |

## 二、扩展了知识面，增加了识字量

一年级的学生已经开始阅读大部头的课外书了，如《小学生十万个为什么》《宇宙知识》等。有一位同学喜欢天文，经常阅读天文方面的书籍。他读了《宇宙的图集》之后说："看了这本书，知道了火星是被二氧化碳所包围。我想如果在火星上种树，树有光合作用，吸收二氧化碳，放出氧气，以后人就可以上火星居住了。"有的同学喜欢小动物，常阅读有关动物方面的书籍。他说："我看过一本书，讲的是河蟹小宝宝的事，我知道了河蟹生小宝宝时，小壳一张一张的，这是河蟹正在给自己的小宝宝提供氧气呢。"

一年的时间，一年级学生共读课外书4274册，平均每人读85本，摘抄好句1379次，平均每人摘抄27次，共写日记5078篇，平均每人写101篇。到学期末，识字量在2000—3000字的有2人，1000字以上的有13人，500字以上的有27人（不包括课内）。

二年级共读书3290册，平均每人读82册，最多的读了100余本，最少的读了13本。认识2000字以上的有2—3人。识500字左右的有30人，占全班人数的75%。

### 三、提前学会写作，提高了写作能力

通过"观察、说话、写话"课，学生从一年级开始练习写作，提前学会习作，提高了写作能力。到一年级末能写 150—200 字，二年级末能写 300—400 字。

（一）以"写日记、读后感"为例

一年级学生林某写的读后感："今天，我读了《中华少年奇才》中的一个故事《华佗学医为济世》。讲的是华佗小时候家里很穷，爸爸妈妈因生病先后去世。华佗立志学医，为天下人治病。读了这个故事，我非常感动，我要努力学习，掌握本领，长大后做个有用的人。"另一个学生把生活中的趣事写在日记里，如《胆小的妈妈》："我们家放衣服的抽屉里老爱长虫，我爸爸敢捏，我敢捏，就是妈妈不敢捏。我用手捏了一只又一只，妈妈看着我说不出话来。我把虫子倒了。我让妈妈捏抽屉里的最后一只虫子，妈妈不敢捏，最后还是我捏了。妈妈说，'你真勇敢'"。

同学们把写日记当成乐趣而不是负担，遇到的各种事情、各种想法，随时都愿意写在日记里，写作能力提高了，一年级就能写 200 字左右的小文章。

（二）二年级末作文对比测试情况

内容：观察绒毛小动物玩具（自拟题目）。

测试对象：实验班（二年级），对比班（三年级）。

情况统计：

表 7–3

| 二年级实验班 | | 三年级对比班 | |
|---|---|---|---|
| 一类文 14 篇 | 300 余字的 9 篇 | 一类文 8 篇 | 300 余字 5 篇 |
| 二类文 25 篇 | 200 余字 | 二类文 16 篇 | 200 余字 |
| 三类文 11 篇 | 不足 200 字 | 三类文 12 篇 | 不足 200 字 |
| 四类文 2 篇 | 不足 100 字（未写完） | 四类文 4 篇 | 不足 100 字（未写完） |

实验班的作文普遍观察有序，有内容，层次清楚，运用课外词汇约 296 个。

对比班的作文多数观察顺序不清晰，叙述层次不够清楚。

(三)二年级学生看图写话测验

1.《皮球浮上来了》(见图 7-5)

（1）

（2）

（3）

（4）

皮球浮上来了
图 7-5

2. 测试结果

◆◆◆

## 一类文（两例）

### （1）

星期天的早上，阳光明媚，晴空万里。小红、小力和小刚来到绿茵茵的草地上玩球。他们把球扔过来扔过去，玩得很开心。

玩着玩着，忽然球向树洞滚去，小红、小力和小刚赶紧去追。他们还没跑到大树底下，球就滚到树洞里去了。

小明说："让我来够吧。"说完就趴在地上伸长胳膊够树洞里的球。可是，他胳膊太短，怎么也够不着。小刚说："我来试试。"他拿起一根树枝伸进树洞里,tǒng 来 tǒng 去,还是够不着。小红 náo náo 脑袋,想出了一个好办法。

她赶快跑回家端来一盆又一盆水,把水倒进树洞里,树洞里的水越来越多,皮球渐渐浮上来了。小刚和小明奇怪地问:"这是什么原因?"小红说:"球是橡胶做的,有浮力,所以能在水中浮起来。"

小刚和小明异口同声地说:"小红真聪明!"他们三个又欢快地玩了起来。

(2)

放暑假了,力力和明明手拉手到好朋友苗苗家去玩。苗苗家旁边有一片树林。有一天,三个好朋友到树林去玩球。他们三个你追我抢,玩得正高兴。忽然,明明一个头顶球,皮球飞得很远。他们三个紧追不放。不好,皮球掉进树洞了。三个人你看看我,我看看你,不知怎么办。他们趴在地上往树洞里看,皮球就在树洞里,可是,树洞很深,他们的胳膊短,够不着。明明说:"咱们来个猴子捞月亮吧。我在最底下,力力拉着我的脚,苗苗拉着力力的脚,我们一定能够着皮球。"苗苗说:"用不着那么费劲,皮球很轻,走,跟我回家去端水,把水倒进树洞里,皮球准会浮起来。"他们三个飞快地跑回家,端来一盆又一盆的水,倒进树洞里。树洞里的水越来越多,皮球渐渐升高了,最后浮在水面上。他们扔下盆捞起皮球,高兴得在地上直打滚。他们离开树洞又高兴地玩起来。

---

## 二类文(两例)

(1)

有三个小朋友,一个叫小红,一个叫小刚,还有一个叫小明,他们是好朋友。有一天,他们在楼下公园的空地上玩球,空地旁边有一棵老树。小明把球扔给小刚,小刚把球扔给小红,小红没接住,皮球掉进树洞里了。小明连忙跑到大树下去够球,可是,怎么也够不着。小刚着急地说:"这可怎么办呀?"小明说:"有了,你们俩使劲拉住我的脚,我爬进洞去够,准能够着。"小红说:"那多危险呀。咱们回家端水往树洞里倒,让球浮上来吧。"说完,他们就跑回家端来一盆又一盆水倒进树洞,皮球终于浮上来了!

## (2)

星期天的早晨,小明、小红和小强来到街心花园,在大树下玩球。他们三个人传球。忽然,小红没接住球,皮球掉进了树洞里。小明急忙跑过去跪在地上,用手够球。但是因为树洞太深,所以小明没有把球够上来。这时小红灵机一动,急忙跑回家,一次又一次地端水往树洞里倒,皮球终于浮上来了。小伙伴们高兴极了,他们又在一起愉快地玩球了。

◆◆◆

## 三类文(两例)

### (1)

一天,小方、小明、小红在树林里踢球。小明不小心把球踢进了树洞里。小方把手伸进树洞里够球。可是树洞太深了,她够不着。小红想了一个好办法,她端来好几盆水往树洞里倒。最后皮球浮上来了。他们又高兴地玩起来。

### (2)

有一天,小江、小力和小红一块在操场上玩球。他们传球玩。小江不小心没传好,皮球掉进树洞里。小力想够球,可是,他够不着。小江说咱们得想个办法。小红想了个好办法,她端来好几盆水往树洞里倒,球就浮上来了。小江、小力和小红都很高兴。

# 第五节 课例《老山羊请客》《贴鼻子》《西红柿》

## 课例一 人教版小学语文二年级《老山羊请客》

| 学校 | 北京育才学校 | 姓名 | 于宪敏 | 年级 | 二年级 |
|---|---|---|---|---|---|
| 课题 | 老山羊请客 | 学科 | 语 文 | 课型 | 说话课 |
| 教学目的 | 通过看图练习说话,培养学生的观察、思维和想象能力,训练学生口头表达能力。 | | | | |
| 教学重点、难点 | 培养学生观察画面的能力,展开想象,训练学生口头表达能力。 | | | | |
| 教学准备 | 投影片三张、能活动的小动物片五张、录音磁带一盒(小杂曲)、投影仪一台 | | | | |

| 教学过程 | 意 图 |
|---|---|
| 一、明确说话课要求<br>让学生说说"说话课的要求是什么?"(口齿清楚、态度自然、声音响亮、说话完整) | 让学生明确说话基本要求(1—2分钟) |
| 二、出示投影片并放配乐录音<br>先提出观察任务:1. 这三张图告诉我们什么事? 2. 老师用这三张图表现了一件事,谁能用三句话说出这件事?<br>学生回答,教师板书:<br> 老山羊请客<br> 迎接客人 摆错食物 高兴地吃 | |
| 三、老山羊是怎样请客呢? 下面逐图观察<br>(一)出示投影片。(老山羊站在家门口迎接客人。操作可活动的小猴、小鸡、小白兔、小花猫和小熊猫的投影片,依次来到老山羊家做客) | 培养学生观察图画的能力,从而了解故事的内容(5分钟) |
| <br>投影片1 | 训练学生仔细观察图片,引导学生边观察边思考,展开想象(20—25分钟) |

| 教学过程 | 意　图 |
|---|---|
| (1)提出思考题:①老山羊为什么要请客?②它是怎样迎接客人的?<br>(2)启发学生观察每个小动物走路的样子和神情。<br>(3)学生将自己观察的结果,小声说说。<br>(4)指名几位同学面对大家讲讲。<br>要求学生按顺序说出小动物来老山羊家做客,再要求学生有详有略地说出小动物们来做客的情景。<br>(二)出示投影片2。(小动物们围着圆桌坐好,老山羊把桃、竹子、小虫、白菜和鱼乱摆在每个小动物面前,各种食物是覆盖片)<br><br>投影片2<br>(1)提出思考题:①老山羊把大家请进屋子,给大家吃什么呢?②大家表现得怎么样,为什么?③老山羊见大家不吃会怎么样?<br>(2)先让学生自己小声练习,然后说给大家听。<br><br>投影片3<br>(三)出示投影片3。(按每种小动物最爱吃的东西,摆在各自的面前)<br>(1)提出思考题:摆错的食物调换过来后,大家是怎样吃起来的? | 培养学生的口头表达能力(8分钟) |

续表

| 教学过程 | 意　图 |
|---|---|
| (2)启发学生仔细观察它们的表情、动作,想象它们的心情及可能说些什么? <br>(3)每个人自己小声练习,然后指名几位同学说给大家听。<br>四、把三幅图连起来演示<br>启发学生观察并引导学生连起来说。自己先小声练习说。教师指名学生面对大家说。为说得好的同学录音。<br>五、放学生讲故事的录音为其配乐<br>六、作业<br>把故事讲给小朋友听。 | 激发学生表达兴趣<br>(5分钟) |

| 板　书　设　计 |
|---|
| 老山羊请客<br><br>迎接客人　摆错食物　高兴地吃 |

### 课例二　人教版小学语文一年级下册《贴鼻子》

| 教师姓名 | 孙　俪 | 任教学科 | 语　文 | 年　级 | 一年级 |
|---|---|---|---|---|---|
| 课　题 | 贴鼻子 | 课　型 | 说话写话指导课 | | |
| 学　校 | 北京育才学校 | | | | |

| 指导思想与理论依据 |
|---|

　　语文课程是一门学习语言文字运用的综合性、实践性课程。社会处处皆语文,社会生活处处用语文。语文是最开放的,最容易和社会生活发生联系的学科,应该打破课内与课外、校内与校外的壁垒,使其成为一泓活水,让学生在丰富多彩的语文实践活动中学语文,用语文,长才干,学做人。

　　温寒江教授提出:"观察是有目的、有方向、有计划的一种思维活动,观察越多、越具体、越细致,积累得就越丰富,头脑中的表象就越清晰,说得就能越清楚、越明白,然后把口头说的话写下来。"从这段话中,教师感受到思维是一种有效的学习工具。思维的过程需要语言,思维的成果也需要语言表达出来。温寒江教授还指出:"学习是一种认识过程,思维是中心,外化和内化的技能是它的两翼,获取知识是它的最终结果。因为语言和思维是相互依存,共同发展的。语言是思维的工具,思维离不开语言,同时语言也离不开思维。"

一、教材说明

《贴鼻子》是校本教材《观察·说话·写话》中二年级下册的教学内容,它是校本教材中关于动态观察这一板块的教学内容之一。

二、学情分析

学生从小学入学一个多月后,就开始参与"观察·说话·写话"课的学习,他们已经学会了一些基本的观察方法,例如从外到内观察静物、从上到下观察图片,学生通过实践,自己体会,逐渐学会了用眼睛发现大自然的变化,用嘴品尝果实的香甜,用鼻子去闻不同事物的气味,用手去感受物体的质感,亲身感受各种事物的异同和特点。

他们喜欢上"观察·说话·写话"课,乐于表达自己看到的、想到的,乐于把自己观察到的写下来。由于学生识字量少,在表达过程中会出现拼音不正确、同音字混淆等现象。

三、教学方式与教学手段说明

本节"观察·说话·写话"课创设了帮助美羊羊的教学情境,采用直观的师生合作的游戏方式,引导学生观察游戏的过程,通过自己说、同伴互相说、小组合作说等方式把游戏的过程说清楚,并让学生选择自己喜欢的游戏环节进行写话练习,最后展示学生的写话成果。

四、技术准备:游戏贴图、教学课件、录音资料、实物投影。

1. 创设游戏的情境,通过观察,能把活动的过程说清楚,并按一定的观察顺序把活动的过程写清楚。

2. 在活动中引导学生运用已有的观察方法,在小组合作学习中,把自己看到的过程说清楚。

3. 激发学生说话、写话的兴趣,学会认真倾听,学会鼓励、赞美他人,并乐于帮助他人。

| | 教 学 过 程 | | |
|---|---|---|---|
| 教学阶段 | 教师与学生活动 | 设计意图 | 效果分析 |
| 课前热身 | 播放《喜羊羊与灰太狼》主题歌,学生跟唱。 | | |
| 一、创设情境,导入激趣 | 师:同学们唱得真高兴,这是动画片《喜羊羊与灰太狼》的主题歌吧!<br>师:呜呜呜,快听听,这是谁在哭啊!<br>(一)播放录音<br>录音:昨天我看到村长房间里放着一瓶新研制出来的药,就悄悄吃了一粒,结果早上发现自己的鼻子不见了,这可怎么办啊!你们快来帮帮我吧!<br>师:美羊羊为什么哭啊?<br>(生说)<br>师:羊羊家族里最爱漂亮的是——美羊羊,对呀!她现在没有鼻子了,多伤心啊!(出示画板)<br>师:你们瞧,喜羊羊已经帮美羊羊把鼻子找到了,我们一起来帮美羊羊把鼻子贴好,让她变漂亮吧!<br>(二)板贴课题《贴鼻子》<br>师:灰太狼听到我们要帮美羊羊贴鼻子,又来出难题了,你们听!<br>(三)播放录音<br>"你们帮美羊羊贴鼻子可没那么简单,要先把眼睛蒙上,再原地转三圈,不然我可不答应!"<br>师:灰太狼说了些什么,你们听清楚了吗?<br>(生复述听到的录音内容)<br>师:灰太狼给大家出了这么多的难题,你们还能帮助美羊羊贴好鼻子吗?(生答:能)<br>谁愿意来?<br>(教师指一名学生参与游戏)<br>师:其他同学仔细看,他是怎么帮助美羊羊贴鼻子的? | 创设情境,导入新课,激发学生说话写话的兴趣。<br><br>激发学生参与游戏活动的热情,设置第二个难题的同时,使学生了解游戏的基本规则。<br><br>明确提出观察的要求:看仔细。 | 学生一听到美羊羊需要得到帮助,大家很着急,激发了学生想要帮助美羊羊的愿望。<br><br>学生认真倾听,既知道了灰太狼来阻挠大家帮助美羊羊,又了解了游戏的基本规则,增强了帮助美羊羊贴好鼻子的信心。 |

| 教学阶段 | 教师与学生活动 | 设计意图 | 效果分析 |
|---|---|---|---|
| 二、参与活动，梳理过程 | （一）邀请一名学生参与活动<br>师：灰太狼提了两个条件，第一个条件就是用这条纱巾把他的眼睛蒙上。<br>师（边做边说）：我可得把你的眼睛蒙上，一会儿你可就什么也看不见了，要想帮美羊羊把鼻子贴上可就不那么容易了，你对自己有信心吗？<br>师：现在他什么也看不见，能走了吗？<br>生：不能。<br>师：灰太狼还让咱们转三圈，好！克服困难转三圈吧！<br>师：行，转三圈，我们大家一块儿数，一圈、两圈、三圈。<br>师：看来他真的看不见了，咱们帮帮他，让他走到画板前边吧！<br>师：快摸摸，看看这鼻子到底贴哪儿？你确定了？贴吧！<br>师：摘下纱巾看看。<br>预设：鼻子贴歪了。<br>师：哎呀呀，鼻子贴歪了，不过没关系，一会儿我们再想办法，帮助美羊羊把鼻子贴正，好吗？你已经很了不起了，给我们带来了快乐，让我们用掌声感谢他！<br>（二）回顾活动过程<br>师：×××虽然把美羊羊的鼻子贴歪了，但是看来这个过程挺有意思，你说说，你笑什么呢？<br>预设：他把鼻子贴歪了，太逗了！<br>师板贴。<br>评价：看来你最喜欢贴的过程。<br>师：你怎么也这么高兴啊？你又笑什么呢？ | 鼓励参与游戏的同学，使其增强信心。<br><br>用谈话交流的方式进一步巩固游戏的过程，了解做这个游戏的先后顺序。<br><br>游戏有成功就有失败，不断鼓励学生参与游戏的过程往往比结果更重要。 | 教师边说边做，边与全体同学交流，学生一边看一边数转了几圈，全体学生都是游戏活动的参与者。<br><br>全体学生都在关注"走和贴"的过程，学生情绪高涨，虽然第一次美羊羊的鼻子贴歪了，但是游戏的过程是快乐的。 |

| 教学阶段 | 教师与学生活动 | 设计意图 | 效果分析 |
|---|---|---|---|
| 二、参与活动，梳理过程 | 生:我看他走的时候特别小心。<br>师:走的样子特别好玩。估计把你的眼睛蒙上你什么也看不见,也得这么走。<br>师:看来这个部分最(很)吸引你。师板贴:走。<br>再来想想,我们帮助美羊羊贴鼻子时,还做了什么?<br>(生说,教师板贴:蒙、转)<br>1. 汇报梳理板书:蒙、转、走、贴<br>师:快记忆回忆,咱们是按什么顺序帮美羊羊贴鼻子的?<br>师:谁能到前边来摆一摆?<br>(生板贴活动的顺序,其他学生一起说)<br>(教师边总结边说:老师先蒙上同学的眼睛,然后在原地转了三圈,接着向美羊羊走去,最后把鼻子贴歪了)<br>2. 小结:有顺序,说清楚<br>师:你们真了不起,看得那么仔细,原来帮助美羊羊贴鼻子是有顺序的。<br>(板贴:有顺序)读词卡:有顺序。<br>那你们能把这个过程按顺序说清楚吗?(板贴:说清楚)读词卡:说清楚。<br>(三)小组合作:把活动过程说清楚<br>师:好,四人小组,把刚才看到的活动过程说一说,看能不能按顺序说清楚,同伴之间可以互相补充。<br>(生小组练习说话)<br>师:谁愿意把你们刚才交流的说给大家听,要注意说清楚。听的同学要认真听,如果有没说清楚的地方,你可以做补充! | 继续在与学生亲切、自然交流的过程中互动,和学生一起回顾游戏的每个步骤。<br><br>在愉快的谈话过程中回顾游戏的过程,帮助学生梳理头脑中的表象积累。<br><br>学生摆出表示动作的词卡,游戏的顺序也展现在学生面前,进而提出说话的要求:有顺序、说清楚。<br><br>采用小组合作的方式,把游戏的过程说清楚,给足说的时间,使每个学生都有表达的机会。 | 自然的交流使游戏的过程更加真实,课堂氛围更轻松、愉悦<br><br>学生在和教师交流的过程中,梳理游戏的过程,师生共同回顾游戏的过程。<br><br>学生根据自己观察的游戏顺序,正确摆出了"蒙、转、走、贴"这一游戏的顺序,师生共同梳理出游戏的全过程。 |

| 教学阶段 | 教师与学生活动 | 设计意图 | 效果分析 |
|---|---|---|---|
| 二、参与活动，梳理过程 | 生：老师把×××的眼睛蒙上，他原地转了三圈就往前走，摸到美羊羊，先贴到脖子那，又往上挪就贴到×××了。<br>师：谁来说说，他说清楚了吗？哪些地方说得好？<br>（学生评价）<br>师：你听得很认真，为同学补充得也很完整。<br>师：你多会听啊，表示先后顺序的词都听清楚了，真了不起！<br>师：你真会评价！评价中说到了"蒙、转、走、贴"，这就是我们刚才观察的顺序啊！你记得很清楚！<br>师：你也能像他一样运用一些表示先后顺序的词把活动过程说一遍吗？<br>自己练习说一遍。 | 培养学生认真倾听的好习惯，初步学会评价，教师的有效评价也是学生学习的范例，能起到引领作用。 | 学生从不会说到会运用积累的词语说完整、通顺的话，在一次次评价中，渐渐地能够运用好动词和表示先后顺序的词语，能够把话说清楚了。<br><br>引导学生能够运用表示先后顺序的词语及生活中积累的一些词语把怎么走的，怎么贴的过程说清楚。 |

| 教学阶段 | 教师与学生活动 | 设计意图 | 效果分析 |
|---|---|---|---|
| 三、再次活动,同伴互助 | (一)播放灰太狼的录音<br>师(小结):刚才我们帮助美羊羊的时候,灰太狼一直躲在小树林里偷听呢,他也听到了你们说的话,他一个劲地摇头,不满意地说——(灰太狼的录音)哼!你们有什么可高兴的!不就是把眼睛蒙上,在原地转了三圈,走过去把美羊羊的鼻子贴上了吗?你们把美羊羊的鼻子都贴歪了,哈哈哈哈,太可笑了!<br>师:听了灰太狼的话,你想说什么?<br>生:我们一定要把美羊羊的鼻子贴正。<br>师:对,咱们一起努力,再帮助一次美羊羊,齐心协力帮他把鼻子贴正,让美羊羊漂亮起来!<br>(二)再次邀请学生参与活动<br>谁愿意再来做这个游戏?<br>其他同学也有任务,这次同学们可要认真地观察他是怎么走的。怎么贴的。<br>师(对游戏的同学说):你先看看画板离咱们有多远,鼻子一会大概会贴在什么位置?能不能贴正就看你的了!<br>师:咱们先做什么?<br>生:蒙眼睛。<br>师:对!接着,咱们——<br>生:转三圈。<br>师:一圈、两圈、三圈,快看看他怎么走的。<br>生:慢悠悠的、摇摇晃晃的、小心翼翼的。 | 再次播放灰太狼的录音,激发学生参与游戏的欲望。<br><br><br><br><br>帮助学生进一步明确观察的要求。 | 学生学会倾听,学会评价,同时在游戏中感受合作互助的重要作用。<br><br><br>学生坚信一定能够打败灰太狼,大家齐心协力一定能把鼻子贴正。 |

| 教学阶段 | 教师与学生活动 | 设计意图 | 效果分析 |
|---|---|---|---|
| 三、再次活动，同伴互助 | 师:先摸摸美羊羊画板,怎么贴呢?你也听听大家说什么呢。大家快帮帮他。能确定就是这了吗?贴吧!<br>师:这回终于贴正了。(鼓掌)美羊羊变得更漂亮了!你们瞧,现在美羊羊多开心啊!<br>师:他是怎么走的,怎么贴的?同桌两个同学互相说一说,老师相信你们一定能把这个过程说清楚!<br>(三)同桌互说:把怎么走,怎么贴以及心情说清楚<br>师:谁愿意把刚才的过程清清楚楚地说给大家听一听。<br>(指名说)<br>其他同学认真听,看看他是不是把怎么走的,怎么贴的说清楚了?<br>生:××走到台前,老师先把他的眼睛蒙上,又伸出手指问问他是几。他说看不见。我们让他原地转了三圈,他摇摇晃晃地往前走,走到美羊羊画板前,摸了摸,同学们告诉他,往上,他就往上;往右,他就往右,最后他把鼻子贴正了,我们特别开心!大家用掌声感谢他吧!<br>师:怎么走的,怎么贴的,他说清楚了吗?<br>(学生评价)<br>师:你说得也很清楚,评得也很精彩!<br>生:她说得很具体,很生动!<br>师(追问):你觉得他说的哪儿具体?哪些语句很生动?<br>他说怎么走到美羊羊画板前的?谁听到了能重复一遍?<br>生:他摇摇晃晃地走到美羊羊画板前。 | 关注每一个学生的状态,并给予参与游戏的同学足够的关注。<br>引导学生能够运用表示先后顺序的词语及生活中积累的一些词语把怎么走的,怎么贴的过程说清楚。<br>学生学会倾听,学会评价,同时在游戏中感受合作互助的重要作用。<br>运用激励性的语言鼓励学生,让学生把话说得更清楚、更明白。 | 边游戏边复习游戏的过程,提出更明确的观察要求,指导学生有目的地进行观察。<br>学生运用了很多积累的词语把话说清楚。<br>学生能够完整地讲述游戏的过程,并用到了积累的词语。一些学生还能说出自己的感受和心情。 |

| 教学阶段 | 教师与学生活动 | 设计意图 | 效果分析 |
|---|---|---|---|
| 三、再次活动,同伴互助 | 师:你发现什么了?<br>生:用上"摇摇晃晃"就把怎么走的说清楚了。<br>师:最后他还说"我们特别开心!"这是告诉我们——<br>生:大家的心情。<br>师:你们能帮助美羊羊,大家都很开心。此时美羊羊是什么心情呀?<br>生:她非常高兴!<br>生:她很感激大家!<br>师:你们做这个游戏时是什么心情啊!<br>师:美羊羊有了自己的小鼻子,她变得更漂亮了!我们大家都很开心,美羊羊高兴地对大家说(播放录音)。 | | 学生感受是最真实的,他们用最质朴的语言把小伙伴做游戏的过程说清楚了。 |
| 四、写话练习,展示分享 | (一)学生写话<br>师:灰太狼没有难住大家,我们齐心协力帮美羊羊贴好了鼻子,羊村的村长听说了这件事,特别感谢大家,想知道你们是怎么帮助美羊羊贴鼻子的。能把这个过程写下来吗?<br>师:写话时,遇到不会写的字怎么办?<br>生:用拼音代替。<br>师:拿出我们的写话纸,赶快行动吧!写话时注意开头空两格。<br>(学生写话,教师巡视指导,提示书写姿势)<br>(二)展示分享<br>师:请你大声读一读,告诉村长咱们是怎么帮助美羊羊的。 | 在完整的情境中激发学生写话的愿望,给足学生书写的时间,鼓励学生把自己喜欢的内容认真地记录下来。 | 学生完成了写话,书写工整,能记录游戏的过程,能使用之前积累的好词好句。 |

続表

| 教学阶段 | 教师与学生活动 | 设计意图 | 效果分析 |
|---|---|---|---|
| 四、写话练习，展示分享 | (生读)<br>师:咱们看看他写清楚了吗？蒙、转、走、贴，有顺序，奖励一颗星。<br>师:他的字写得很认真，我们奖励他一颗书写星。<br>师:谁愿意再来展示一下自己的写话？<br>(生评价)<br>师:还有哪写得好？<br>(师酌情奖励一颗星)<br>(生读后学生评价)<br>生:按顺序把蒙、转、走、贴都写下来了。<br>生:书写很认真。<br>(三)同桌互评<br>师:同桌互相交换，也像老师这样互相评一评，看看他能得几颗星。 | 师生、生生互相评价，分别从内容、书写、好词好句的运用等方面进行评价，使评价更加真实、有效。<br><br>同桌互评，再一次落实评价。 | 每一名学生都参与到评价中，这一环节的设计起到了较好的激励作用。 |
| 五、课后建议 | 师:你们看，美羊羊有了新鼻子，她多高兴啊！她高兴地对大家说——<br>(播放录音)太好了！太好了！我又有了新鼻子了，我变得更漂亮了，谢谢大家！谢谢大家！<br>师:今大，我们一起帮美羊羊贴好了鼻子，下课后，把课堂上帮美羊羊贴鼻子的事说给爸爸妈妈听。 | | |

## 课例三 人教版小学语文一年级下册《西红柿》

| 教师姓名 | 马 莹 | 任教学科 | 语 文 | 年 级 | 一年级 |
|---|---|---|---|---|---|
| 课 题 | 西红柿 | 课 型 | 说话写话指导课 | | |
| 学 校 | | 北京育才学校 | | | |

### 指导思想与理论依据

新课标强调重视一、二年级学生的写话教学,要求:"对写话有兴趣,写自己想说的话,写想象中的事物,写出自己对周围事物的认识和感想。在写话中乐于运用阅读和生活中学到的词语。"

在低年级阶段培养学生学会观察客观事物,加强说话、写话训练不仅能有效地发展儿童的语言,提高观察能力、思维能力,促进智力发展,而且能为今后的作文打下坚实的基础。

### 教学背景分析

一、学习内容的分析

《西红柿》是学校《观察·说话·写话》校本教材一年级上册的一篇观察说话、写话的内容。西红柿是学生熟识的蔬菜,色彩鲜艳,深得学生喜爱。它从形状、颜色、味道等方面为学生提供了观察的空间,是训练学生观察能力、思维能力,培养学生顺序表达的典范。教材中的事物贴近学生的生活,能够让学生亲自体验,有感而发,适合在课堂上边观察边表达,很能激发学生的观察兴趣,进而激发他们的表达欲望,同时容易渗透观察方法,引导学生有序表达。

二、学生情况的分析

学生在校生活已经有两个月的时间了,他们在"观察·说话·写话"课上,初步了解了观察的方法,他们愿意表达,好表现,情绪易于调动,但表达遇到困难时又容易产生畏难情绪,因此需要用贴近他们生活同时又让他们有话可说的内容来调动表达欲望。同时,一年级学生说话还是不够完整,观察还不够全面,由于识字有限,在写话方面也有一定的困难。

三、教学方式与教学手段说明

在教学过程中,引导学生在全面观察的基础上用简单的句式进行表达,训练学生有顺序地把话说清楚、说完整的能力。学生在完整表达的基础上,产生进行书面表达的愿望,提高拼音代替写话的能力。

在教学中充分调动学生多种感官进行观察,引导学生用眼睛看,用手摸,用嘴尝,用鼻子闻,用脑思考,用口进行表达,让学生尝试用身体的各种感官体会给他们带来的特殊感受,从中获取观察的快乐并激发他们积极主动地进行表达。在表达过程中,能按照观察的顺序,运用简单的句式把话说清楚。

四、技术准备

多媒体演示文稿。

| 教 学 目 标 |
| --- |

1.能够按一定的顺序观察,从几个方面抓住特点来介绍,初步培养学生的观察能力、语言表达能力、思维能力。

2.学习观察简单的事物,运用自主、合作、探究的学习方式,多角度观察同一事物,了解事物的不同方面,将语言表达完整。

3.唤起学生喜欢西红柿的情感,从而热爱生活,激发表达的欲望,使其乐于动笔写下来。

教学重点:激发学生的观察兴趣,能够按一定的顺序观察,从几个方面观察西红柿、了解西红柿。

教学难点:将观察所得用适当的语言表达出来。

| 教学过程(表格描述) | | | |
| --- | --- | --- | --- |
| 教学阶段 | 教师活动 | 学生活动 | 意　图 |
| 一、词语积累引出西红柿的主题 | 一、词语导入<br>(一)出示<br>yuán yuán de,<br>hóng hóng de,<br>yòu suān yòu tián,<br>xiāng xiāng de,<br>xīn xiān yòu rén。<br>指名读。<br>想一想:读了这些词语你有什么发现?<br>(二)说一说<br>今天我们要介绍的西红柿不仅是蔬菜,还可以当水果吃呢!<br>说一说:你们家里是怎么吃西红柿的? | 生:我发现这些词语是用来写蔬菜或水果的。<br>生:我们家经常做鸡蛋炒西红柿。<br>生:我们家用白糖拌西红柿。<br>生:妈妈把西红柿洗干净就直接吃。 | 通过词语的导入,结合熟悉的生活,激发学生的观察兴趣,积累词语的同时明确本节课的观察内容。 |

| 教学阶段 | 教师活动 | 学生活动 | 意　图 |
|---|---|---|---|
| | 小结:因为西红柿既有营养,又可以美容养颜,减肥健体,预防很多疾病,因此它深受我们大家的喜爱。这么可爱的西红柿,就让我们今天一起仔细观察观察它吧!<br>二、仔细观察西红柿<br>(一)出示西红柿,观察思考<br>1.你打算怎样观察西红柿?<br>2.西红柿是什么颜色?<br>3.西红柿是什么形状?<br>4.摸一摸、闻一闻、尝一尝,你有什么感受?<br>(二)全班交流<br>颜色<br>1.你看到了什么颜色的西红柿?板书:颜色。<br>2.你们说得真清楚!谁能把你刚看到的西红柿的颜色用这样的句子表达出来:<br>西红柿是_____的。<br>我们用两种不同的方法说了西红柿的颜色,但它们表达的意思是相同的。所以我们只要把句子说通顺,无论用怎样的表达方式都可以。下面咱们再来看看西红柿的形状吧。 | 学生用眼看一看西红柿的颜色,用手摸一摸西红柿的表面、用口尝一尝西红柿的味道、用鼻子闻一闻西红柿的气味。<br><br>生1:我看到了红红的西红柿。<br>生2:我看到了粉红的西红柿。<br>生3:我看了青里透红的西红柿。<br><br><br><br>生:西红柿是红红的。<br>生:西红柿是深红色的。<br>生:西红柿是青里透红的。<br>生:我看到了(圆圆的、椭圆形的……)西红柿。<br><br>生:西红柿是圆圆的、椭圆形的、扁扁的…… | 尊重学生,帮助学生梳理出观察的范围,让学生自由观察。<br><br>让学生领会观察时一定要抓住特点这个要点。描述时运用基本句式与基本词汇,丰富、规范学生的语言。在学生表达时教师既要巩固基本句式,又要鼓励富有个性的表达。<br><br>低年级习作的重点在于培养学生的兴趣,使学生乐于写话。遵循规律,先让学生进行充分的口头表达,在听、说的交流中学生不仅能吸收伙伴的语言,也能体会到成功的喜悦。在此基础上再进行笔头描写,这样不仅让学生感受到写作并不困难,关键是激发了学生的写作兴趣。 |

二、调动多种感官仔细观察,进行表达

| 教学阶段 | 教师活动 | 学生活动 | 意　图 |
|---|---|---|---|
| 二、调动多种感官仔细观察，进行表达 | 形状<br>你看到了什么形状的西红柿？<br>板书：形状。<br>你们不仅能说出自己看到的西红柿的形状，还能用不同的方式表达清楚，你们真了不起！ | 生：光滑的、凉凉的、软软的…… | |
| 三、总结观察方法，有顺序地进行书面表达 | 摸摸、闻闻、尝尝<br>1. 我们用眼睛认真地观察了西红柿的颜色、形状，下面我们再用小手摸一摸西红柿，你有什么感觉？<br>板书：摸。<br>2. 请你用鼻子闻一闻，你闻到了什么？<br>板书：闻。<br>3. 你可以尝一尝旁边洗干净的西红柿，有什么感受？<br>板书：尝。<br>4.我们按照红柿外表的颜色、形状以及摸、闻、尝的顺序对西红柿进行了观察，你能按照这样的顺序连贯地说一说吗？ | 生：酸酸的、甜甜的、清香的、香香的、酸甜……<br><br>生：酸酸的、甜甜的、酸甜、又酸又甜……<br><br><br>同桌互相说。<br><br>全班展示说，大家评。 | |

| 教学阶段 | 教师活动 | 学生活动 | 意 图 |
|---|---|---|---|
| 四、拓展延伸，读给家长听 | (1) 同桌合作说一说，互相补充。<br>(2) 全班展示说，大家评。<br>三、总结观察西红柿的方法，按顺序写一写<br>我们认真观察并且说出了自己看到的、摸到的、闻到的、尝到的西红柿的感受，谁能把自己刚才说的完整的话写下来，表达自己对西红柿的喜爱？<br>四、布置作业<br>1.把自己课上写的内容读给爸爸妈妈听。<br>2.西红柿种类多，有营养，课下多品尝。 | 生：1. 动笔先画西红柿，再写文。<br>2. 指名读文。<br>3. 全班评议。<br>4. 同桌交流。 | 将观察从课堂再次推进到生活，鼓励学生在生活中观察，观察生活。激发学生继续观察的兴趣。 |

**板 书 设 计**

西红柿

看　　摸　　闻　　尝

颜色　　形状

**教 学 反 思**

本节课的教学设计重视让学生在体验中进行观察，通过选取生活中学生熟识的西红柿，搭建学生观察、说话、写话的平台，在亲身的体验活动中，使学生学会调动感官观察的方法，让学生有感而发，丰富语言。

一、多种感官亲自体验

在对西红柿的观察中，充分调动学生的多种感官，眼、手、鼻、口等，让他们亲眼看一看西红柿的颜色、形状，亲手摸一摸西红柿，用鼻子闻一闻它的气味，再亲口尝一尝它的味道。学生马上感受到西红柿表皮的光滑，味道的清香和尝在嘴里味道的变化。

二、体验激发丰富表达

学生在观察时，因为是亲身体验，所以有感而发，激发出很多平时空想很难想象出的词汇进行表达。如当西红柿的味道在口中蔓延开的时候，学生脑中及时反映出"又香又甜"、"酸酸甜甜"这几种平时不常用的词汇，甚至有的学生马上感受到"酸得我的口水都要流出来了"的真实体验，表达真实而丰富，达到了较好的效果。

第八章

如何在课外阅读中培养两种思维

## 第一节　课外阅读的重要意义

学习语言的一条重要途径是课外阅读。课外阅读对发展形象思维，提高学生的语文能力有着重要的作用。因此，在教研活动中，我们一方面积极地进行教学改革，另一方面注重加强对学生课外阅读的指导。

### 一、课外阅读存在的问题

在以往的语文教学中，很多教师认为教学任务主要是上好语文课，不重视对课外阅读的指导，这是因为对课外阅读的意义尚未理解。有的认为课外阅读可有可无。有的认为是增加负担，没有时间安排，没有认识到课外阅读对形成语文能力的作用。

有些教师虽然也主张让学生多看些课外书，但是却没有给予具体的指导，学生的课外阅读仍停留在以下两种状态：一是顺其自然，有书就读，没书就不读，有时间就读，没时间就算了。二是组织随意，教师有时间就组织学生读一读，工作忙了就放一放。学生也是随着意愿，想什么时候读就什么时候读，想怎么读就怎么读。

## 二、开展课外阅读的意义

人类在长期的生产实践、社会生活和科学实验中，积累了无比丰富的知识，人类传承知识的主要途径是通过阅读来学习前人积累的知识。语文教学最根本的目的就是运用语言来陶冶情操，丰富知识，开发智力，并在吸收的基础上正确有效地运用语言进行表达，参与社会活动，为人类做出贡献。从两者的关系来看，吸收是前提，表达是结果。听和读是说写的基础。只有更广泛地通过听读来吸收，才能更好地表达。总之，开展课外阅读能够进一步促进学生阅读能力的提高，丰富他们的知识，增长他们的智慧，提高他们的语文能力。

### （一）巩固和拓宽课内知识

学生在语文课上所学的知识，都需要经过反复巩固，进行多次复习和实践。例如，新学习的各种生词的真正含义需要在各种语言环境中去理解，学会了的阅读方法需要通过读更多的文章来练习和巩固。而我们语文课一个学期只上二十几节，阅读能力不可能通过这数篇课文的学习就真正形成，所以要想形成阅读能力，必须经过大量的阅读练习。

《义务教育语文课程标准（2011年版）》谈小学语文教学的目的时，也指出："培养学生的语言文字运用能力，提升学生的综合素养，为学好其他课程打下基础……为学生的全面发展和终身发展打下基础。"因此，即使是学习基础知识的时候，也应该两条腿走路，一方面要提高课堂教学质量，另一方面加强学生的课外阅读，拓宽课内知识，使学生的语文基础知识学得更扎实、更牢固。这样才能达到"为学生终身学习、生活和工作奠定基础"的目的。《义务教育语文课程标准（2011年版）》也谈道："让学生具有独立阅读的能力，注重情感体验，有较丰富的积累，形成良好的语感。学会运用多种阅读方法。能初步理解、鉴赏文学作品，受到高尚情操与趣味的熏陶，发展个性，丰富自己的精神世界。九年课外阅读总量应在400万字以上。"

### (二)形成阅读能力

学生的阅读能力，无论是对词语和句子的理解，还是对文章的理解和分析，仅通过学习是远远不够的。同时，课堂上大部分时间都是在学习新的知识和方法，虽然有一定的练习，但想通过课堂的45分钟让学生形成能力，效率着实太低。特别是中外文学作品形式多种多样，内容极其广泛，而且汉语的词义多变，句型、句式灵活多样，表达形式变化多端，不通过课外的广泛阅读，不能提高学生的阅读能力。

学生要做到博览群书，必须要有较高的阅读能力。我们在课堂上带领学生学习的只是最基本的方法，俗话说见多识广，因此在广泛的阅读中，不仅能使课堂学到的技巧得到反复的练习、巩固，还能从中学到更多的知识，开阔眼界，使孩子在阅读各种各样的书籍中，在阅览各种丰富多彩的文章时，增长见识，提高阅读能力，学到我们课堂上学不到的东西。在接触各种文章时不但使阅读能力得到锻炼，更重要的是使学生的阅读能力在自悟中得到提高。

## 三、课堂教学与课外阅读的关系

教师以往对课外阅读的轻视不仅是由于没有深刻理解课外阅读的意义，更是没有准确认识课外阅读与课堂教学的关系。通过一段时间的实践，我们深深认识到，课外阅读不仅重要，而且与课堂教学关系密切。

### (一)课堂教学与课外阅读互相补充、相辅相成

经过实践，我们认为课堂教学与课外阅读是互相补充、相辅相成的。只有充分认清这种关系，并在语文教学中有机地处理好这种关系，才能有效地提高教学质量，促进学生良好学习习惯的培养和阅读能力的提高。

　　例如，在学习《草船借箭》这一课时，当初步让学生知道故事中的人物时，老师便启发同学说："哪个同学看过《三国演义》？你能把这几个人物的性格向大家做个介绍吗？"此时看过《三国演义》的同学兴趣很高，争先恐后地向大家介绍周瑜的小气妒忌，鲁肃的忠厚朴实，曹操的多疑自信，诸葛亮的足智多谋。通过同学的介绍，这些人物在同学的头脑中留下了初步的印象。之后再带领大家阅读课文，同学们很快就理解了课文的内容，清楚了解到每个人物在这里的作用，了解到《草船借箭》胜利的各种因素，深刻地理解了文章的中心。很多没看过《三国演义》的同学，为了进一步了解这些人物特别是诸葛亮的聪明才智，也准备读这本书。这种课内课外有机结合的学习，不但提高了课堂的教学效果，还激励了大家多读课外书，使课堂教学得以延伸。此时课外阅读的内容不仅是课内教学的补充，更是课内教学的延续。

　　又比如学习《太阳》一课，在谈到太阳与人类的关系时，老师启发同学们把自己从课外书上读到的有关知识介绍给大家。很多同学兴奋地说出了课文中没有的内容，这不仅加深了对课文内容的理解，又进一步激发了同学们探索大自然奥秘的兴趣。

　　总之，在实践中我们认识到，课堂教学与课外阅读是相互补充、相辅相成的关系，在教学中如果注意充分利用好这种关系，既能有效地提高教学质量，又能提高学生课外阅读的兴趣，促进学生良好学习习惯的养成。

（二）课堂教学要为课外阅读服务

　　《义务教育语文课程标准（2011年版）》提出：学生应具有独立阅读的能力，学会运用多种阅读方法。有较为丰富的积累和良好的语感，注重情感体验，发展感受和理解的能力。能阅读日常的书报杂志，能初步鉴赏文学作品，丰富自己的精神世界。能借助工具书阅读浅易文言文。语文课程应注重引导学生多读书、多积累，重视语言文字运用的实践，在实践中领悟文化内涵和语文应用规律。

　　现在我们越来越清楚地认识到，无论语文教学怎样改革，都离不开为现实生活服务的目的。语文教学就是要教会学生怎样识字、怎样阅读、怎样欣赏一篇文章。通过这样的教学活动训练学生的思维，培养学生的阅读能力，而这些教学内容的最终目的就是让学生掌握较好的阅读方法。学生有了较强的阅读能力，才能去阅读更多的书籍。也可以说，我们的课堂教学是在为课外阅读服务，为形成自学能力服务。

在实践中我们深深地认识到，课外阅读与课堂教学有着非常密切的关系，它们不可分割、互相促进，在教学中运用和处理好这种关系，我们的教学面貌会大为改观，教学水平会更上一层楼。

## 第二节　积极开展课外阅读

当认识了课外阅读的重要意义以后，我们就进行了一系列开展课外阅读活动的探索，具体做法如下。

### 一、明确意义，激发学生读书兴趣

针对小学中高年级学生的年龄特点，要想激发他们的读书兴趣，首先应该让他们明确读书的意义，了解读书的好处，这样才能进一步提高他们读书的自觉性，这应该是开展课外阅读活动的第一步。于是在实验班的第二学期，老师带领同学们召开了一个主题班会"书籍——我们最好的朋友"。班会大大激发了同学们读书的兴趣，充分调动了同学们读书的积极性，为后面的一系列活动奠定了思想基础。

### 二、结合课堂教学内容，开展课外阅读

为了更好地促进学生的课外阅读，巩固和拓宽课内知识，我们常常根据课文的内容进一步激发学生的课外阅读兴趣，在课堂教学的基础上，给学生指定一些阅读的范围，促进他们的课外阅读。

例如，在学习了《草船借箭》课文后，同学们对诸葛亮的聪明

才智非常敬佩，老师便借机让学生去读有关三国的书籍。在学习了《太阳》这篇文章后，老师便提出一个问题"谁能用更多的具体事实来说明没有太阳就没有我们这个可爱的世界？"让同学们利用课余时间在课外读物中寻找答案，让孩子们有目的地去读这方面的科普读物。还比如，当学习《十里长街送总理》这篇课文时，在同学们充分了解了人民群众对周总理的深厚感情时，老师便向大家推荐《大地的儿子》这本书，让同学们从中更深入地了解人们之所以崇敬总理的原因和学习总理的感人事迹。

### 三、创造条件，保证学生有书可读

要让学生读书，首先要保证学生有书可读，为了做到这一点，我们采取了一系列的措施。

（一）建立书库

为了补充书源，教师在现有 20 多本的基础上，从学校图书馆里借了 100 本，又动员学生为班级集体捐书，还利用班费购置新书，最后使班级书柜藏书增加到 300 多本。

（二）建立制度

教师组织几名学生成立了图书管理小组，规定了两种借阅方法：一种是借出阅读。每个同学都可以借出一本，随时阅读，阅后及时归还；一种是班内阅读，学生可随时向管理员借阅，仅在班内阅读，阅后及时归还，然后及时放回书柜里。

（三）发动家长

为了给学生创造更好的阅读条件，还专门召开了家长会。一方面，向家长说明孩子们课外阅读的意义，动员学生家长多做些这方面的智力投资；另一方面，让家长配合教师在家中督促孩子读书，并把读书的具体要求告知家长，以便家长协助配合。

### 四、安排时间，自由选择课外读物

有了读书的积极性，也有书可读了，接下来需要解决的就是读书时间和习惯的养成。首先，为了保证同学们在课余能够有时间读书，语文教师和数学教师密切配合，尽量减少作业，减轻学生的课业负担，星期六和星期日尽量不留作业。在此基础上，要求学生订出读书计划，包括：①读书内容；②时间安排（每周读几个小时？都准备什么时间读）；③准备做哪些笔记。

为了巩固同学们读书的积极性，坚持读书，老师对读书方式和内容都不进行硬性规定，让同学们自由选择，当然，要求必须是健康的、有意义的课外读物。

## 五、适当检查，随时反馈读书情况

由于课外阅读多数利用的是业余时间，所以学生容易放任自流。为了保证这一活动的深入开展，将阅读真正落到实处，教师采取了适当的检查制度。例如，要求同学们要有自己的读书记录，把自己看过的书名、作者（或出版社）、主要内容、页数、阅读时间等做个简单记录，隔一段时间教师把记录本收上来看一看或进行一些统计。此外，教师还要求同学们每周都要写《采蜜集》（读书后将好词、好句、好的段落摘抄下来，做读书笔记），每周一教师查阅《采蜜集》，了解学生的阅读情况，并进行小结。

## 六、互相促进，交流课外阅读计划

当活动开展起来后，教师发现全班学生的读书情况不够均衡，有的学生计划落实得比较好，有的学生就差一些。为了把读书活动开展得更好，教师组织学生们进行了交流，让做得好的学生介绍经验、方法，并且组织讨论，评价哪种方法更好，以达到互相促进，不断提高的目的。

## 七、组织活动，汇报心得，互相启发

为了让读书活动更加深入地开展，教师还组织了各种活动，进行课外阅读的汇报和交流。例如，召开故事会，让同学们把自己在课外阅读中看到的最喜欢的故事或精彩片段讲给大家听。还利用班会举行智力竞赛，把同学们看过的一些文学知识或有关重要人物、事件等编成考题，进行比赛，让更多的同学能够了解。并把学生们的《采蜜集》进行展览，达到互相启发和激励的作用。

## 八、通过鼓励促进全班均衡发展

每隔一段时间，教师把全班读书的情况做一次小结，向全班公布每人读书的数量、做笔记的情况，对那些读书较多和笔记较好的同学进行表扬，并且让他们分享自己的体会，介绍自己的经验。对那些读书较少或笔记不够好的同学，教师在课后帮助他们查找原因，并进行具体指导。

表 8-1 是一个实验班一学年间阅读量比较的统计表。

**表 8-1　实验班一年阅读量统计表**

| | 全班读书册数 | 最多一人读 | 最少一人读 | 平均每人读 |
|---|---|---|---|---|
| 四年级第二学期前半年情况 | 180 本 | 10 本 | 0 本 | 3 本 |
| 五年级第二学期前半年情况 | 1877 本 | 110 本 | 5 本 | 25 本 |

## 九、课外阅读的效果

虽然开展课外阅读只是初步的探索，但是由于我们坚持做了，所以取得了可喜的收获。

**(一)激发了学生学习语文的兴趣**

开展课外阅读活动以来，同学们对学习语文越来越有兴趣，原因有以下三点。

1. 学习深入，学有情趣

由于教师把语文教学和课外阅读有机地结合起来，使同学们能够对课文内容有更深刻的理解，所以学生在课外阅读中学到了更多的东西，能把课外书上看到的内容在语文课上应用起来，使课堂的学习更加灵活，更有情趣。很多同学在谈到课外阅读的收获时说，多看课外书对我们学习语文有很大帮助，使思路开阔了，分析和表达能力增强了，加深了对课文的理解，也爱上语文课了。

2. 学有展示，体验成功

由于广泛开展课外阅读，并与课堂教学紧密结合，学生在课外书上得到的知识能够在课堂上得到展示。当他们能够在课堂上侃侃而谈，并能帮助同学们深入理解课文时，一种成功感和自豪感便油然而生，孩子们从内心里感到兴奋和喜悦。杨西同学过去发言由于表达得不太好，总怕别人笑话，不敢发言。但是，开展了课外阅读活动以后，他的变化很大，上课不但发言很积极，而且说得很好。问起他变化的原因时，他兴奋地说："由于课外书看多了，我头脑里知识多了，词语多了，思维也活跃了，自然就爱说了。而且每次发言都能得到老师和同学的好评，所以我就更爱说了。"

由于开展课外阅读，学到越来越多的知识，见识越来越广，学生逐渐感到语文学科的生动有趣，进一步激发了同学们热爱语文、探究语文的热情。

表 8-2 是对一个实验班学习语文兴趣前后对比的调查。

### 表 8-2　学习兴趣比较调查表

|  | 全班人数 | 很有兴趣 | 有兴趣 | 一　　般 | 没兴趣 |
|---|---|---|---|---|---|
| 四年级 | 59 | 0 | 6 | 35 | 18 |
| 五年级 | 59 | 21 | 38 | 0 | 0 |

(二)提高了语文能力

实践证明，课外阅读活动的深入开展，不但激发了学生学习语文的兴趣，而且还提高了学生的语文能力。

1. 发展了思维能力

《开发右脑——发展形象思维的理论和实践》一书中谈道："在认识活动中，当人们听别人说话、演讲，阅读别人的文章时，这些外部的信息（语言、文字）经过人们的感官内化为思维，通过思维活动才能理解他人的讲演和文章。"

可见，听、说、读、写是同思维紧密联系着的，思维起着关键的作用。我们语文教学的主要任务，就是要培养学生的听、说、读、写能力，而听、说、读、写能力的提高关键要看思维的能力如何。大力开展课外阅读活动，能有效地提高学生的思维能力。课外书读得多，表象就会充实，感情就会丰富，分析能力就强，就能使学生的思维得到充分的发展。在总结课外阅读收获的时候，班里80%的学生认为，由于课外阅读自己的思维活跃了。

2. 增强了口头表达能力

在总结课外阅读收获时，全班100%的学生说阅读使自己的词汇丰富了，口头表达能力提高了。在一次语文课分析《桂林山水》中"山"的奇特时，教师让学生用自己知道的词来形容，学生竟能说出十几个词，如各式各样、形状不一、形状各异、千姿百态、姿态万千、千奇百怪、奇形怪状、奇峰怪石……

3. 提高了写作能力

开展课外阅读活动，让学生感到高兴的是提高了他们的写作能力。王怡同学过去对写一篇400字的作文很发愁，开展课外阅读活动以来这一情况有了很大的变化。她说："我对课外书产生了兴趣，通过老师的辅导，我还养成了边看边做笔记的好习惯。对课外书我简直爱不释手了。我的作文水平渐渐地提高了，很容易就写出1000字的文章，而且在全国'世纪杯'作文比赛中还获得了二等奖。书是一个不会说话的老师，是我最佩服的老师，同时也是我最知心的朋友。"杨西同学说："我以前写的作文很死板，现在我的文章写活了。"刘恩同学说："现在写作文我用的好词是过去的好几倍。"

表8-3是一个实验班四、五年级期末作文考试情况对比。

表 8-3　四、五年级作文考试情况对比

| | 四年级期末考试 | 五年级期末考试 |
|---|---|---|
| 字数最多 | 760 字 | 1600 字 |
| 字数最少 | 100 字 | 500 字 |
| 平均每人写 | 400 字 | 900 字 |
| 一类文 | 13 篇 | 42 篇 |
| 二类文 | 31 篇 | 14 篇 |
| 三类文 | 15 篇 | 3 篇 |

# 第三节　家校合作，开展低年级课外阅读

## 一、家校合作，构筑阅读大环境

苏霍姆林斯基说："30 年的经验使我深信，学生的智力发展取决于良好的阅读能力。"他指出缺乏阅读的坏处，"为什么有些学生在童年时期聪明伶俐、理解力强、勤奋好问，而到了少年时期，却变得智力下降，对知识的态度冷淡，头脑不灵活了呢？就是因为他们不会阅读！"

正是基于这样一种考虑，教师在北京小学走读部一（4）班倡导了"悦"读会实践活动。

早在这个班一年级入学时，教师就设计了学生读书卡，让孩子们在读书之余，把所读书籍的简介、学到的新词语填写在读书卡里，并且把书中自己喜爱的场景用画笔描绘下来。一个学期下来，每个孩子都积攒了厚厚一沓读书卡，记录了他们的阅读历程，也提升了他们对字、词、句的把握。这样做的初衷是让他们爱上阅读，养成良好的阅读习惯，客观上也验证了阅读的确有利于提高语文乃至语言类课程的学习效果。学生们从入学时的水平参差不齐，到期末阶段对语文基础知识都有了很好地掌握。

　　升入二年级后，学生的阅读进入一个新的阶段，从最初的认字、了解词汇、掌握句子结构，转化为理解情景、产生兴趣的自主阅读。如何呵护好这刚刚迸发的兴趣星星之火，使之成为一生获益的"燎原之焰"？ 如何把学生们阅读积累的知识转化为更为强大的语言能力和流畅精准的文字表述？ 这是新学年的一个重大挑战。

　　"独学而无友，孤陋而寡闻。"教师克服课时上的困难，坚持保留了每周一节阅读课。但校内的一节阅读课是不够的，依靠家庭阅读也不能保证效果。教师想到借助家长的力量，因为家长的资源是无限的，他们当中有当年高考的文科状元，有文学爱好者，还有跟文字打交道的编辑、记者等。怎么充分利用这些资源，让孩子们共享这些资源，让孩子受益于这些资源？ 教师选择了家校合作，共同让孩子体会到阅读的乐趣，让阅读真正成为他们生活中的一种习惯。于是大家尝试发起了班级"悦"读会实践活动，以此带动整个班级的阅读水平及写作能力的提升。通过开展班级"悦"读会，把阅读活动系列化，保证阅读的实效。

　　整个"悦"读会实践活动实际由家校互动的四个环节组成：家庭阅读辅导、"悦"读研讨、学校阅读课、校外实践。家庭阅读辅导和学校阅读课针对全体学生，悦读研讨则是由二十多名学生组成的"阅读兴趣组"实施。整个活动的四个环节相辅相成，互相促进。家庭阅读辅导是活动的基础，是帮助孩子精读的环节；"悦"读研讨是核心，对家庭阅读成果进行检验，促进学生交流阅读感受，进行观点碰撞；学校阅读课是活动的高潮，把"悦"读研讨的成果在全班传播，带动更大范围的互动；校外实践探索知行合一，通过密切地与实践结合，更大范围地拓展阅读外延。最终，学生从"悦"读研讨和阅读课上收获新的阅读经验，又可以在家庭阅读实践，"得法于课内，得益于课外"，形成一个真正的循环。

　　在组织机构上，班内成立了由老师和二十多位家长志愿者组成的阅读指导委员会。阅读指导委员会在广泛征求学生及家长意见后，共同确定每一阶段的阅读素材、活动日程，组织阅读活动、评估阅读效果。

　　大家提出"'悦'读'悦'精彩、'悦'读'悦'快乐"的活动口号，把引发学生的阅读兴趣作为活动组织的出发点，充分尊重学生的意见。在阅读书目的选取过程中，大家罗列了 30 多本书籍，既包括西方儿童文学，又包括中国传统故事，既有自然科学类名著，又有人文领域杰作，由孩子们选出自己最喜爱的如法布尔的《昆虫记》《窗边的小豆豆》《西游记》等 5 套书，作为第一学期集体阅读书目。

　　在初步准备就绪后，"悦"读会活动于一年级第二学期正式启动。

## 二、从阅读到"悦"读

　　从阅读上升为一种"悦"读体验，从内容上要从学生感兴趣的领域入手，从形式上要让学生喜闻乐见。"悦"读会活动的四个组成部分，就很好地体现了这一特点。

### (一)家庭阅读辅导

　　这是"悦"读会活动的第一个环节。按照阅读指导委员会确定的书目及阅读进度，家长们每天利用半小时的时间辅导学生阅读。从该环节的实施情况看，家长们都带着孩子做了非常周密的准备，把每页上陌生的词汇、特殊的句式、优美的表达都画出来，一一进行解读，并且把书籍中涉及自然、社会科学的知识点进行延伸指导，帮助孩子开阔了眼界。这样的方式，对于工作繁忙的家长们而言，是难得的和孩子亲密交流的机会；对于孩子们而言，自己的父母像老师一样对他们进行指导，也有非常新奇的感受。更难得的是，这不是一种随性的指导，而是一种家长和孩子坚持地，并且有意识地共同完成的课外阅读任务。

　　从二年级开始，教师对一年级开始使用的读书卡进行了调整，加入了对故事时间、地点、人物、经过、结果等进行概括的内容，把记录喜爱的词语变为摘抄喜爱的句子，把描绘场景变成了记录自己对阅读内容的感受，帮助孩子掌握更复杂的表述方式、理解文章情境内容、增强内容提炼能力和文字表达能力。在家庭阅读辅导的过程中，新版本的读书卡得到了很好地应用，孩子们由最初的生疏、费力到比较熟练地掌握写作的几大要素，并能流畅表达内心的感受。

(二)"悦"读研讨

这是"悦"读会活动的第二个环节。研讨隔一周举行一次，时间安排为周五下午放学后的 1 个小时。参加阅读研讨的阅读兴趣组成员被分为 5 个小组，每组由 1 名家长志愿者指导。基本流程是在教师就本期阅读研讨内容和背景做简单介绍后，家长按照读书卡上的分析指导、引导学生加深对阅读材料的理解、鼓励学生表达与交流等 3 个基本步骤指导学生。此后进入展示环节，各组选出 1 名或多名同学，对当日研讨中的精彩内容进行创意呈现。最后，教师对整个研讨活动进行总结。教师还设计了《学生阅读发展评价表》，从阅读理解程度、口头表达能力、观点的创新性、倾听的认真程度等指标入手，对学生纵向比较，跟踪其阅读及相关能力的发展。

"悦"读会作为一个创新实践活动，在组织形式、指导流程等问题上，没有单纯由教师划定框架，而是将其作为一种家校高度合作的实践形式，给予家长和学生充分的创新空间。这样一种弹性设计，被证明是大有可为的，给教师带来很多惊喜。孩子们准备充分，对细节与知识点相互考较，争先回答问题，相关观点也如天马行空，让人忍俊不禁，也为之深省。即便是超出阅读内容之外的相关背景，学生也能广泛涉猎，见解颇有新意。家长们充分结合自己的专业背景，积极贯彻科学的教育理念，对指导环节进行了极大完善，提问、抢答、互考、辩论、陈述、表演，学生们笑声满堂，收获颇丰。每一次在被问到是否喜欢"悦"读会时，那齐刷刷的响亮回答——"喜欢"，都让教师由衷欣喜。

(三)学校阅读课

"悦"读会活动的第三个环节是学校阅读课，这个环节是对之前实践成果的大范围推广，也是整个"悦"读会活动的目标所在——帮助整个班级养成良好的阅读习惯，提高阅读及写作能力。

《义务教育语文课程标准（2011年版）》倡导"语文教学要少做题，多读书，好读书，读好书，读整本的书"。因此，教师把每周五的一节自习课改为阅读课，带领全班同学进行集体阅读。为了提升学生的阅读兴趣，教师有意识地应用了一些指导方法，如悬念调动法，在为学生介绍书籍时，故意缺少结尾，用悬而未决的情节促使学生主动去书中寻找答案。

在集体阅读中，阅读兴趣组的成员发挥了重要作用。他们把之前的阅读研讨心得带给更多同学，并辅助老师成为小"指导员"，帮助同学克服阅读困难，组织他们进行探讨。

### （四）校外实践

校外实践是"悦"读会的第四个环节。如某学期阅读的《小狗钱钱》一书，内容涉及金融知识，孩子们读着有些吃力。在金融行业工作的同学的家长结合自己的专业背景，为孩子们开展理财讲座，带领孩子们认识银行，认识货币，让孩子们了解理财知识。教师还跟北京市财会学校联系，利用现有资源让职高的学生现场模拟银行，让学生了解银行业务，并亲自体验银行业务，利用课余时间去银行办理业务，了解书中的内容。

家长们根据《小狗钱钱》一书的内容为孩子编写了理财实践手册供孩子们使用。其中有银行篇、理财篇、社会调查篇等。在拍卖行业工作的学生家长在班里模拟了一场拍卖会，利用家长的物资，带领孩子们亲历拍卖过程，了解拍卖知识，进行阅读实践活动，丰富了孩子的阅读生活，增加了阅读体验。孩子们喜欢阅读，喜欢研讨，喜欢参与实践活动，从而真正体现了从阅读到"悦"读的转变。

## 三、创新的收获

综观整个"悦"读会活动，内容丰富，形式多样，参与者投入度非常高。尽管活动开展时日尚短，但各方均觉得收获很大。

从学生的角度来看，大量阅读和读书卡的广泛使用让他们的识字量快速增加，甚至一些生僻字也能辨认和书写；对于语文课堂学到的学习方法能够活学活用，学生们在书上勾勾画画，提取信息，画出好词好句，还能在自己不懂的词句上标上问号，在空白处写上自己的感想；写话能力大幅度提高，在二年级几次月测试中，97%的学生达到了二年级写话150字以上的要求，在用文字表达时更为流畅；在口头表达中也更为自信，并能主动使用阅读过的成语和修辞手法……

正是有了同学、教师和家长的陪伴，这些刚刚接触阅读的孩子大大提升对书籍的亲近感。"悦"读会的开展不仅帮助学生加深对阅读材料的理解，而且让他们能够充分地表达，学会耐心倾听，有独具见解的交锋，也有共同的合作。校外的拓展活动，更增加孩子对文本的深入理解，对于学生综合能力的提升无疑大有裨益。

家长通过参与活动，更直观地体会到教师的工作，更充分了解了班级和学生的情况，纷纷给予该活动极高的评价。有学生的妈妈这样说："现在孩子阅读的兴趣更加浓厚了。所以不管我多忙多累，每周的三个晚上，搂着心爱的孩子，在暖暖的被窝里跟他一起读温馨有趣的故事，不知不觉中也会有很多'温馨满屋'的收获。弥补了年少的遗憾，回归到纯真的童年，这也是一种幸福。""和女儿一起共同阅读《窗边的小豆豆》这本书，又重新找回了儿时读书的快乐感和满足感。家长是孩子的第一任老师，为了当好这第一任老师，作为家长，我们必须不断充实自己、提高自己、完善自己。这是我和孩子亲子共读后的重要体会。"

"悦"读会的真正效果，还有赖于时间的沉淀和检验。而对于教师而言，已经收获了众多启迪，第一次见证了水乳交融的家校合作，可以迸发出如此巨大的能量，让教育教学获得了更大的活力和弹性。"悦"读会也成为教师今后开展类似教学活动时的重要参照。

高尔基说："书是人类进步的阶梯。"书也是孩子们终生的伙伴，是常伴身边的良师益友。通过家校互动开展课外阅读，书香飘满了我们的家庭，也飘满了我们的课堂，在这样一个氛围里爱上读书，相信孩子们会受益终身。

# 第四节　课例《好书推介会》

课例　小学语文四年级《好书推介会》

| 工作单位 | 北京小学走读部 | 教师姓名 | 李颖洁 | 任教学科 | 语　文 |
|---|---|---|---|---|---|
| 年　级 | 四年级 | 课　题 | 好书推介会 | 课　型 | 口语交际 |

指导思想与理论依据

本单元的教材主题为"故事长廊",安排的都是古今中外的经典故事,本组教材的编排目的是引导学生通过阅读故事领悟其中的道理,进一步激发学生的阅读兴趣。结合园地中的口语交际内容,本节课安排了介绍一本好书的推介活动,意在通过介绍片段,引领读整本书的积极性。

1. 利用互联网课堂的便利方式,提高学生整合、编排内容的能力。

学生在以往的阅读过程中,对阅读有了一定的兴趣,但如何介绍自己读过的一本好书,从哪些方面去介绍还不能很好把握。由于阅读活动是一个贯穿整个学期的语文教学内容,所以孩子在阅读书籍上都有了很多的积累,教师在课前已经教过孩子如何利用电脑查找、搜集资料,教师本节课的任务是如何充分发挥电脑便于编排、易于修改的特点,在课上进行新内容的输入、整理、编排,使学生在做中学,激发兴趣,提高推介水平。

2. 教师引领,帮助学生了解好书的概念,知道如何选择阅读书籍。

读书是语文学习重要的实践活动,开展阅读活动有利于丰富学生的头脑,开拓知识领域,为他们打开一扇又一扇知识的大门,在"好书推介"课上,教师会引导学生理解什么样的书是好书,推荐怎样的书最有意义。

3. 根据学生的年龄特点进行兴趣引领,有助于调动积极性。

课上教师先抛砖引玉,介绍一本林格伦的《淘气包埃米尔》,有趣的介绍调动了学生介绍的积极性。归纳介绍书籍的方法,给学生直观的示范,启发个性化推介。

4. 抓住学生的年龄特点,利用互动交流,互促提高。

阅读本身就是一个有趣、享受的过程,四年级的学生已有了一定的阅读积累,本节课上充分体现了这一特点。明确阅读不仅是自己读书,还要把好书推荐给大家,共同读书,分享快乐。在课上学生设计 PPT 后,师生提出修改意见,进行相互修改,分享阅读的精华。

| 教学背景分析 |
| --- |

一、学习内容分析

"好书推介"是义务教育课程标准实验教科书(人教版)四年级下册语文园地八的口语交际内容。本单元是以"故事长廊"为主题编排的。课文安排的都是古今中外的经典故事,意在让学生了解故事的各种形式,进一步激发学生拓展阅读的兴趣。本次口语交际就是在此基础上,引导学生读好书,读整本书,激发读书的兴趣,课上展示 PPT,和同学进行互动交流,相互评改,进行分享阅读。

二、学生情况分析

四年级的学生读书的涉猎面比较广泛,在通读的基础上,一部分学生能够了解文学作品所表达的深层次意思,多数学生阅读兴趣初步形成,初步具备推介能力。在平时的教学中教师注重积累训练,学生能够利用互联网进行资料的搜集和筛选,能够制作简单的 PPT 演示文稿。

| 教 学 目 标 |
| --- |

1. 通过交际实践,懂得什么是好书,并乐意把自己读过的一本好书清楚明白地把主要内容、看法、体会介绍给其他人。

2. 能利用电脑设计制作 PPT,和同桌进行交流,相互评改。

3. 认识读书的价值和意义,激发学生热爱读书的愿望。

| 教 学 过 程 | | | |
| --- | --- | --- | --- |
| 教学阶段 | 教师及学生活动 | 设计意图 | 效果分析 |
| 一、总结阅读情况,导入推介新课 | 师:这学期我们进行了好书阅读,很多同学都有了很大的收获,今天我们就来开一次好书推介会。 | | |
| 二、讨论好书标准,引发相关思考 | 师:读了很多好书,我们先来说说,你认为什么样的书是好书呢?<br>生:描写生动有趣的书。<br>生:描写优美的书。<br>生:能够给我们带来知识的书。 | 总结前期阅读收获,梳理好书标准。<br>出示好书推荐建议,有利于学生后面制作好书推介 PPT。 | 帮助孩子建立选书标准。学生能够根据已有的阅读经验,提炼、归纳标准。<br>学生很专注于教师的建议。 |

| 教学阶段 | 教师及学生活动 | 设计意图 | 效果分析 |
|---|---|---|---|
| 三、教师推介好书，激发介绍兴趣 | 师：我们如何才能更好地介绍一本好书，与大家分享呢？<br>师：今天，老师也带来一本有趣的书，是我们的老朋友林格伦的《淘气包埃米尔》，让我们一起来看看这本书吧！ | 教师演示 PPT，介绍《淘气包埃米尔》，放录音。<br>学生在轻柔的音乐中，结合平时收集的材料和要介绍的书籍，制作个性化的 PPT 演示文稿。 | 学生被有趣的介绍吸引，也从教师的介绍中直观地看到如何介绍一本好书。 |
| 四、学生自由创作，相互点评修改 | 师：下面我们就根据要求，制作自己喜欢的一本书的推荐文稿。 | | 学生制作认真，时而翻阅书籍，时而轻击键盘。 |
| 五、小组择优展示，共享阅读乐趣 | 师：同学们制作的很认真，下面同组的同学可以互相看一看对方做的，提些修改意见。<br>师：下面我们请同组的同学推荐一个人来介绍一下你们喜欢的书。<br>师：虽然我们不能一一来介绍自己制作的 PPT，但课下我们可以相互交流，看一看其他同学推荐的好书。下面我们把自己介绍的书名显示在屏幕上。<br><br>师：下面老师送给大家一个礼物，一个图书包，里面有好多值得一读的书籍，希望同学们利用暑假时间，把书找来读一读。 | 教师通过 Merits 教室管理系统，实时切换屏幕，显示学生的制作状态。学生互相讨论、修改、借鉴，使 PPT 更加完善。<br>教师切换画面，学生展示制作成果，介绍喜欢的书。大家共同分享阅读的快乐。<br>利用 Merits 教室管理系统，显示学生介绍的书名。利用 Merits 教室管理系统，上传图书目录文件。 | 学生讨论很热烈，相互提出了好的建议。<br><br>学生介绍的积极性很高，但由于课上时间有限，不能一一介绍。<br><br>利用网络传输的便捷，上传文件，让学生第一时间接收到书目，有助于读书活动的延续。 |

| 课 后 反 思 |
| --- |
|     在学生制作演示 PPT 的过程中,老师发现了一些问题:(1)学生利用笔记本电脑做好书推介时,内容录入太多,总想把书上的内容 一股脑地照搬上来,因此,在材料的编辑、取舍上还需要下功夫。(2)一遇到自己有新的想法了,就把前面的内容都删去,造成返工次数较多,从而影响交流质量。<br>    本次利用互联网进行教学是一次比较开放的教学设计,力图做到个性化设计,在优美的音乐声中,伴随着有节奏的轻击键盘的声音,孩子们有了静心感悟的机会,有助于他们静下来沉淀自己在阅读中的感悟。在交流展示中,这种"互联"也能更好地让每个学生分享到阅读的快乐。 |

# 第九章

小学语文教学数字化改革实验

## 第一节　媒体与学习方式

随着信息技术的飞速发展，网络已成为人们日常生活和工作中越来越重要的交际手段和学习媒介。以数字化学习为核心的信息技术与学科整合模式已悄然走进各学科的课堂，打破了文本教学的普遍状况，使教育迈入了全新的信息时代。多媒体技术改变了长期以来的传统教学模式，以巧妙的构思、生动的画面把课堂教学带入了一个全新的境界，激发了学生的学习热情，促进了学生思维的发展，提高了教学的效率。数字化学习环境中的语文教学，可以更好地为学生创设情境、渲染气氛，使抽象的、难以理解的文字具体化，使语文课堂教学更为高效，学生学习的主体性更突出，学习效果更明显。

### 一、媒体与学习方式

媒体是人类交往、传播信息的工具。人的学习方式是同媒体紧密相连的，也是不断发展的。在历史上，媒体的发展，经历了语言、文字和现代媒体三个阶段。

（一）语言（口语）

作为最原始的交流媒体，语言的产生是历史的必然。语言（口语）的产生，使人类交流、学习的方式发生了重大的变化，由单纯的模仿演变为语言和模仿的结合。交流的空间扩大了，由几个人到几十个人，交流学习的方式既有直接的（面对面）交流，也有口耳相传的间接传授。生产力的发展，促进了人际间的学习交流，反过来，媒体的发展又促进了生产力的发展。[1]

（二）语言文字

口语的一大弱点是稍纵即逝，不能保持、储存。文字的出现，克服了口语的不足。人们可以把思考的内容写下来，反复推敲、论证、修改。由于文字可以保存，可以装订成册，交流学习的方式多样了，既有直观的方式（看）、言传的方式（听），也有文字的方式（读）。文字的出现给人类交流与学习带来了许多方便。以语言文字为主体的传统教育媒体（书籍、黑板、图表、模型等），在促进教育的普及、提高教育质量、发展学生思维等方面，起着十分重要的作用。但是语言文字媒体对于小学生来说，在描述表象系统和发展形象思维方面有一定的局限性，不易充分直观地把事物真实的情况表达出来。[2]

（三）现代媒体

语言文字在促进人类学习方式变革、促进社会发展中，发挥了巨大的作用。但是，社会在发展，人们交往、学习的方式也在不断地变化，对媒体提出了新的要求。如果说语言的产生把人类带入农耕时代，文字的创造把人类带入辉煌灿烂的文明历史，那么，现代媒体正在把人类带入一个全新的时代——信息革命的时代。

现代媒体作为人们交流、交际的工具，具有全面性、快速性、

---

〔1〕 温寒江. 学习与思维:学习中思维的全面协调可持续发展[M]. 北京:教育科学出版社,2010:66.
〔2〕 温寒江. 学习与思维:学习中思维的全面协调可持续发展[M]. 北京:教育科学出版社,2010:66-67.

丰富性的优势。传统的语言文字媒体，如书籍、报刊，可以表达语言文字系统，但在表达表象系统方面却略有欠缺。现代媒体有机地把语言文字和图像结合起来，有文有图、有声有色、有动有静，情景交融，成为最能有效调动人类立体感观世界的媒体。

可见，历经了一个世纪出现的现代媒体——多媒体和网络技术，是人类发明创造语言文字以来，最深刻、最重要的一次媒体革命。[1]

## 二、多媒体是发展两种思维的载体

人类的思维方式、学习方式是同媒体密切相连的。

历史的发展表明，人类早期形象思维的发生、发展，同人的肢体、手势和语言是直接联系着的。随着文字的产生，竹简、纸张、书籍成为抽象思维的重要载体。

在当代，由于信息技术的发展，人类进入了现代媒体的时代，两种思维协调发展，有了好的载体。多媒体计算机能图、文、声、像并茂，十分有利于促进学生思维的发展。

思维是人脑对客观现实的反映，思维活动是在感知的基础上产生和发展的，感性认识是思维活动的源泉和依据。因此，教学时应让学生通过感知来获取大量具体而生动的材料。在多媒体教学中，使用文字、数字、语言解说等配合传统教学的分析、推理，可促进学生抽象思维能力的发展；同时运用音乐、图形、图像、动画等，可促进学生形象思维能力的发展。

通过多媒体的展示，可以使两种思维在人脑中对客观世界的反映成为生动的、丰富的、有声有色的情境，使学习内容变得生动活泼和易于理解。因此，对现代教育媒体的研究和实践，是发展两种思维的重要手段。[2]

小学生正处于以形象思维为主的阶段，这就决定了他们必然对

〔1〕温寒江.学习与思维:学习中思维的全面协调可持续发展[M].北京:教育科学出版社,2010:70.
〔2〕温寒江.学习与思维:学习中思维的全面协调可持续发展[M].北京:教育科学出版社,2010:69.

直观形象、色彩鲜明的事物感兴趣。小学语文教材（文学作品）所反映的世界，是动态、有声有色、有情有景的。小学生由于人生阅历等原因，缺乏丰富的表象积累，当课文中所描绘的现象是学生不曾经历过的世界时，即使文字描写得再形象生动，学生恐怕也难以理解，更不能产生丰富的想象。而此时，利用多媒体可以为学生提供丰富多彩的形声信息，创设出各种情境，将教学内容形象、直观、有声有色地展示在学生面前，使其大脑中形成鲜明的形象，促进学生积极的情感体验，从而激发学生产生丰富的联想。多媒体融入语文阅读教学，增强了语文教学的直观性、形象性和生动性。运用多媒体，对于理解文章内容、发展思维、提高阅读质量，都产生了很大的作用。

# 第二节　现代信息技术与语文学科的整合

20 世纪 40 年代计算机的发明，是信息技术的一大进步。计算机作为信息处理的工具，在信息储存、交流和传播等方面的优势是其他媒体技术无法比拟的。20 世纪 90 年代初，以计算机为主体的多媒体综合运用，以及计算机与网络技术的结合，促进了教育媒体的普及和发展，现代教育媒体全面介入教学。现代教育媒体已不是教育技术或教学方法的助手，而是从学习内容、学习方式等方面全面介入课堂教学。根据语文教学的思维特点，结合语文内容设置教学情境，开展联想、分析、概括，使教材和多媒体达到深度融合。[1]

## 一、创设画面，引入情境

小学生年龄小，好奇心强，对感兴趣的事物总是喜欢去探究。因此，在教学中激发学生的兴趣尤为重要。而情境设置又是激发学生兴趣的动力和源泉。运用数字化资源导入新课，能通过情境画面以情激趣，全方位、多角度地激发小学生的好奇心与求知欲，使他

---

〔1〕　温寒江. 学习与思维：学习中思维的全面协调可持续发展[M]. 北京：教育科学出版社，2010：71.

们产生学习的兴趣。

在《春雨的色彩》一课的教学中，面对六七岁的小学生，上课伊始，教师首先让学生边看视频边听读故事，进入课文创设的情境。直观的视频让生活在城市中的学生了解到平时很少见到的杜鹃花、油菜花、蒲公英等。教师巧妙地运用多媒体丰富课程资源，创设集声像、音效于一体的情境，孩子的各种感官同时受到刺激，得到的是正向的强化，使学生自身产生了一种愉悦的体验，奏响了这堂课的"序曲"。同时，也激发了学生的学习兴趣，唤起了学生的求知欲。

## 二、深入情境，理解课文

对于学生而言，"感知形象"有一定的困难。小学语文教材取材范围很广，包含古今中外，天文地理。有些学生虽有类似的经历，但没有真正体验过；有的内容很陌生，学生凭现有的阅历难以理解。因此教师必须创设情境，唤起语言的形象再现感，让学生有身临其境的感受。

《"凤辣子"初见林黛玉》文章选自古典白话小说《红楼梦》。课文跟我们现在的语言习惯有差异，而文中王熙凤这个人物性格又极其复杂。王熙凤是《红楼梦》中的"语言学家"、"心理学家"。在她的语言中，最有魅力的是她的"言外之意"、"弦外之音"。依照学生的年龄特点和生活阅历，是比较难理解王熙凤的"言外之意"的。怎样才能让学生感受到一个性格鲜明的王熙凤？这就要求教师从语言特色入手，带着学生穿越到那个充满神秘色彩的大观园中。文中的人物语言描写富有特色，教学时抓住这一特点，通过让学生读重点语句，引导学生反复品读，充分感受和体验人物内心。同时，利用数字化学习资源，将剪辑"凤辣子"初见林黛玉的视频（屏蔽声音）传到学生的电脑中，让学生先自己看视频，同时引导学生注意观察王熙凤初见林黛玉时的动作及表情，并试着运用书中的语言给王熙凤配音。学生兴趣盎然，置身于"凤辣子"初见林黛玉的情境之中。课文中的寥寥数语描写时具体、丰富、鲜活起来。对突出重点，突破难点，启发学生的学习兴趣，培养他们的观察力，发展形象思维有极好的作用。因此，在教学中运用数字化资源创设课文情境，帮助学生提高感性认识，是发展学生形象思维的一个重要手段。利用数字化技术教学，形象性强，感染力深，能激发学生的学习欲望，促使学生展开想象，进而提高文学修养与审美能力。

### 三、再现情境，丰富想象

语文教材内容十分丰富。教师在授课时，一般习惯做详尽的分析。学生限于生活的经历，知识的肤浅，很难正确感知教材的内容。此时，运用数字化教学，就可在学生心中唤起强烈的真实感。

《赵州桥》是人教版小学语文第六册中的一篇说明文。它从美观和坚固两方面介绍了闻名世界的赵州桥。建筑在河北赵县洨河上的赵州桥，以其独特的无双设计在世界建桥史上写下了光辉的一页。但现实中的学生绝少有人亲自去过，对赵州桥的历史也知之甚少。从这一学情出发，教师必须设法变古为今，化远为近，运用数字化学习资料来加深学生的感受。教学中紧紧扣住"创举"这个统领全课的中心词，并将相关的图片、影像和凝练的文字与解说相结合，使学生形象地看到这座高度科学和完美艺术相结合的精品。其中"分流泄洪"部分是学生重复点击最多的内容，在数字动画效果的帮助下，学生真正体会到了祖先的智慧，为中华民族的伟大创举感到骄傲，产生了强烈的自豪感。

运用数字化学习环境再现情境，丰富学生的想象，让学生懂得赵州桥的珍贵，不仅在于它的古朴和巨大的跨度，还在于大拱的两肩各背着两个小拱的绝妙布局，也使学生理解了"既能减轻洪水的冲击，又能减轻桥身的自重"的构造特点，体会到这真是一个聪明无比的创举。创设情境有利于启发学生加速对语言文字的感知理解，缩短认识过程，从而使学生认识事物的能力得到不断发展，促进语文教学质量的提高。

# 第三节　数字化优化了课堂教学

　　常规的课堂教学，形式单一，长时间周而复始地学习，使师生容易产生疲倦感，降低了课堂教学效率。而数字资源的介入，让许多优质资源不仅得以共享，而且令师生耳目一新，学生在课堂上可以畅游古今，可以游览山川美景，可以欣赏美妙乐曲。语文教学这项传统的教育教学工作，因为数字资源的介入而焕发了新的光彩，增添了更多的情趣与内涵。数字化教学，改变了传统的教学方式，优化了课堂结构，提高了教学质量。

　　我们知道，传统的课堂教学，即班级授课制，主要是集体教学，统一的教材，同一的教学方法、教学进度，容易忽视个别教学和因材施教，在一定程度上忽视了学生个体的独立性、自主性，不利于个性发展。每个学生都有自己的个性，共同学习，齐步走，这样教师往往忽视学生的个性，以致培养出来的学生失去了其个性。所以强调统一、整齐划一的教学根本无法照顾学生的个别差异。

## 一、集体教学与个别教学相结合，改变了单纯的集体教学

　　网络环境下的数字化学习避免了传统教学忽视个性差异，无法兼顾每个学生的兴趣、爱好的现状。学生利用数字化学习环境，可以在教师引导下进行自主阅读。每位学生的阅读兴趣和水平不同，在利用数字化条件提供的丰富材料的基础上，可自主选择阅读材料，选择与自身的阅读水平相一致的材料。这有利于学生在学习中自我体验和独立思考，从而提高阅读的能力。

　　比如，三年级语文教材中有"神奇的科技世界"这个单元主题，《太阳》一课的教学是以激发学生兴趣为出发点，以培养学生个性化阅读为目标，借助信息技术平台，进行语文阅读的个性化学习与交流。教师可以在教学中将学生利用各种信息途径收集

到的有关太阳的文章，归纳成"太阳档案"，作为本节课数字化学习资源。学生可以通过个性化阅读《太阳》和《妙不可言的位置》等文章，提取信息，并能运用信息技术，梳理太阳的特点及与人类的关系，最终运用"太阳的自我介绍"这一形式，呈现个性化阅读成果。

数字化学习环境，使集体教学与个别教学相结合，为每一个孩子打开了一扇通向多彩世界的窗口。孩子接触到的信息是纷繁复杂的，从这些海量的信息中筛选组合成所需要的信息，这本身就是学习能力的锻炼。

## 二、教学过程的多元化，改变了传统的单一模式

数字化教学要求学生进行课前的搜集资料和预习，并且要有课后的作业与阅读，这种做法改变了孤立地学习一篇文章的课堂模式。

数字化学习环境具有丰富的信息承载量，这些信息在教学过程中为语文阅读教学提供丰富的资源。

《太阳》是一篇说明文，介绍了太阳的有关知识，说明太阳与人类的关系。文章虽然较生动形象地介绍了太阳与地球距离远、体积大、温度高的特点以及太阳和人类生活的密切关系，但是对于生活阅历不够丰富，抽象思维能力不强的小学生来说，语言比较枯燥，形象性不强。

课前预习时可以让学生通过网络搜集资料，并充分利用网络架起"时空桥梁"，直观、形象地获取知识。在教学过程中，利用数字化资源，变抽象为具体，借助多种感官接受知识。这有利于学生迅速进入动态的教学环境，从而学得生动活泼，学得兴趣盎然。同时，课文的难点也在不知不觉中巧妙地化解了。

在传统教学中，一节课学习的内容是有限的，但是，数字资源的使用，很好地解决了这个问题。首先，课前学生自己搜集资料，拓展了背景知识。其次，因为数字化资源的使用，教师大大减少了

讲解及书写的时间，在一堂课中学生可以利用数字化资源了解更多的相关内容。最后，在阅读教学中，学生的阅读兴趣一旦被激发起来，就会有更强的主动性。因此，教师可以选择合适的补充材料扩展学生的阅读。

例如，学生学习了《我的伯父鲁迅先生》一文后，利用搜索引擎以"鲁迅"为关键词下载大量的鲁迅资料。有些同学还把它与研究性学习——"走近鲁迅"结合起来，感受鲁迅先生的崇高精神，阅读兴趣也空前高涨起来。学了《只有一个地球》《青山不老》这组课文，学生从数字化资源中阅读了一些有关环境保护的文章，进一步了解了环境保护的重要性。随着活动的不断深入，学生开始从身边的小事做起，在学校的卫生间、饮水机旁、楼道里写下环保宣传语。在教室中准备了可回收垃圾、不可回收垃圾等的垃圾桶，并在班中进行垃圾分类的宣传，俨然就是一个个环保小卫士。

有人说："一个人的语文水平三分靠课内，七分靠课外。"语文与生活是紧密联系在一起的，生活多广阔，语文教育的天地也应有多广阔。因此，语文教学要把课堂延伸到课外，把课内学习和课外学习结合起来。在这方面数字化大有可为。它带给学生的不仅仅是一节课，还是一次次生动的、鲜活的教育，一次次快乐的体验，它使课堂教学方式变得多样化，改变了口传心授、死记硬背的教学模式。

## 三、突出了学生的学习主体地位，改变了被动学习状况

在数字化学习环境中，学生的学习方式发生了重大的变化。利用数字化平台和数字化资源，师生之间开展协商讨论、合作学习，并通过对资源的收集利用、探究知识、发现知识、展示知识的方式进行学习。随着数字化教学改革的深入，我们探索了多种有效的、新的学习模式。

### （一）个性化数字学习模式

个性化数字学习模式，是在以学生为主体的先进教学理念的指

导下，在每个学生都拥有数字化设备——电脑的基础上开展的个性化学习。学生可自由选择自己喜欢的方式与教师或同学交流观点，分享心得、信息及成果。数字化学习环境为学生提供了自主实践、独立学习的平台，使学生收获了更多的知识。

如在学习《美丽的小兴安岭》一课时，教师通过收集资料、下载图片，将有关小兴安岭的资源收集起来，按春、夏、秋、冬四季进行分类，自制了《美丽的小兴安岭》主题网页，方便学生在课堂中利用数字化资源自主地进行学习。在引入新课后，学生先阅读课文，整体感知小兴安岭的美丽、诱人之后，为了发挥在数字化学习环境中学生自主学习的优势，由学生提出问题：如果我们有机会去小兴安岭，你会选择哪个季节去？为什么？随后，围绕这一问题展开讨论。学生人手一机，可以点击学习主页上的任何一个季节标志进入课文内容。这样，每人可根据个人的学习速度和兴趣，自由选择重点学习的内容，完成问题。学生可以边读文本资料边查看相关资料。通过具体、形象的感知，启迪学生思维，使学生对语言文字所蕴含的意、所流露的情有深切的感悟，帮助学生抓住四季不同的特点，理解"美丽的小兴安岭是一座巨大的宝库，也是一座美丽的大花园"。

在《圆明园的毁灭》一课的自主学习中，数字化教学效果十分显著。学生通过在网上收集资料、观察图片，了解到圆明园的西洋楼前有个中西合璧的十二生肖报时喷泉，叫大水法。建筑师以兽头人身的十二生肖报一天的十二个时辰，每天按时依次向水池中央喷水，到了中午十二时的时候，十二生肖会同时向水池中心喷泉，场面十分壮观。然而，这圆明园十二兽首在外国列强火烧圆明园的时候被抢走，有的兽首至今下落不明。这些图片和数字是书本内容的有力补充，加深了学生对文本的理解。学生不仅完成了课本上的学习要求，在知识的获取上还超越了课本。

### (二)合作式数字化学习模式

合作式数字化学习模式改变了以往传统的教学模式，创设情境化的学习环境，针对特定的学习目标，将学习内容安排在情境化的真实的学习活动中，让学生通过参与真实的实践活动而获得更有效的学习。

学生的合作式学习能够体现出充分的交互性、生动性。这样的合作学习能够提供丰富的信息，它更符合学生的年龄特点，帮助学生分析问题和解决问题，使学生从多角度对问题进行认识，深化所学知识。

在学习《月球之谜》一课时，利用数字化学习环境，创设为动画配音的情境来学习课文。首先，让学生自由组合，然后把课文中两位宇航员第一眼所见介绍给大家，在情境中进行对话朗读训练。最后再引入文本学习，并思考这个月球之谜是什么？ 人们做了什么呢？ 月球还有哪些未解之谜？ 此次配音活动，引发了学生的好奇心。学生通过文本、网络搜索资料，进行对话交流。学生对未解之谜有基本的认识后，再以小组为单位，引导学生与文本深入对话，找出关键的语句同伴间相互交流，在与同伴合作学习中理解文中的未解之谜在何处。

(三)探究式数字化学习模式

探究式数字化学习模式，是依托信息技术来组织课堂教学，帮助学生开展学科探究性学习。数字化学习环境为这一模式提供了便利，在教师的指导下，学生利用电脑开展自主、探究学习，使教学成为主动的、富有个性的自主探究的过程。

学习了《月球之谜》这一课，学生了解到，宇航员把从月球上带回来的四种尘土化验之后，结果发现月球还有许多的未解之谜。把月球尘土撒在细菌上做试验，使学生了解了一连串试验结果是多么令人费解。学生再提出"月球还有哪些没有解开的谜呢"的问题。在课后，利用网络搜集了有关月球起源的假说、年龄等问题的资料，开展探究活动。

这些模式适应了新课程改革的要求，改变了过去过于注重知识传授的教学方式，强调在教学过程中要处理好传授知识与培养能力的关系，注重培养学生的独立性和自主性。课堂教学突出了学生的学习主体地位，改变了教师讲学生听的被动学习状况。

# 第四节　课例《太阳》《变》

## 课例一　人教版小学语文三年级下册《太阳》

| 教师姓名 | 程　军 | 任教学科 | 语　文 | 年　级 | 三年级 |
|---|---|---|---|---|---|
| 课　题 | 太　阳 | 课　型 | 综合性学习 | | |

### 指导思想与理论依据

　　随着信息技术的飞速发展，网络平台已成为人们日常生活和工作中越来越重要的交际手段和学习媒介。以数字化学习为核心的信息技术与学科整合模式已悄然走进各学科的课堂，打破了文本教学的普遍状况，使教育迈入了全新的信息时代。多媒体技术改变了长期以来的传统教学模式，以巧妙的构思、生动的画面把课堂教学带入了一个全新的境界，激发了学生学习的热情，促进了学生思维的发展，提高了教学的效率。数字化学习环境中的语文教学，可以更好地为学生创设情境、渲染气氛，使抽象的、难以理解的文字具体化，使语文课堂教学更为高效，学生学习的主体性更加突出，学习效果更明显。

　　网络环境下的数字化学习避免了传统教学忽视个性差异，无法兼顾每个学生的兴趣、爱好的现状。学生利用数字化学习环境，在教师引导下进行自主阅读。每位学生的阅读兴趣和水平不同，在数字化条件提供丰富材料的基础上，学生可自主选择阅读材料，选择与自身的阅读水平一致的材料。这有利于学生在学习中自我体验和独立思考，提高阅读的能力。

### 教学背景分析

一、学习内容分析

　　活动以三年级语文第六组课文"神奇的科技世界"专题中的一篇科普短文《太阳》为主题，展示为太阳活动日制作的电脑作品。在本组课文的学习中，资料的搜集非常重要，拥有一定数量的相关资料，不但对课文内容的理解至关重要，也有助于激发学生对科学的兴趣。学生在学习课文的基础上理解了有关太阳的知识，了解了太阳与人类的关系。本节课中将学生利用各种途径收集的有关太阳的知识，利用信息技术归纳成"太阳档案"，在电脑中以学习资源的方式呈现。让学生通过提取《太阳》和选读课文《妙不可言的位置》及学习资源库中的信息，制作太阳日宣传资料。

二、学生情况分析

本班学生从一年级起就开展了数字化教学的研究。每名学生一台笔记本电脑,在三年的学习中学生具有了良好的信息素养。所有学生都会熟练使用Word、PPT和脑图工具等相关软件进行辅助学习。学生在课堂上的思维很活跃,理解能力和自读自悟方面的能力较强,而且大部分学生喜欢阅读课外书籍,常常会在课堂上结合自己的课外知识来理解课文内容,谈自己的认识。这节课,教师发挥学生的优势,利用电脑中的这些软件,帮助学生提高整理资料的能力。学生利用"一对一"数字化学习方式学习,兴趣盎然,并且能很轻松地运用知识,有效地提高了课堂教学的实效性。

三、教学方式与教学手段

借助数字化教学环境,使学生利用电脑中的资料及相关软件,自主地进行主题实践学习。

(1)资源利用的学习,即利用数字化资源进行情境探究学习;

(2)自主发现的学习,借助资源,依赖自主发现,进行探索性的学习;

(3)协商合作的学习,利用网络教师控制系统,进行合作式、讨论式的学习;

(4)实践创造的学习,使用信息工具,进行创新性、实践性的问题解决学习。

四、技术准备

数字化教学环境包括教师电脑、学生电脑、无线网络、电子白板、室师控制系统、相关软件等。

## 教 学 目 标

1. 学生通过收集、整理、内化的相关资源,利用电脑制作脑图、"太阳的自述"等直观方式呈现太阳的特点。

2. 在一对一数字化学习环境中,学生利用信息技术将自己对语言文字的分析,利用电脑梳理太阳特点及与人类的密切关系,以脑图及"太阳的自述"等方式进行在线交流。

3. 以学生兴趣为出发点,调动学生参与的积极性,将文本知识运用于实践中,借助"一对一"数字化教学环境,进行语文综合学习能力拓展,提高学生解决实际问题的能力。

| 教　学　过　程 | | | |
|---|---|---|---|
| 教学<br>阶段 | 教师与学生活动 | 设计意图 | 效果分析 |
| 一、回顾<br>梳理课<br>文内容 | 师:同学们,昨天我们学习了一篇课文《太阳》,我们一起来回忆,课文讲了太阳的哪些内容?(利用白板课件)<br>生:这篇课文讲了太阳的特点,还讲了太阳和人类关系密切。<br>(一)回顾梳理课文内容<br>1. 太阳的特点是远、大、热。<br>有多远?1.5亿公里。具体举了什么例子?<br>有多大?130万个地球才能抵得上一个太阳。<br>有多热?表面6000摄氏度,中心温度是表面的2500倍。<br>2. 太阳与人类的关系——课文是怎样向我们介绍的?<br>生:动物生存、繁殖需要,植物生长需要,人类生活离不开,气象变化离不开,抗菌防病可利用。<br>一句话,没有太阳,就没有我们这个美丽可爱的世界。<br>3. 白板出示所有资料——<br>师:这就是我们每天见到的太阳。<br>4. 请同学们浏览太阳的资料。 | 回忆课文主要内容时,开发和利用电子白板的拉板、探照灯的功能,将学生的提炼内容用文字展现。 | 利用电子白板,使学生在回忆枯燥的内容时,增加了几许神秘的色彩,使学生对学习增加了兴趣。 |

続表

| 教学阶段 | 教师与学生活动 | 设计意图 | 效果分析 |
|---|---|---|---|
| 二、创设情境，解决问题 | （二）创设情境<br>1. 同学们，如果我们要在校园中举办太阳宣传日活动，需要有关太阳的资料、图片，我们将展板布置好，会吸引路过的同学参观。如果我们能将学到的知识，用上我们掌握的技术，为这次宣传活动制作一幅以太阳为主题的脑图，再配上一篇生动的文章作为宣传资料，发放给同学们，我想会吸引更多的参观者。<br>为了使我们的宣传资料吸引人，我们可以结合课文中的内容及宣传材料"太阳档案"中的内容。一会儿创作之前，可以打开宣传材料"太阳档案"，再浏览。<br>2. 为了更快更好地完成，我们分工进行。你可以选择：<br>（1）绘制脑图介绍太阳。<br>（2）写一篇生动的文章介绍太阳。<br>给准备写文章的同学一点小提示：我们会用文章介绍自己，会将自己的特点介绍给大家，如果此时你摇身一变，变成了太阳，你怎样来介绍自己。你现在是谁？想一想你将哪一种特点介绍给大家？<br>3. 还有一点需要提示大家的，如果你将宣传材料发给同学，会有同学让你讲一讲。所以这节课， | 学生查找相关资源。教师通过合成PPT——太阳档案，将课外资料引入课堂。<br><br>培养学生运用软件资源学习的能力，针对自己的特点，自选展示方式。<br><br>利用教师监控系统，展示指导、修改学生作品全过程，教师通过监控系统、电子白板在线指导。 | 将太阳相关的课程资源引进课堂，学生在课堂中不仅学习了课本内容，还了解了更多与太阳有关的知识。<br><br>利用脑图、文章制作，调动学生参与的积极性，将文本知识运用于实践中，提高学生解决实际问题的能力。<br><br>通过教师监控系统监控、电子白板指导学生，使课堂指导、评价更具有针对性。 |

脑科学·思维·教育丛书

258

续表

| 教学阶段 | 教师与学生活动 | 设计意图 | 效果分析 |
|---|---|---|---|
| 二、创设情境,解决问题 | 我们不仅要制作宣传材料,还要将材料讲清楚。<br>4. 学生自主选择制作。<br>5. 模拟发放宣传资料。<br>(1)利用脑图介绍太阳。同学,你这幅图画得真好,能给我讲讲吗?<br>(2)讲故事介绍太阳。低年级同学拿到文章,说了:"哥哥,我最爱听故事,你给我讲讲吧!" | 模拟发放宣传,使学生将文本知识运用于实践中,提高学生解决实际问题的能力。 | 学生在与别人的交往中锻炼了能力,学会了运用资源。 |
| 三、总结 | 师:同学们,看到了你们的宣传材料,听了你们的介绍,会有很多同学前来参观。到时候我们每一位同学都可以做小小讲解员,向全校同学介绍太阳。 | 合理开发资源,让学生到校园中锻炼解决实际问题的能力。 | 学生热情高,能力在活动中提高。 |

### 课例二 人教版小学语文三年级下册习作《变》

| 教师姓名 | 徐 威 | 任教学科 | 语 文 | 年 级 | 三年级 |
|---|---|---|---|---|---|
| 课 题 | 变 | 课 型 | 习作指导课 | | |

**指导思想与理论依据**

《义务教育语文课程标准(2011年版)》中对于习作提出了明确的要求:"乐于书面表达,增强习作的自信心。愿意与他人分享习作的快乐。观察周围世界,不拘形式地写下自己的见闻、感受和想象,注意把自己觉得新奇有趣或印象深刻、最受感动的内容写清楚……尝试在习作中运用自己平时积累的语言材料,特别是有新鲜感的词句。积累习作素材。能写简单的记实作文和想象作文,内容具体,感情真实……习作要有一定速度。"

心理学认为,表象是人们在头脑中所保持的关于客观事物的形象。表象是形象思维的细胞。小学生由于经验少,缺乏丰富的表象,会造成习作"没的写"。

教师可以充分利用大量的图片、视频资料，使具体形象能够有声、有色地展现在学生面前，以此丰富学生的表象，让他们产生联想，激发他们的想象力，为写作提供更多可以选择的素材。

本单元的教学内容是一组想象力丰富的神话故事，故事中的人物为了实现美好的愿望而付出努力。这些内容都为学生习作提供了依据。教师充分利用这些故事的写作特点，在写作思路和写作内容上帮助学生掌握运用这些规律。

教学背景分析

一、学习内容分析

"变"是义务教育课程标准实验教科书(人教版)三年级下册语文园地八的习作内容。本单元是围绕民间故事和神话传说为主题编排的。课文可以让学生感受到作者丰富的想象力，并积累一些优美的语言。虽然民间故事和神话传说并非现实生活的真实反映，但是我们可以借助想象和幻想，把客观世界拟人化，从而表达自己真实而美好的愿望。在学习了这几篇想象丰富、语言优美的民间故事和神话传说的基础上，安排了"变"这样的以想象为内容的习作，教师可以很好地利用教材中的学习资源，帮助学生写好这次习作。

二、学生情况分析

作为快要升入四年级的学生，孩子们已经初步具备了写作能力。对于"变"这个主题，就以往创编童话等习作中，大胆想象对于他们来说不是难题。学生对于变成什么、为什么变有明确的想法。但是，他们往往像回答问题似的来表达，如我想变成小草，能够绿化我们周围的环境等。因此，在这堂习作课中，"编一个故事"应该成为习作的重点。教师借助《西游记》中的片段，在表达上给学生提供参考;因学生的写作水平良莠不齐，因此，下课前教师利用学生习作资源，从同伴的角度进行学习。

三、教学方式与教学手段说明

1. 利用电脑、网络，可以让喜欢却很少接触电脑的孩子乐于习作，另一方面可以让学生习作的效率，如书写速度、写词语正确率、修改作文等方面大为提高，从而提高对习作的兴趣和习作效率。

2. 教师利用谈话导入和卡通形象图，让学生对习作的主题"变"有直观的认识，激发学生的学习兴趣，让学生能够展开想象。

3. 教师利用阅读材料，建立起学过的课文——名著《西游记》中的情节与习作主题的联系，帮助学生学会表达。

4. 教师利用优美的音乐，让学生静下心来写作。

5. 教师利用学生的资源，让他们展示自己的习作片段，为其他同学提供更接近他们内心的写作素材。

四、技术准备

网络畅通、师生互相传送文件、PPT 的演示与批画。

教 学 目 标

1. 通过神话、传说中会变化的形象启发学生,能够不拘形式地大胆想象,围绕"我会变"写一篇习作。

2. 运用积累的词语,能够用生动、形象的语言表达自己想象的事物。

3. 愿意和别人分享自己的习作,在相互交流中学习别人的优点,学会修改自己习作的不足之处。

教 学 过 程

| 教学阶段 | 教师及学生活动 | 设计意图 | 效果分析 |
|---|---|---|---|
| 一、卡通形象导入,明确习作主题 | 师出示几个卡通人物图片<br>师:说说他们都是谁? 他们有什么共同的特点?<br>生:变形金刚、哪吒、孙悟空。<br>生:他们都会变,变成车,变成三头六臂,孙悟空会七十二种变化。<br>师:他都变成过什么? 他在什么情况下会变?<br>生:遇到困难或敌人的时候进行变化。<br>师:今天我们的习作主题就是"变"。<br>出示习作要求。<br>生阅读习作要求。<br>师:阅读完习作要求,我们来交流一下,你知道了这次习作应该注意什么?<br>生:我们可以变成具有非凡本领的人。<br>生:我们可以变成物品或者小动物。<br>师:在此次习作中,我们围绕一次变化来写具体,说说你想变成什么? 为什么? | 通过生动形象的卡通人物,进入习作主题,引发学生兴趣。<br><br>通过具体人物形象上的变化,帮助学生扩展思路。明确主题意义,引导学生去除私心杂念,有积极向上的心态。<br><br>以具体的物品帮助学生建立具体形象的概念,依托特点拓展想象思路。 | 学生兴趣高涨,积极回答问题。<br><br>从学生发言中可以看出他们的变化是非常无私,有奉献精神的。 |

| 教学阶段 | 教师及学生活动 | 设计意图 | 效果分析 |
|---|---|---|---|
| 二、同伴相互交流,拓宽写作思路 | 师:大家的想象虽然新奇,但是不能解决生活、学习中的一些问题。怎样才能把"变"写清楚写具体呢,我们一起来看阅读材料,学习一下作者是怎样写的。<br>生阅读资料,标画自己喜欢的词语,学习写作方法。<br>师生交流。 | 通过具体形象的人物和生动形象的语言,帮助学生具体描写。 | 学生能够抓住重点。 |
| 三、自主阅读资料,学习表达方法 | 师根据批画内容小结:1. 写什么? 2. 怎样写?<br>师:他变成什么?为什么变?哪些地方有了变化?变后做了什么?结果怎样?<br>师(板书):起因、经过、结果。 | 总结单元课文写作规律,通过《西游记》片段描写,积累语言,学会表达。 | 学生认真阅读,并用指针在演示文稿中的词句中进行批画。 |
| 四、学生自由创作,练习书面表达 | 生写人物语言、动作、心理活动。<br>生用一些形容词、写身边的景物。<br>师(小结):环境描写、景物变化,要和此次变化有关系的。 | | |
| 五、片段佳作欣赏,增强习作信心 | 指名读片段。<br>生点评。 | 从同伴写作的具体内容,总结写好段的方法。 | |

附件：阅读材料

《西游记》第三十一回节选（中国少年儿童出版社白话美绘版）

片段一：

　　行者忍不住心中怒火，双手抢拳，闯到妖魔门前，魔王挺着长枪，迎出门，看行者挥拳，妖魔笑了，说："这个猴子！我先把枪放下，也和你使一路拳看看！"妖魔丢了个架子，举起两个拳头，这大圣摆开招数，在那洞门前，和魔王拳来拳往。两个相斗了数十个回合，孙大圣见打不倒魔王，于是从身上把毫毛拔下一把，望空中撒起，叫："变！"变做三五十个小猴，一拥上前，把妖魔缠住，妖魔慌了手脚，急忙把圈子拿出来，圈子往上抛起，呼啦一声，又把三五十个毫毛变的小猴收了，重回洞中。

　　行者对李天王等众神说："魔王好降，只是套子难降。"火德和水伯说："如果想取胜，除非得了他那个宝贝，然后可擒。"行者说："好说！你们先坐着，等老孙打探打探。"好大圣，跳下峰头，悄悄来到洞口，摇身一变，变做一只苍蝇。轻轻地飞在门上，爬到门缝边，钻进去，只见大小群妖，在里面舞的舞，唱的唱，正在饮宴。行者落在小妖群里，变做一个獾头精，转到台后，见那后厅上高吊着火龙、火马。一抬头，只见他那金箍棒靠在东面墙上，喜得他心痒难忍，忘记了变相，走上前拿了铁棒，现出原身，使出招数，一路棒打出去。慌得那群妖怪胆战心惊，老魔王也是措手不及，他打开一条血路，出了洞门。

片段二：

　　大圣又来到后边房里，只见魔王脱了衣服，左胳膊上，白森森地套着那个圈子。你看他把圈子往上绕了两绕，紧紧地勒在胳膊上，这才放心睡下。行者见了，身体一变，变做一个黄皮跳蚤，跳上石床，钻入被里，爬在魔王的胳膊上，狠狠地咬了一口，魔王翻过身，骂了一句，又把圈子拤上两拤,照旧睡下。行者见了,估计偷他的圈子不易,于是还变做促织儿,出了房门,来到后面,听见龙吟马嘶,原来那层门紧锁,火龙火马,都吊在里面。行者现了原身,走近前门,使出一个解锁法,念动咒语,推开门,闯了进去查看,里面被火器照得明晃晃,如同白天。东西两边斜靠着几件兵器,都是太子的砍妖刀等物,以及那火德的火弓火箭等物。行者借着火光,往周围看了一遍,又见那个门背后一张石桌子上有一个篾丝盘儿,放着一把毫毛。大圣满心欢喜,把毫毛拿起来,呵了两口热气,叫声:"变!"变做三五十个小猴,让他们拿了刀、剑、杵、索、球、轮以及弓、箭、枪、车、葫芦、火鸦、火鼠、火马等被套去的东西,骑了火龙,纵火从里边往外烧过来。慌得那些小妖精,喊的喊,哭的哭,被这火烧死大半。美猴王得胜回来,才三更时候。

出 版 人　李　东
项目统筹　郑　莉
责任编辑　代周阳
版式设计　刘　莹　沈晓萌
责任校对　张　珍　刘　婧
责任印制　叶小峰

**图书在版编目（CIP）数据**

小学语文两种思维结合学习论/桑海燕，王俊英主
编. —北京：教育科学出版社，2016.6（2017.7重印）
（脑科学·思维·教育丛书）
ISBN 978-7-5191-0356-9

Ⅰ.①小…　Ⅱ.①桑…②王…　Ⅲ.①小学语文课—
教学研究 Ⅳ.①G623.202

中国版本图书馆 CIP 数据核字（2016）第 022015 号

脑科学·思维·教育丛书
小学语文两种思维结合学习论
XIAOXUE YUWEN LIANGZHONG SIWEI JIEHE XUEXILUN

| 出版发行 | 教育科学出版社 | | |
|---|---|---|---|
| 社　　址 | 北京·朝阳区安慧北里安园甲9号 | 市场部电话 | 010-64989009 |
| 邮　　编 | 100101 | 编辑部电话 | 010-64989422 |
| 传　　真 | 010-64891796 | 网　　址 | http://www.esph.com.cn |
| 经　　销 | 各地新华书店 | | |
| 制　　作 | 北京金奥都图文制作中心 | | |
| 印　　刷 | 保定市中画美凯印刷有限公司 | | |
| 开　　本 | 165毫米×239毫米　16开 | 版　　次 | 2016年6月第1版 |
| 印　　张 | 17.5 | 印　　次 | 2017年7月第2次印刷 |
| 字　　数 | 214千 | 定　　价 | 45.00元 |